# DANO COLATERAL

Natalia Viana

# Dano colateral
## A intervenção dos militares na segurança pública

Copyright © 2021 by Natalia Viana

*Grafia atualizada segundo o Acordo Ortográfico da Língua Portuguesa de 1990, que entrou em vigor no Brasil em 2009.*

*Capa*
Mariana Metidieri

*Foto de quarta capa*
Daniel Marenco

*Checagem*
Érico Melo

*Preparação*
Fernanda Mello

*Índice remissivo*
Probo Poletti

*Revisão*
Ana Maria Barbosa
Clara Diament

Dados Internacionais de Catalogação na Publicação (CIP)
(Câmara Brasileira do Livro, SP, Brasil)

> Viana, Natalia
> Dano colateral : A intervenção dos militares na segurança pública / Natalia Viana. — 1ª ed. — Rio de Janeiro : Objetiva, 2021.
>
> ISBN 978-85-470-0129-2
>
> 1. Ciências sociais 2. Ciência militar – História 3. Exército brasileiro 4. Forças Armadas I. Título.

21-65665                                    CDD-355.009

Índice para catálogo sistemático:
1. Ciência militar : História   355.009

Aline Graziele Benitez – Bibliotecária – CRB-1/3129

[2021]
Todos os direitos desta edição reservados à
EDITORA SCHWARCZ S.A.
Praça Floriano, 19, sala 3001 — Cinelândia
20031-050 — Rio de Janeiro — RJ
Telefone: (21) 3993-7510
www.companhiadasletras.com.br
www.blogdacompanhia.com.br
facebook.com/editoraobjetiva
instagram.com/editora_objetiva
twitter.com/edobjetiva

*Dedico este livro ao meu pai,
Ailton, que me ensinou a amar escrever;
e à minha mãe, a sempre otimista dona Vera.*

*A própria possibilidade de ocorrência de danos colaterais envolvendo civis inocentes deve ser avaliada atentamente pela sociedade.*

General Eduardo Villas Bôas,
2 de outubro de 2017

# Sumário

*Prólogo* .................................................................. 11

## Parte I: Conexão Muquiço-Haiti-Alemão

1. O Exército não mata ninguém .............................. 23
2. Do Haiti ao Alemão ............................................... 35
3. Abraão ...................................................................... 59
4. A corte mais antiga do país ................................... 72
5. Aylla Vitória ............................................................. 82

## Parte II: Justiça pra quem? A GLO na Maré

6. O controle civil das Forças Armadas ................... 97
7. A ocupação da Maré ............................................... 118
8. A Justiça Militar chega à viela .............................. 127
9. Legítima defesa imaginária ................................... 139
10. Missão dada, missão cumprida ........................... 152

### Parte III: A intervenção militar no governo Temer

11. A Comissão Nacional da Verdade ............... 167
12. O governo Temer e os militares ............... 188
13. Um erro escusável ............... 201
14. A intervenção militar no Rio de Janeiro ............... 209
15. O terror ............... 223

### Parte IV: Reescrevendo a história

16. Desastrosa operação ............... 245
17. No tribunal ............... 259
18. Ecos do passado ............... 271

*Epílogo* ............... 287

*Anexo* ............... 303
*Notas* ............... 307
*Índice remissivo* ............... 337

# Prólogo

Na caminhonete Marruá, um tipo de caminhão verde-oliva com a carroceria aberta e sem proteção, iam dois cabos, oito soldados, um sargento e um tenente,[1] todos entre seus vinte e 25 anos, nascidos ali mesmo no Rio de Janeiro ou em cidades vizinhas. Embora jovens, a maioria já servia havia mais de dois anos no 1º Batalhão de Infantaria Motorizado (Escola) — 1º BI Mtz (Es) — em Deodoro. Em suas fichas não constava nenhum incidente grave, mácula ou indisciplina. Pelo menos até aquele domingo de 7 de abril de 2019, quando dispararam pelo menos 82 vezes contra um carro, matando e ferindo pessoas inocentes.

Nas proximidades da favela do Muquiço, no bairro de Guadalupe, zona norte do Rio, por duas vezes, em um intervalo de minutos e em plena luz do dia, cravejaram de balas um Ford Ka sedã onde estavam Evaldo Rosa dos Santos e sua família: a esposa Luciana dos Santos Nogueira, o filho Davi Bruno, de sete anos, Sérgio Gonçalves de Araújo, padrasto de Luciana, e a amiga Michele da Silva Leite Neves. Os tiros dos fuzis 7,62 e 5,56 e da pistola 9 mm acertaram o veículo 62 vezes.

Evaldo, que dirigia o carro, tinha 46 anos, trabalhava como

segurança e tocava cavaquinho sempre que podia com seu grupo de pagode Remelexo da Cor. Perdeu a consciência na hora. Saíra minutos antes com a família do sobrado de dois andares em Marechal Hermes, onde morava com a esposa e o filho, a dois quilômetros do Muquiço. A proximidade com a favela tinha razão de ser: dois amores que forjaram a família começaram ali. Primeiro, o flerte entre o vizinho Sérgio Gonçalves e a mãe de Luciana quando a filha tinha seis anos. Infelizes nos seus respectivos casamentos, Sérgio e Eva começaram um namoro discreto, que em pouco tempo virou algo mais sério. Anos depois, resolveram morar longe dali, no município de São João de Meriti, na Baixada Fluminense, levando os filhos. Divorciado, o pai de Luciana ficou na favela, assim como os amigos de infância dela. Entre eles, Evaldo.

"Eu conheço ele toda a minha vida", lembra Luciana.[2] Quando ela foi morar em São João de Meriti com a mãe e o padrasto, passava todos os fins de semana na casa do pai. Ainda crianças, jogavam queimada nas ruas da comunidade. Na adolescência, começaram a "ficar", meio na brincadeira, até que Duda, como ela o chamava, foi pedir sua mão em namoro ao pai. "Comecei a namorar sério aos catorze anos... até o dia 7 de abril de 2019."

Nos fins de semana, os dois sempre se dividiam entre o Muquiço e São João de Meriti, um trajeto que passa, necessariamente, pela longuíssima avenida Brasil, que conecta o centro do Rio com a rodovia Presidente Dutra. Quando Duda finalmente convenceu Luciana a morarem juntos, escolheram o bairro de Marechal Hermes, vizinho ao local onde brincaram na infância. A região sempre fora tranquila justamente pela proximidade com a Vila Militar, um bairro planejado, com uma das maiores concentrações de militares na América Latina. Além de prédios residenciais, funcionam ali o comando da 1ª Divisão de Exército(DE), a Escola de Aperfeiçoamento de Oficiais, o Comando da Base de

Apoio Logístico do Exército e outros centros de treinamento. E, também, o 1º Batalhão de Infantaria Motorizado, de onde saíram os soldados na viatura Marruá.

Era esse conhecido trajeto — de Guadalupe a São João de Meriti — que Evaldo e a família percorriam naquela tarde ensolarada de domingo. Iam para o chá de bebê de uma amiga. Na noite anterior, a amiga Michele os acompanhara a um show de pagode. A banda era formada por amigos de Manduca — outro apelido de Evaldo —, e ele ainda deu uma palinha. Entre as duas ou três músicas que cantou, conseguiu encaixar uma homenagem à esposa: "Pago pra ver", do Exaltasamba — "A nossa relação não é só mais um caso/ Não foi só prazer/ É amor e paixão pra valer". Já de madrugada, o casal convenceu Michele a dormir na casa deles e ir à festinha de domingo. "Ficamos até umas três ou quatro e pouco da manhã", lembra Luciana. "Foi um dia muito alegre."

Sérgio, o padrasto, decidiu aproveitar a carona de volta para casa, na Baixada Fluminense. Vinha do trabalho, fizera o turno da madrugada em um estacionamento na zona sul do Rio, manobrando carros; ainda usava uniforme quando chegou à casa de Luciana, por volta da uma hora da tarde do domingo.

A caminho da avenida Brasil, Evaldo saiu da rua Araçoiaba, contornou a favela do Muquiço e entrou na travessa Brasil, uma ruela também conhecida como "rua do Borracheiro", que ladeia um depósito da empresa de limpeza urbana, a Comlurb. A pequena rua tem duas lombadas caindo aos pedaços, o que obrigou o motorista a reduzir a velocidade, relembra Sérgio, que estava no assento do carona.[3] As mulheres e a criança iam no banco de trás. "Evaldo estava muito atencioso no volante, muito atencioso mesmo." Só depois do último quebra-molas, quando o carro entrou na estrada do Camboatá, rumo à avenida Brasil, ele começou a acelerar. "Aí foi quando aconteceram os tiros", relembra Sérgio.

Na primeira rajada, dois projéteis de fuzil acertaram o Ford Ka. O primeiro atravessou o veículo perpendicularmente, sem atingir ninguém; o segundo entrou na base das costas de Evaldo. Outros tiros acertaram o gradil do Piscinão de Deodoro, que faz parte do complexo esportivo construído para os Jogos Olímpicos de 2016, e também oito vezes o muro da Comlurb. Nenhum dos passageiros do Ford Ka escutou ou percebeu uma troca de tiros; só ouviram os disparos do Exército. "Eu não vi nada, eu não ouvi nada, troca de tiro, carro", disse Luciana. "Nós não éramos perigo nenhum para eles. Se mandassem parar, nós iríamos parar."

Sérgio, do banco do carona, ainda tentou controlar o carro, enquanto o genro pendia para o seu lado. "Eu não tinha como abaixar porque ele já estava caído no meu ombro." Como o veículo começou a perder velocidade, Sérgio pegou o volante, virou para a rua, puxou o freio de mão e desligou o motor. De onde estava, disse que não conseguia ver de onde saíram os tiros, mas lembra-se de ter ouvido a enteada consolar o marido: "Calma, amor, é o quartel". Ela não imaginava que os tiros tinham partido justamente dos soldados.[4]

Quando o carro parou, as ocupantes do banco de trás saíram correndo. Luciana queria tirar o filho dali e voltar para ajudar o marido. Primeiro, Michele, Luciana e Davi se esconderam ao lado de uma caminhonete estacionada. Depois, avistaram a porta aberta de uma casa, "para onde outras pessoas correram porque os tiros continuaram mesmo com o carro parado".[5] Ali elas se abrigaram da segunda rajada. Michele ficou lá dentro até acabarem os disparos. A casa ficava na entrada do Minhocão, como é conhecido o prédio amarelo e ondulado que marca o início da favela do Muquiço. Não tiveram nenhum ferimento.

Os gritos das duas chamaram a atenção do catador de recicláveis Luciano Macedo, de 28 anos, que nessa hora se protegia dos primeiros estampidos, agachado atrás dos carros ao lado da esposa Dayana Horrara. Dayana se lembra de ver o pequeno Davi chorando e gritando. "Aí meu marido foi na direção do músico", disse ela. O catador contornou o carro pela frente e parou diante da porta.

Sérgio tentava reanimar o genro quando viu Luciano se aproximar. Estava de bermuda, com uma camisa no ombro, de boné. O catador se dirigiu à porta do motorista. Segundo Sérgio, ele tinha as mãos vazias. "A porta tava travada, e eu virei pra destravar, foi aí que vi o pessoal do Exército do outro lado." Uma viatura já estava parada cerca de cinquenta metros atrás do automóvel, e os soldados desembarcavam, de fuzil em punho. "Eu destravei a porta e vi: ele não teve tempo nem de botar a mão na maçaneta."

Essa segunda sessão de disparos levou pouco mais de oito segundos.[6] Sérgio se atirou para debaixo do painel, sendo atingido nas costas e no glúteo. Evaldo recebeu mais oito tiros — um deles partiu a parte de trás da sua cabeça. É impossível precisar o momento exato de sua morte; o laudo cadavérico atesta morte instantânea por hemorragia e laceração encefálica.

Antes de ser atingido, Luciano gritou para a mulher se esconder, e Dayana correu para trás dos carros estacionados diante da oficina mecânica. Ali elas se abrigaram da segunda rajada. Michele acompanhava a cena: viu um rapaz sem camisa e de short, "cheio de sangue", correndo para longe do carro de Evaldo. Depois ele se abaixou perto de outro carro e em seguida "se escorou em uma parede, que ficou suja de sangue".

"Me tira do sol." Essa foi a primeira coisa que Dayana ouviu depois que Luciano caiu no chão. Ela e o marido tinham planos de construir um barraquinho de madeira ali na favela do Muquiço, e por isso atravessavam a comunidade empurrando a carroça do catador. Estavam pegando vigas de madeira em uma construção abandonada.

"Luciano, não dorme. Não dorme, não."⁷

Ela arrastou o marido para o lado do prédio, mas ele agonizava, com aflição do sol. "Nisso veio um homem do Exército, um soldado. Ele veio apontando a arma e falou assim: Sai daí, sai daí." Dayana respondeu que Luciano não era bandido, não. "Ele só foi ajudar." O soldado a encarou e disse: "Ele é bandido sim, que eu vi ele sair de dentro do carro". "E eu fiquei sem saber o que fazer", relata ela.

Os militares tinham acertado o braço direito e as costas de Luciano. Acertaram também as paredes do bar e da oficina mecânica, bem como carros que estavam estacionados ao redor. Uma perícia adicional do Exército encontrou 37 marcas de disparos em pouco mais de duzentos metros ao longo da estrada do Camboatá.⁸

O calor daquela tarde superava os trinta graus e só cederia no dia seguinte, com o maior temporal em 22 anos na cidade. O sol fustigava Luciano quando os primeiros militares, de capacete, uniformes camuflados e fuzis em punho, se aproximaram. Segundo Sérgio, sonegaram-lhe socorro. "A esposa do rapaz pediu pra socorrer, pra ajudar, e porque era um domingo, um sol danado, não tinha ninguém na rua, não tinha trânsito, não tinha carro, não tinha gente, não tinha tiro, não tinha nada, nada."

Depois que os soldados recuaram, Luciano ainda apertou a mão de Dayana e falou: "Fica calma". Em alguns minutos chegaram os bombeiros com a ambulância, respondendo a uma chamada feita pelo tenente que comandava o grupo de combate. Luciano foi levado para o Hospital Estadual Carlos Chagas, onde morreu onze dias depois. Não chegou a concluir o barraco na favela do Muquiço. Não chegou a ser pai. Dayana estava grávida, mas naquela tarde ainda não sabia que teria uma menina chamada Aylla Vitória.

O fuzilamento de Evaldo trouxe à tona um segredo (mal) guardado pelo Exército na última década: a morte de civis durante operações de segurança pública. No jargão militar, a morte de civis não combatentes é chamada de "dano colateral". Quando a manchete tomou os noticiários, poucas foram as matérias que esclareceram que aquele não era um evento isolado — seu roteiro repetia erros de situações anteriores, talvez apenas menos gritantes, ocorridas na surdina da noite, em becos de favelas. Mas isso eu sabia bem, pois já investigava esses casos havia mais de um ano. Em 2018, publiquei a série "Efeito colateral" no site da Agência Pública de Jornalismo Investigativo, da qual sou cofundadora e diretora-executiva. Pelas minhas apurações, desde 2011 haviam ocorrido pelo menos 35 mortes de civis com fortes indícios de envolvimento de militares atuando em operações de segurança pública — 32 envolvendo membros do Exército e as outras três, membros da Marinha. Há muitos casos em que inocentes foram confundidos com criminosos ou atingidos em meio a tiroteios; e tantos outros de mortes após uso excessivo da força pelos soldados. No geral, os sobreviventes e as famílias ficaram sem socorro, sem auxílio legal, financeiro ou psicológico. Em certa medida, justamente por não passarem pelas vias institucionais, essas histórias não são de conhecimento público.

Nos registros do Comando Militar do Leste (CML), aqueles que são mortos por soldados nas favelas cariocas são chamados de "Apop", sigla para "agentes perturbadores da ordem pública". Muitos estavam perto de casa, como Evaldo, e também é comum que tais casos sejam arquivados ainda durante a investigação, feita pelos próprios militares, que na maioria das vezes têm como testemunhas apenas os soldados. Raramente a família da vítima é ouvida. Em todas as histórias que apurei, os familiares indicaram falta ou demora de socorro, e alguns revelaram terem sido ameaçados quando tentaram pedir por justiça.

De seu lado, os soldados invariavelmente afirmam que houve atentado à sua vida e que agiram em legítima defesa — usando sempre, em todas as comunicações oficiais, o curioso termo "injusta agressão". Usado nas Regras de Engajamento, uma espécie de cartilha dos soldados que vão às ruas se misturar à população, e nos comunicados oficiais do Comando, esse termo pode ser facilmente traduzido por: os soldados tinham o direito de matar.

Estudando esses casos, entendi que havia alguns padrões — a ausência de empatia dos soldados com as vítimas e suas famílias, as repetitivas notas do Exército contando sempre a mesma história e a vergonhosa atuação da Justiça Militar ao lidar com essas situações. "A justiça militar está para a justiça assim como a música militar está para a música", dizia o presidente francês Georges Clemenceau.[9]

Mas, por trás de todas essas fatalidades, me deparei com uma história muito maior, que eu não suspeitava encontrar quando comecei a escrever este livro. Com mais tempo disponível, pude fazer o trabalho que acabei deixando de lado pela urgência da apuração para as reportagens on-line: ouvir os soldados, aqueles rapazes que acabam com um fuzil nas mãos, geralmente a milhares de quilômetros de casa, atirando em homens tão jovens quanto eles. Fugindo de uma abordagem maniqueísta, busquei entender como eles enxergam o seu papel nas operações de segurança pública e estudar a evolução do pensamento e da política das Forças Armadas durante uma década em que se elevou seu papel como garantidora da ordem. Ouvi ainda generais e ex-ministros que estiveram em posições de destaque nesse processo — primeiro nas forças de paz no Haiti, depois na multiplicação do papel das Forças Armadas como força de polícia nas ruas do Rio de Janeiro. Essas vozes estarão presentes nos próximos capítulos.

Ao contrário das demais mortes relatadas neste livro, o fuzilamento de Evaldo Rosa e Luciano Macedo ganhou proporções de escândalo e gerou uma justa revolta nas mais diferentes camadas da sociedade, ainda mais porque ocorreu quatro meses depois da posse do primeiro ex-militar a chegar à Presidência da República na era democrática, o ex-capitão Jair Bolsonaro, eleito com a promessa, devidamente cumprida, de encher seu governo de generais. A chegada dos coturnos ao palácio trazia tantas questões quanto o fuzilamento de uma família em pleno domingo no Rio — e ambos não podiam, e não podem, ser vistos como eventos separados. Portanto, refletir sobre essa reviravolta política se mostrou fundamental e inescapável na pesquisa para este livro.

Quando vi a notícia da morte de Evaldo no *Jornal Nacional*, achei que essa chocante história mudaria de vez a cobertura sobre as fatalidades envolvendo militares das Forças Armadas em operações que não deveriam ser da sua alçada. Mas a gritaria arrefeceu e, um ano depois, em 7 de abril de 2020, nenhum noticiário lembrou o duplo homicídio. Quando o caso completou dois anos, mais uma vez o silêncio.

No entanto, não foi a comoção passageira em torno do fuzilamento que me levou a escrever este livro. O que me moveu foi ter lido e ouvido tantas vezes a respeito do sol forte que castigava Luciano Macedo, depois de baleado pelos soldados. A cena é descrita em depoimentos, me foi contada em entrevistas, está na denúncia e nas alegações finais do Ministério Público Militar. Enquanto sua esposa implorava por socorro, Luciano agonizou sob o sol carioca por ter tentado salvar a vida de outro brasileiro, negro como ele, que nem sequer conhecia. "Me tira do sol" foram algumas das últimas palavras desse catador de recicláveis, que morreu como um herói.

# Parte I

# Conexão Muquiço--Haiti-Alemão

# 1. O Exército não mata ninguém

Um engano comum mudou a vida dos doze militares que trafegavam por Guadalupe naquele dia. Por volta de duas e meia da tarde do dia 7 de abril de 2019, integrantes do 2º Pelotão da 2ª Companhia do 1º BI Mtz (Es) desciam o viaduto de Deodoro no sentido da avenida Brasil, em direção à praça da Jaqueira, onde fica um conjunto residencial pertencente ao Exército que estivera sob fogo dos traficantes da região naquela manhã. Havia um efetivo de prontidão diante do Próprio Nacional Residencial (PNR), como o edifício é chamado, e eles iriam entregar refeições e, depois, rendê-los.[1]

Foram interrompidos quando um motorista, vindo da direção oposta, tomou-os por policiais e avisou que havia um roubo logo à frente. A confusão tinha razão de ser. Era começo de 2019, e durante quase todo o ano anterior o estado do Rio de Janeiro estivera sob intervenção federal de cunho militar. O comando da Secretaria de Segurança Pública fora passado a um general, que efetivamente transformou o Exército em polícia auxiliar por 319 dias.[2] Aquela era a primeira missão daquele pelotão desde o fim da intervenção, havia apenas três meses, mas a situação não era nova para eles. Pelo contrário, atuar em operações de segurança pública se tornara uma tarefa corriqueira.

Com apenas 24 anos, quem comandava os militares era o segundo-tenente Ítalo da Silva Nunes Romualdo, que já tinha experiência em operações de Garantia da Lei e da Ordem (GLO), nas quais o Exército atua como força policial. Assim como ele, todos os homens na viatura Marruá já haviam participado de operações semelhantes nos anos anteriores — em favelas cariocas ou na Operação Capixaba, em Vitória, Espírito Santo.

Não havia mais intervenção federal nem uma GLO em andamento. Mesmo assim, em vez de avisar a polícia, o sargento Fabio Henrique Souza Braz, que ia na carroceria com os demais — Ítalo ia na cabine, ao lado do motorista —, mandou que seus homens carregassem seus fuzis e ficassem atentos. Pouco depois, se depararam com o roubo em plena ação. Um Honda City sedã branco estava parado na pista e outro carro branco, um Ford Ka com vidros fumê, estava atravessado na frente dele. Outro carro escuro se aproximava pela via perpendicular do Piscinão de Deodoro. Os soldados viram três assaltantes saírem do carro, enquanto outro continuava no volante do Ka. Um deles, pardo, magro, 1,70 metro, de bermuda, camiseta de manga curta e chinelos, apontava uma pistola para o dono do Honda. Outro, sem arma, entrou no carro roubado, e um terceiro, também armado com uma pistola, foi em direção ao carro preto. Alguns soldados desembarcaram e atiraram.

"Eu, no caso, desci da viatura, olhei meu lado direito, efetuei o disparo. Eu vi o Apop de arma na mão", afirma o soldado Vitor Borges de Oliveira.[3] Ele tinha 21 anos e portava um fuzil 7,62. Todos os militares afirmaram estar sob fogo cruzado, mas nenhuma marca de tiro foi encontrada na viatura. O tenente Ítalo descreveu que "logo em seguida os elementos empreenderam fuga em um veículo sedã, de cor branca", de que marca ele não soube precisar.

A situação era tensa — a estrada do Camboatá margeia a favela do Muquiço, local onde nos últimos quatro meses as polícias civil e militar travavam um duro embate na tentativa de prender o líder do tráfico local, Bruno da Silva Loureiro, conhecido como Coronel, do Terceiro Comando Puro. E os soldados estavam na traseira da viatura Marruá, a céu aberto.

Quando perderam os assaltantes de vista, seguiram pela estrada por cerca de 250 metros até se depararem com o carro de Evaldo. Ítalo deu a ordem de parada assim que notou o "veículo sedã de cor branca, semelhante ao utilizado pelos criminosos". O tenente viu na hora que um homem correu para a frente do veículo e que "tinha as mesmas características físicas daquele que estava empunhando a pistola alguns metros atrás, quando do assalto, vestindo bermuda e sem camisa".

Ou seja, para os soldados, Luciano era uma ameaça a ser "neutralizada". Um Apop — o termo é importante porque o Exército só pode atuar em território nacional para "garantia da lei e da ordem" com uma autorização expressa do presidente da República,[4] segundo o artigo 142 da Constituição. Seu inimigo combatente é, portanto, o Apop. Enquanto a família de Evaldo estava indo para um chá de bebê, eles estavam no meio de uma guerra.

Ítalo afirma que então ouviu disparos, "aproximadamente sete", e "que não conseguiu identificar de onde vinham". E foi aí que os soldados começaram a atirar. "Pô, é o mesmo carro, a gente conseguiu acertar eles!", foi o que alguém comentou dentro da viatura do Exército, e era o que todos estavam pensando.[5]

Os soldados viram Luciano, pardo, sem camisa e de bermuda, ao lado do carro branco. Com os fuzis 7,62 e 5,56 e pistolas 9 mm já engatilhados, nove deles alvejaram o homem. Atiraram mais

82 vezes, de acordo com o laudo de exame do local.[6] Encerrada a saraivada, o Ford Ka branco, parado diante do Minhocão, tinha as portas abertas e estava crivado de balas.

"É impossível saber quem foi o primeiro a disparar", diz Ítalo, garantindo, entretanto, que jamais deu a ordem a seus subordinados.[7] Após a segunda rajada, seu primeiro comando foi que procurassem a arma que acreditava estar com Luciano. O próprio tenente Ítalo foi até ele, de fuzil em punho. O rapaz, ferido, protegia o rosto com as mãos. "Quando tirou o mão do rosto, eu falei 'era você que estava assaltando lá trás'." Luciano ainda conseguiu responder que não, não era ele, mas a breve conversa não convenceu o militar de mais alta patente presente na cena. Os soldados vasculharam a área e não encontraram nada. Meses depois, em depoimento à Justiça Militar, Ítalo se referiu a Luciano como "traficante" e "assaltante", e sentenciou: "Não acredito que fosse um catador de lixo". Já Sérgio, ferido, recebeu um tratamento diferente. "Leva esse daqui, ele é inocente e tá precisando de socorro", disse o tenente aos seus homens.[8]

O Ford Ka foi rodeado por moradores do Muquiço, numa convulsão. Gritavam: "É morador, é morador, porra!". Como era um domingo de sol, havia pelo menos quatro homens que, como Luciano, eram pardos, estavam de bermuda e sem camisa. Ao som dos gritos da viúva de Evaldo — o choro dela era ouvido do alto do Minhocão —, foram para cima dos soldados. Deu medo na tropa. "Eles não estavam sendo receptivos ao Exército", descreveu o tenente. Foi aí que ele chamou a polícia. "E eu, evitando um efeito colateral [...], preferi chamar a PM pra tentar conter a população", disse.[9]

Moradores chamavam os soldados de "assassinos", alguns jogavam contra eles os cartuchos de bala que sobejavam no chão. "Vocês é que tinham que levar esses tiros", gritou um morador.

O soldado Vitor Borges de Oliveira, nascido e criado em Duque de Caxias, na Baixada Fluminense, a dez quilômetros dali, disse: "Eu senti que ia morrer ali naquele lugar".

Assim como em todas as operações realizadas durante a intervenção federal no ano anterior, os soldados deveriam seguir as regras de engajamento que buscam garantir antes de tudo a segurança da população e do próprio grupo de combate. Elas determinam como um soldado deve agir em situações de perigo. O uso de armas deve atender ao princípio de proporcionalidade e necessidade — ou seja, pode ocorrer apenas quando há um "ato hostil que represente grave ameaça à integridade física dos integrantes da Força" ou da população. Os soldados devem fazer uso "escalonado", "gradual" ou "gradiente"[10] da força, começando com uma ordem verbal, passando por armas não letais e disparos de advertência, e apenas "como último recurso" eles podem atirar em civis.[11] Se todos os passos forem tomados, o soldado não estará cometendo crime, mesmo que machuque ou mate uma pessoa. É o chamado "excludente de ilicitude", uma permissão legal para atingir ou matar, mas apenas sob determinadas circunstâncias. "Tendo gente entre ou após a ameaça, a gente não atira. Não tendo ninguém e havendo ameaça, a gente atira", resumiu o tenente Ítalo, meses depois.[12]

A versão dos nove militares que fuzilaram o Ford Ka branco, levada até o fim durante o processo criminal que se arrastou por dois anos na primeira instância, é clara e uníssona: eles seguiram à risca as regras de engajamento. Segundo eles, não havia nenhum civil inocente dentro do automóvel. Ou jamais teriam atirado.

## EM NOME DE MANDUCA

"Militares do Exército dão oitenta tiros em carro e matam músico na Zona Norte." A notícia correu como fogo, atraindo em pouco tempo para Guadalupe jornalistas, fotógrafos e equipes de TV. Socorrido pelos bombeiros, Sérgio passou quatro noites no hospital e saiu de lá sem mais sequelas além de alguns estilhaços de bala sob a pele e próximos ao fígado. Luciano, no entanto, morreu depois de onze dias. A PM isolou a cena do crime com uma faixa zebrada, enquanto dezenas de moradores apinhavam as janelas do Minhocão para observar a tragédia.

Oitenta. Tiros. De. Fuzil. A história de que o Exército tinha fuzilado o carro de uma família no Rio de Janeiro viralizou na internet, chegando aos assuntos mais comentados do Twitter e às manchetes nacionais e internacionais, causando revolta quase unânime — o que era cada vez mais raro em um Brasil polarizado, que apenas seis meses antes elegera o ex-capitão do Exército Jair Bolsonaro como presidente.

O governo que assumiu em janeiro de 2019 trouxera de volta os militares à política pela primeira vez desde o final da ditadura militar, em 1985, reavivando pesadelos de porões escuros e sessões de tortura nunca bem resolvidos pelo Estado brasileiro. Nos primeiros meses, oito dos 22 ministérios eram comandados por militares, que ocupavam mais de cem cargos no primeiro, segundo e terceiro escalões.[13] E, agora, o Exército protagonizava um duplo assassinato em plena luz do dia.

Quem decretou que o carro onde viajava a família do músico Evaldo Rosa tinha levado mais de oitenta tiros (na verdade, a perícia concluiu que foram 62) foi o delegado da Polícia Civil Leonardo Salgado, que estava de plantão na Delegacia de Homicídios naquele domingo.

Luciana, esposa de Evaldo, fez questão: "Eu quero a Civil aqui".[14] Depois de sair da casa onde se abrigara — e onde o filho permaneceu —, foi até o carro, à vista da multidão. Transtornada, sua primeira reação foi suplicar aos soldados: "Por favor, socorre meu marido". E ela descreve que foi recebida com "um ar de deboche". Então, tentou impedir que os militares se aproximassem do carro, com medo de que plantassem provas falsas.[15] Quando os bombeiros confirmaram a morte do marido, Luciana fez questão de pedir a presença dos peritos do Instituto de Criminalística Carlos Éboli, da Polícia Civil. Eles ficaram até as oito da noite periciando a cena do crime.

"A gente vê na televisão todos os dias, né? A gente sempre lê histórias, relatos, de pessoas do bem que às vezes saem como más. Então, eu não poderia deixar que nada abalasse a imagem dele, que nada fosse distorcido. Ele é uma pessoa do bem, então iria ser enterrado como uma pessoa do bem",[16] me disse quatro meses depois do crime, quando a entrevistei no apartamento para onde se mudou, na zona norte do Rio. O filho, então com sete anos, não quis permanecer na casa em que morara com o pai a vida toda.

O delegado Leonardo Salgado tentou questionar os soldados, mas os comandantes não permitiram que falasse com eles. Os militares bateram em retirada. "Tudo indica que os militares realmente confundiram o veículo com o dos bandidos. Mas nesse veículo estava uma família", disse o delegado à TV Globo.[17] Salgado ainda esperava seguir no caso, expedindo um auto de prisão em flagrante na Delegacia de Homicídios da Barra, mas o Comando Militar do Leste, responsável por todas as operações militares que acontecem no Rio de Janeiro e no Espírito Santo, não apresentou os soldados à polícia.

Em vez disso, o CML fez duas coisas. Assim que a notícia sobre o ocorrido chegou ao comandante, expediu uma nota declarando que os soldados agiram em legítima defesa.

Por volta das 14:40, uma patrulha do Exército deparou com um assalto em andamento nas imediações do "Piscinão de Deodoro" em Guadalupe. Ao avistarem a patrulha, os dois criminosos, que estavam a bordo de um veículo, atiraram contra os militares, que por sua vez responderam à injusta agressão. Como resultado, um dos assaltantes foi a óbito no local e o outro foi ferido, sendo socorrido e evacuado para o hospital. Um transeunte que passava pelas imediações foi ferido em decorrência da troca de tiros, tendo também sido socorrido e evacuado. Informações preliminares dão conta de que o cidadão inocente ferido está fora de perigo. A ocorrência permanece em processamento, tendo todas as providências legais decorrentes sido tomadas.[18]

A nota contradizia uma testemunha-chave, Marcelo Monte Bartoly, que teve seu Honda branco roubado momentos antes. Marcelo reparou no caminhão do Exército depois de ser rendido e ter saído do carro, sob a mira do revólver empunhado por um rapaz de "cerca de vinte anos, pele parda, magro, uns 1,70, vestindo camiseta de manga curta, bermuda e chinelo". Outro rapaz havia lhe tomado o celular, o cartão do banco e uma corrente de ouro com um pingente. Quando viu a viatura Marruá, Marcelo correu e se abrigou junto com outras pessoas próximo a um portão alto. Ouviu tiros que "pareciam ser de fuzil, com um som estacado", e depois viu três militares desembarcados e armados com fuzis. Não chegou a falar com eles. Após a ordem de "embarcar", eles seguiram. Marcelo então conseguiu uma carona até a delegacia, mas teve que parar pouco adiante quando viu o Ford Ka e a cena do fuzilamento; os militares já tinham feito um bloqueio na avenida. Ali, se apresentou e contou que era a vítima do assalto que havia ocorrido minutos antes. Não lembra quem o levou até o carro para fazer o reconhecimento, mas "não reconheceu o motorista nem o carona; não reconheceu quem estava caído no chão a uns cinquenta metros do carro alvejado, em uma muretinha; não reconheceu o senhor que estava dentro do bar".[19]

No dia 8, o CML assumiu a investigação do caso. Instaurou um Inquérito Policial-Militar (IPM) e determinou que a Polícia Judiciária Militar levasse os soldados e cabos ao Comando da 1ª Divisão de Exército, onde prestaram depoimentos. Uma nova nota foi publicada às 11h32. Dizia: "Em virtude de inconsistências identificadas entre os fatos inicialmente reportados e outras informações que chegaram posteriormente ao Comando Militar do Leste, foi determinado o afastamento imediato dos militares envolvidos". A nota ainda reiterava o compromisso do Exército com a transparência e o repúdio a eventuais "excessos ou abusos".[20]

Já circulava nas redes sociais um vídeo, feito de uma janela do Minhocão, registrando o estampido dos tiros da segunda saraivada, o momento em que Luciano, caído, era amparado por Dayana, e Sérgio saindo do carro correndo. O vídeo de pouco menos de trinta segundos não registra outros tiros além daqueles disparados pelo Exército.

Ainda pela manhã, após serem ouvidos, dez dentre os doze integrantes da patrulha foram presos em flagrante, permanecendo na prisão da 1ª Divisão de Exército. Dois dias depois, a prisão foi convertida em preventiva, e o soldado Leonardo Delfino Costa, que afirmou não ter atirado, recebeu liberdade provisória.

O Ministério Público Militar denunciou os doze por duplo homicídio, pela tentativa de homicídio de Sérgio Gonçalves e por omissão de socorro. O processo correu na 1ª Auditoria da 1ª Circunscrição Judiciária Militar.

A princípio, o presidente Jair Bolsonaro permaneceu em silêncio sobre o episódio. Antes de se pronunciar, quem falou foi o vice-presidente, Hamilton Mourão, general de quatro estrelas que perdera em 2015 o prestigioso posto de comandante militar do Sul, o maior do país, após defender a remoção da então presidente — e comandante em chefe das Forças Armadas — Dilma Rousseff.[21] Foi imediatamente enviado para um cargo burocrático em Brasília, onde caiu em mais desgraça ainda ao dizer que se o Judiciário não punisse os corruptos, o Exército teria que "impor isso". Foi para a reserva em 2018. O fim melancólico da carreira no Exército foi recompensado com a vice-presidência do governo de Jair Bolsonaro.

No dia 12 de abril, em entrevista a uma rádio, o vice-presidente chamou o fuzilamento de "erro". "Sob pressão e sob forte emoção, ocorrem *erros* dessa natureza. A gente não tem a mínima dúvida de que, uma vez comprovada a culpabilidade dos militares que integravam aquela patrulha, eles serão submetidos ao julgamento e condenados na forma da lei, se for o caso."[22]

Poucas horas depois, o presidente Jair Bolsonaro, um apaixonado pelo verde-oliva desde menino, quando presenciou a estrondosa operação do Exército que mobilizou 4 mil homens para caçar o guerrilheiro Carlos Lamarca no Vale do Ribeira, em São Paulo,[23] defendeu veementemente a Força à qual serviu. "O Exército não matou ninguém, não, o Exército é do povo. A gente não pode acusar o povo de ser assassino, não. Houve um incidente, houve uma morte."[24]

Mas o primeiro membro do governo a se manifestar, somente três dias depois do fuzilamento, foi o então ministro da Defesa, o general Fernando Azevedo e Silva, que comandava as três Forças

Armadas. Breve, chamou o caso de "lamentável incidente" e de "um fato isolado no contexto das operações em que os militares brasileiros *foram envolvidos* até agora".[25] Cinco dias depois, seu ministério homenageou o advogado constituído para defender os doze réus, o militar reformado Paulo Henrique Pinto de Mello, com uma Medalha da Vitória, um galardão para aqueles que prestam bons serviços às Forças Armadas que remonta ao papel do Brasil na Segunda Guerra Mundial. A assessoria de imprensa do ministério se apressou a dizer que a honraria já estava programada desde antes do ocorrido, pois o advogado tinha um longo histórico de defender militares acusados dos mais variados crimes.[26]

Mas todo mundo entendeu o significado daquele gesto.

O comunicado do CML publicado em 8 de abril — e que aponta "inconsistências" entre os fatos reportados na primeira versão — traz um curioso título: "Acerca dos fatos envolvendo militares do Exército que realizavam *patrulhamento regular* no perímetro de segurança da Vila Militar". O uso do termo "patrulhamento regular" é um detalhe essencial para entendermos tudo o que aconteceu depois.

O delegado civil Leonardo Salgado chegou a aventar a possibilidade de que os soldados não estivessem exatamente em uma operação regular e, portanto, pela lei, poderiam ser investigados pela Delegacia de Homicídios. Mas o texto do comunicado demonstra que o Exército não queria abrir brechas para que as instituições civis seguissem no caso. Afinal, essa havia sido uma árdua disputa que o Comando do Exército dava por encerrada, como veremos depois. Uma disputa que começou com a primeira grande operação militar em uma favela no Rio de Janeiro: a ocupação dos complexos do Alemão e da Penha — ou Operação Arcanjo —, que durou de novembro de 2010 a julho de 2012. Pela primeira vez desde o fim da ditadura, comunidades inteiras — na verdade, um complexo com 25 favelas — foram ocupadas e controladas durante mais de um ano por membros do Exército em uma operação de Garantia da Lei e da Ordem. O estatuto da GLO determina que o presidente da República pode conclamar as Forças Armadas para atuar dentro do território nacional em operações para preservação da ordem pública. Apesar de serem previstas na Constituição, foram pouco utilizadas desde o fim do regime militar (1964-85), e sempre em períodos curtos, como durante eleições ou em grandes eventos.

Houve, porém, um episódio que se diferenciou: a Operação Rio, um convênio entre a União e o estado do Rio, que permitiu ao Comando Militar do Leste a ocupação de favelas durante os dois últimos meses de 1994. O resultado pífio foi descrito assim pela *Folha de S.Paulo:* "Poucos resultados efetivos e muito abuso de autoridade. É assim que se pode definir a primeira intervenção mais direta do Exército no combate à criminalidade no Rio".[27] Depois, entre 1994 e 2010, as Forças Armadas patrulharam as ruas da cidade em sete ocasiões, entre elas durante a Operação Rio II, em 1995, e na Cúpula do Mercosul, em 1996 e 1998.[28] Mas, no geral, os governos democráticos preferiram ver os militares dentro dos quartéis do que nas ruas. Foi um período no qual se acreditou que, depois de anos de consolidação da democracia, os militares estavam se retirando de vez dos assuntos nacionais. Com a Arcanjo, isso mudou.

# 2. Do Haiti ao Alemão

Foi durante o governo de Luiz Inácio Lula da Silva, quando Márcio Thomaz Bastos assumiu o Ministério da Justiça[1] e trouxe consigo uma equipe de advogados jovens e progressistas, que o governo federal sonhou afastar de vez os militares da segurança pública. Essa política atingiu seu ápice já no segundo mandato de Lula, quando o Ministério da Justiça encabeçou uma disputa sobre qual pasta deveria se responsabilizar pela segurança dos Jogos Pan-Americanos, que aconteceriam em 2007, no Rio de Janeiro. O Brasil não sediava um megaevento esportivo havia quarenta anos,[2] e uma competição sem percalços seria um cartão de visitas e tanto para o sonho pessoal de Lula de sediar a Copa do Mundo e as Olimpíadas, coroando sua presidência.

A disputa pela segurança tinha dois contendores claros. De um lado, o Ministério da Justiça, que adotou o discurso da prevenção e que pretendia usar o Pan como "um grande laboratório"[3] para um modelo de segurança pública inclusivo, com ações sociais visando à integração das comunidades no entorno dos estádios. Do outro, o Ministério da Defesa, apoiado pela ministra-chefe da Casa Civil Dilma Rousseff, esperava que a segurança fosse entregue aos militares, repetindo o esquema usado na convenção Rio-92, com a presença ostensiva das Forças Armadas no entorno dos estádios e pontos estratégicos da cidade do Rio, incluindo a entrada de favelas. Sob esse ponto de vista, aquele evento fora, de fato, um sucesso.

Quem melhor conta essa história é o meu amigo e advogado Pedro Abramovay,[4] que foi assessor especial do Ministério da Justiça na época. Ele me relatou por que os acontecimentos do Carnaval de 2003 foram decisivos para que sua equipe resolvesse entrar nessa disputa. Naquele ano, a pedido da governadora do Rio de Janeiro Rosinha Garotinho e poucos meses depois de tomar posse, o presidente Lula autorizou o envio de tropas do Exército para fazer a segurança do evento.[5] "Aquele foi um momento marcante de pensar que essa não podia ser a resposta", diz Pedro. Idealmente, os militares não deveriam ser o "último bastião" para garantir a tranquilidade nas ruas: era preciso que os governos civis tivessem uma resposta a situações emergenciais. "Precisávamos criar instituições para que a resposta para a segurança pública do governo federal em emergências não fosse colocar os militares", me disse Pedro.[6]

A ideia era substituir as GLOs por operações da Força Nacional, um corpo federal e não permanente criado em 2004, composto de policiais militares "emprestados" por diferentes estados e treinados pela Secretaria Nacional de Segurança Pública do Ministério da Justiça. A Força Nacional seria acionada em casos de emergência e teria um preparo considerado superior ao das PMs, especialmente no conhecimento de direitos humanos e respeito à cidadania — de fato, alguns policiais chegaram a passar por 28 cursos de treinamento em dois anos.[7] Pedro explica que "havia um horizonte muito claro: a gente precisava fazer os Jogos Pan-Americanos como um primeiro grande evento federal sem o apoio dos militares". O plano gerou uma queda de braço com o Ministério da Defesa "porque os militares viam na segurança pública a possibilidade de ganhar recursos".

Segundo o delegado da PF Luiz Fernando Corrêa[8] em uma das primeiras reuniões para discutir a coordenação da segurança dos Jogos Pan-Americanos, Dilma Rousseff, na época à frente da Casa Civil, argumentou que "as experiências bem-sucedidas em grandes eventos credenciavam o Ministério da Defesa como autoridade central de segurança da empreitada".[9] Porém, tendo Lula como árbitro, o Ministério da Justiça ganhou a parada.[10] Reeleito em 2006, Lula convidou o gaúcho Tarso Genro, indicado de Thomaz Bastos, para assumir a pasta.

Assim, entre 13 e 29 de julho de 2007, os 5662 atletas de 42 países não viram o verde-oliva do Exército nas ruas. Foram mobilizados 18 mil policiais da Força Nacional de Segurança, da Polícia Rodoviária Federal, da Polícia Federal e das polícias militar e civil do Rio de Janeiro. A atuação dessas entidades, entretanto, ficou marcada por um escândalo: a chacina do Pan. Dezenove homens foram mortos no Complexo do Alemão — segundo a Anistia Internacional, executados — por membros da PM e da Força Nacional um mês antes do evento.[11] Na época, o secretário de Segurança do Rio de Janeiro, José Mariano Beltrame, justificou a ação dizendo que eram todos criminosos.[12] Ainda assim, segundo Pedro Abramovay, o governo encarou a experiência do Pan como um sucesso. "Se consolidou ali que é possível o Brasil fazer isso sem os militares."

O ministro Tarso Genro cristalizou essa visão com o lançamento, meses depois, do Programa Nacional de Segurança Pública com Cidadania, que buscava articular os planos estaduais de segurança pública sob o direcionamento da Secretaria Nacional de Segurança Pública (Senasp) do Ministério da Justiça e incluía ações sociais com foco em homens entre quinze e 29 anos, estatisticamente as maiores vítimas da violência urbana.[13] Nos anos seguintes, os militares continuaram de fora da segurança pública.[14] Ironicamente, o que os levaria, afinal, de volta às ruas do Rio era a maior missão de toda uma geração de militares brasileiros, a missão de paz no Haiti.

Entre setembro de 2004 e outubro de 2017, 37 mil militares brasileiros, do Exército, Marinha e Aeronáutica, estiveram no Haiti. Diferentemente da tradicional rotatividade de países nas missões de paz da ONU, o Brasil manteve o comando da Minustah[15] ao longo de seus treze anos de duração, além de empregar o contingente mais numeroso, com foco na capital do país, Porto Príncipe. As tropas se revezavam de seis em seis meses e chegaram a 1,3 mil homens após o terremoto que devastou o país em 2010. O Brasil comandava, ainda, tropas do Chile, Uruguai, Bolívia, Peru, Equador, Argentina, Nepal, Filipinas, Sri Lanka, entre outras.

De certa maneira, a atuação das Forças Armadas como controladoras da ordem cruzou minha carreira durante diferentes períodos. Em 2011, muito antes de eu começar a investigar as mortes de civis em GLOs, estive no Haiti e pude testemunhar como nossos soldados andavam embarcados sobre tanques de guerra e, com seus capacetes azuis, tentavam dar ordem a algo que não tinha como ser ordenado — uma devastadora tragédia humana, misturando a miséria famélica à destruição do terremoto. Eram jovens trajando uniformes militares, protegidos até os dentes, abrindo espaço no trânsito infernal em ruas ladeadas por barracas improvisadas onde viviam dezenas de milhares de haitianos magros e doentes. A capital era um enorme campo de refugiados.

Também naquela visita pude conferir como a adoção da missão de "imposição de paz" já era entendida como um grande "ensinamento", do qual a cúpula militar não iria querer abrir mão, segundo escrevi em uma reportagem na época.[16] Fora dos círculos militares, há um homem que pode ser considerado um dos maiores responsáveis por aquele emprego, o embaixador Celso Amorim. É por isso que ele foi um dos primeiros nomes que busquei entrevistar para este livro. Eu queria discutir com ele o que significou o Haiti para as relações civis-militares. Em uma entrevista feita no seu apartamento à beira-mar, em Copacabana, o ex-ministro das Relações Exteriores me disse que a missão do Haiti "foi a operação militar mais importante que os militares brasileiros fizeram desde a democratização".[17] E todos os comandantes militares que participaram da missão concordam com isso.[18] "Eu digo que as Forças Armadas, mas principalmente o Exército, foram para o Haiti adolescentes e voltaram maduras", elaborou o general Ajax Porto Pinheiro em entrevista a pesquisadores da Fundação Getulio Vargas.[19]

A presença do Brasil no país caribenho era "indelével", avaliou Amorim, "para o bem ou para o mal". Diplomata renomado, ele foi não apenas chefe do Itamaraty durante os dois mandatos de Lula, acompanhando a instauração da missão de paz no Caribe; foi também ministro da Defesa durante o governo de Dilma Rousseff. (Nessa pasta, supervisionou o segundo ano da Operação Arcanjo, no Complexo do Alemão, que inaugurou uma nova era de GLOs.) Amorim é apontado como o artífice da estratégia de ampliação do papel brasileiro na geopolítica mundial, com fortalecimento do Mercosul, ampliação de parcerias Sul-Sul e um lobby para que o Brasil ganhasse um assento no Conselho de Segurança da ONU. A presença do Brasil no Haiti foi uma peça fundamental nessa estratégia. Na nossa entrevista, relembrou como a posição de liderança no Haiti impactava a percepção dos outros países sobre o Brasil. "Tinha reunião de cinco países e eram só países desenvolvidos ou ex-metrópoles: França, Canadá, Estados Unidos, às vezes, a União Europeia — e o Brasil. O Brasil tinha, de fato, que ser ouvido, porque nossa presença era muito forte."

A operação de paz no Haiti foi uma novidade, e não somente para o Brasil. Ela foi a primeira operação de "imposição da paz", regida pelo capítulo VII da Carta das Nações Unidas, enquanto as missões tradicionais de "manutenção de paz" são regidas pelo capítulo VI. É fácil entender a diferença. Até então, as missões da ONU entravam em um país após um acordo de paz entre grupos em conflito para garantir o cumprimento do acordo e a estabilidade. No Haiti, ao contrário, a ONU foi chamada para impor a paz após diversos protestos e ações de grupos armados que se seguiram à renúncia forçada do presidente Jean-Bertrand Aristide. Não havia exatamente dois exércitos em confronto: eram diversos grupos, desde gangues criminosas até ex-militares desmobilizados que apelavam para a Força para controlar territórios. Aristide, eleito, diz ter sido sequestrado do país por *marines* americanos — e a sua retirada, um verdadeiro golpe de Estado, deixou o equilíbrio de forças em frangalhos.[20]

O capítulo VII autoriza o uso da força letal para situações além da legítima defesa própria e a de terceiros, caracterizando uma nova geração das Operações de Paz. Segundo estudiosos como o alemão Christoph Harig, da Universidade das Forças Armadas Federais em Hamburgo, o Haiti marcou uma mudança histórica no perfil das operações da ONU: hoje, são em maior número as missões de paz "robustas", integradas por tropas de países em desenvolvimento. "O Brasil já tinha participado antes de outras operações de paz, inclusive em Angola e Moçambique, mais recentemente, e há mais tempo no canal de Suez etc. Mas a do Haiti era uma operação de paz um pouco mais avançada, em certo sentido, um pouco mais robusta", explica Celso Amorim. "É o uso da violência autorizado pela ONU para provavelmente impedir uma violência maior, em tese. Então, coisas 'não boas' ocorreram."

Esse "novo" papel chegou a causar certo constrangimento dentro do Itamaraty, por contrariar o texto constitucional brasileiro, que permite a participação do Brasil apenas em missões de manutenção de paz. Mas a subsecretária de Assuntos Políticos do Itamaraty, Vera Pedrosa, garantiu à embaixadora americana no Brasil que o mal-estar poderia ser contornado, mesmo que se tivesse que dar um jeitinho, segundo revelaram documentos vazados pelo WikiLeaks.[21] O primeiro comandante da missão, general Augusto Heleno, resumiu anos depois que, "se nós tivéssemos informações suficientes para avaliar como seria a missão do Haiti, provavelmente a missão não teria sido aprovada no Congresso" porque "a Constituição brasileira não abre essa oportunidade de o Brasil participar de operações regidas pelo capítulo sete".[22]

Em dezembro de 2004, os brasileiros comandaram a sua primeira operação militar na capital, área que ficou sob guarda das tropas verde-amarelas. A missão: invadir a favela de Cité Soleil, habitada por 250 mil pessoas, para recapturar dois comissariados de polícia que haviam sido ocupados por gangues e prender um de seus principais líderes. Conseguiram, depois de muitos tiros disparados por ambos os lados, recuperar os postos da polícia. O líder escapou. O governo americano criticou a operação, como mostram os telegramas do WikiLeaks, porque os comissariados foram retomados pelas gangues depois que as tropas se foram. A retomada virou lição, e uma nova estratégia de "pacificação" seria aplicada com sucesso em Bel Air, a maior favela de Porto Príncipe, com 400 mil habitantes: a partir da ocupação de um antigo forte nacional, as tropas passaram a percorrer os arredores a pé e foram aumentando a área de patrulhamento conforme consolidavam sua presença na favela, que aos poucos se tornou permanente. Uma boa síntese sobre o que faziam os brasileiros no Haiti vem do general de três estrelas Carlos Alberto dos Santos Cruz, que me recebeu para uma entrevista no seu apartamento pouco antes do estouro da pandemia do novo coronavírus.[23] Santos Cruz foi o comandante mais longevo durante a Minustah, de janeiro de 2007 a abril de 2009. A missão, disse ele, estava "no meio do caminho" entre uma operação de combate militar em área urbana e uma operação policial, o que envolve revistas na população, patrulhas ou controle de tráfego. "A primeira fase de conflito é só militar, porque é combate. A segunda fase você mistura militar e polícia porque tem momentos de atividade de polícia e momentos de atividade militar. E a terceira fase é só polícia, quando volta para a normalidade", detalhou. Ele se lembra, por exemplo, da tomada da região de Boston, em Cité Soleil, descrita como um "combate puro" que durou doze horas, começando às três da madrugada. "Só que um combate de doze horas é um negócio complicado. Até porque depois que raia o dia tem gente na rua, tem civil na rua", diz. "É horrível."

Uma vez ocupados os pontos estratégicos nas favelas haitianas, o próximo passo era ampliar a área de influência das tropas através de ações sociopolíticas que melhorassem a vida da população para conquistar seu apoio. Idealmente, os moradores se tornariam fonte de informação sobre as gangues.

De um lado, os militares brasileiros se dedicavam à distribuição de kits escolares, água e alimentos, à perfuração de poços artesianos e tratamento médico e odontológico. De outro lado, o Itamaraty se empenhava em parcerias de desenvolvimento, com projetos de construção de cisternas, agricultura familiar e estudos de viabilidade para produção de etanol. "O Haiti passou, de repente, a ser um dos maiores receptores de assistência técnica e também financeira brasileira", diz Celso Amorim.

Em geral, os brasileiros também evitavam a violência gratuita. Ficou famoso um episódio ocorrido em Bel Air, em fevereiro de 2005, no qual as tropas chegaram a se colocar entre a polícia haitiana e os moradores para impedir a truculência da polícia do governo provisório. "O que eu mais ouvi de críticas às Forças Armadas do Brasil era que eram muito brandas", diz Amorim, explicando que a maior pressão por uma mão mais "pesada" vinha dos Estados Unidos.

Santos Cruz se orgulha do papel desempenhado pelos brasileiros e seus comandantes, que resume com uma frase: "Você tem que ser criativo, tem que evitar o dano colateral". Ele ressalta que o governo brasileiro não só deu respaldo político à empreitada — enquanto foi chanceler, Celso Amorim ia todos os anos ao país —, mas disponibilizou recursos extraorçamentários para treinamentos no Brasil. "O treinamento era excelente", afirma o general. "Como era parecido em alguns aspectos com algumas áreas nossas de favela, vamos dizer assim, o pessoal procurava treinar numa área semelhante. Você tinha quatro meses de treinamento e, no final, você procurava em Porto Alegre, no Rio de Janeiro, um lugar que fosse mais ou menos semelhante: casas pequenas, ruas estreitas."

Aos poucos ficou claro que o comando do Exército via no Haiti uma oportunidade de treinamento para as operações de Garantia da Lei e da Ordem. Foi o que me disse, em uma entrevista pelo telefone em 2012, após minha volta do país caribenho, o primeiro comandante da Minustah, general Augusto Heleno. "Íamos melhorar não só a doutrina de emprego em missões de paz, mas em operações de Garantia da Lei e da Ordem, uma das missões das Forças Armadas escritas na Constituição", explicou. "Quem passou pelo Haiti se conhece. Nossos líderes foram treinados intensamente, principalmente os tenentes, capitães. E as operações logísticas foram treinadas na prática; no papel é outra coisa."

Mas a Minusah não foi tão bem-sucedida como apregoa o governo brasileiro. Apesar de garantir que houve esforços para se reduzirem os danos colaterais, algumas operações, como em Cité Soleil, em julho de 2005, levaram, segundo ONGs locais, a mais de sessenta mortes. A ONU nega. O uso de forças especiais brasileiras que incluíam *snipers* (atiradores), distribuídos de forma estratégica para ocupar uma favela, também foi amplamente criticado. Outras tropas internacionais portaram-se de maneira pior. Em 2011, um vídeo impressionante viralizou na internet, gerando enorme comoção: nele, soldados uruguaios ameaçavam um jovem haitiano de dezoito anos de estupro; eles próprios tinham filmado a cena. Um ano antes, tropas nepalesas haviam levado ao país uma epidemia de cólera que matou mais de 4,5 mil pessoas. A ONU só reconheceu seu papel nessa emergência sanitária meses depois.[24]

Uma investigação que realizei para a Agência Pública demonstrou que pelo menos duzentos casos de abuso e exploração sexual continuavam sem solução. Um dos problemas era que, como os soldados voltavam para casa depois de seis meses, isso impedia qualquer investigação.

Um dos episódios mais rumorosos ocorreu em 2007 e levou ao repatriamento de 114 soldados do Sri Lanka, incluindo o vice-comandante do contingente, acusados de "transações sexuais, particularmente com o pagamento a prostitutas, algumas delas adolescentes". "Em troca de sexo, as crianças recebiam pequenas quantidades de dinheiro, comida e algumas vezes celulares", diz o relatório da ONU. "A exploração sexual e o abuso eram frequentes."[25]

Mesmo assim, a narrativa do sucesso no Haiti foi usada, internamente, para impulsionar o uso de operações GLO, segundo o pesquisador Christoph Harig, principalmente para "legitimar a ampliação do escopo do papel das Forças Armadas na segurança pública".[26] O próprio ministro da Defesa Nelson Jobim reconheceu a jornalistas que a atividade desenvolvida pelo Exército no Haiti era típica de "manutenção da lei e da ordem" e que pretendia financiar um estudo sobre o emprego da tropa em missão semelhante no Rio de Janeiro. E foi além. Questionado sobre se o Haiti poderia ser uma espécie de "laboratório" para ações em território nacional, respondeu: "Quanto ao problema da expertise, não tenha dúvida nenhuma".[27]

Não dá para subestimar o impacto que a Minustah teve para uma geração de militares brasileiros. "Muito mais do que a tropa de soldados — que leva uma experiência sensacional, mas [ela] vai embora", explicou o general Heleno, "os nossos oficiais e sargentos passaram por uma experiência que jamais teriam passado em qualquer treinamento. Eles passaram a se conhecer, a se respeitar, a se autoavaliar. A doutrina de operações de Garantia da Lei e da Ordem foi totalmente modificada, aperfeiçoada, consolidada. Hoje, nós temos uma doutrina de operações de GLO graças a tudo que nós vivemos no Haiti."[28]

Em entrevista para este livro, o general Sérgio Westphalen Etchegoyen me disse que, sem dúvida, o Haiti impactou uma geração "da mesma forma que a Segunda Guerra". Santos Cruz também reconheceu, em nossa conversa, que toda a sua geração de oficiais foi pautada pela missão. "É o pessoal que era tenente--coronel, coronel, general durante esses treze anos de Haiti. Muita gente passou por lá."

Esse mesmo grupo passaria para a história, anos depois, como o que efetivou a volta dos militares ao poder. Dos nove *force com-*

*manders* vivos em 2019, seis ganharam postos estratégicos durante o governo de Jair Bolsonaro. Além do próprio Santos Cruz, que foi ministro-chefe da Secretaria de Governo — e que depois de deixar o cargo se tornou um veemente crítico do presidente —, outros dois ex-comandantes da Minustah ocuparam o mesmo posto: o general Floriano Peixoto, que liderava a missão quando houve o trágico terremoto em 2010 e depois foi para os Correios, e o general Luiz Eduardo Ramos, amigo de Bolsonaro, o mais longevo dos três na pasta que coordena o relacionamento com o Congresso Nacional. O general Heleno virou chefe do Gabinete de Segurança Institucional e o ministro mais forte do governo. O general Edson Leal Pujol assumiu o comando do Exército durante os dois primeiros anos do governo. O general Ajax Porto Pinheiro, último comandante do Haiti, tornou-se assessor especial da presidência do Supremo Tribunal Federal (STF) a convite do ministro Dias Toffoli, onde prestava "assessoramento direto e imediato" a Toffoli "no relacionamento com outros Poderes", e depois virou assistente técnico do presidente do STJ.[29]

Tem mais. O primeiro porta-voz da Presidência, general Otávio Santana do Rêgo Barros, foi subcomandante de um batalhão da infantaria enviado ao país caribenho logo após o terremoto; e o ex-ministro da Defesa, Fernando Azevedo e Silva, foi chefe de operações do contingente brasileiro no Haiti entre 2004 e 2005. Um dos ministros menos criticados ao longo desse conturbado governo, o da Infraestrutura, Tarcísio Gomes de Freitas, trabalhou em Porto Príncipe entre 2005 e 2006, chefiando a seção técnica da Companhia Brasileira de Engenharia de Força de Paz.

Perguntei então a Santos Cruz o que definiria essa geração. "Um pessoal que tem uma vertente mais operacional, que teve a oportunidade de praticar a operacionalidade militar. Gente que, no geral, tem um viés muito prático", ele respondeu.

Em pelo menos alguns casos, a experiência no Haiti também formou uma concepção que se arraigou entre as correntes de pensamento do Exército: a de que o combate a criminosos pode ser visto como uma "guerra assimétrica", um conceito que afirma que o campo de batalha tradicional ficou para trás. Sob essa visão, o confronto com criminosos, em especial traficantes de drogas, é nada mais do que uma nova roupagem da guerra contra guerrilheiros nos anos da ditadura; é necessário à segurança interna.

Alguns membros reputados nas Forças Armadas partilham dessa visão. É o caso de Floriano Peixoto, que deixou claro, nas entrevistas para o livro *Missão Haiti*, que as operações no Haiti e as GLOs no Rio eram pura e simplesmente operações de guerra contra um inimigo combatente. "O que estamos vivendo aqui no Rio de Janeiro hoje não é GLO", disse. "O emprego do Exército, ou das Forças Armadas, hoje no Rio de Janeiro é o emprego contra forças irregulares, dentro de um conceito assimétrico de uma guerra de quarta geração. A mesma coisa lá no Haiti. Aquilo lá não era GLO, era um combate contra forças irregulares, capacidade que as Forças Armadas, por formação original, já tinham."

Luiz Eduardo Ramos, outro ministro crucial no governo Bolsonaro, explicou, no mesmo livro sobre o Haiti: "Quem é a força adversa? A gente chama agora, politicamente, de Apop — agente perturbador da ordem pública".

Nos primeiros anos da Minustah, um dos maiores entusiastas da ideia era, além do general Heleno, o coronel Cláudio Barroso Magno Filho, que comandou as tropas brasileiras em 2007. Encarregado de escoltar a jornalista do *Estadão* Tahiane Stochero no Haiti em uma viagem a convite do Ministério da Defesa, Magno Filho se sentiu à vontade para relacionar os dois cenários. "Mesmo que as operações realizadas no Haiti sejam específicas, elas têm conceitos estratégicos semelhantes aos visualizados para o Rio de Janeiro, particularmente a integração das ações e dos órgãos envolvidos, em todos os níveis. Isso é o que se buscou aqui na capital haitiana e por isso deu certo. Tudo o que fizemos aqui foi planejado para lá", disse.[30]

Carioca, Magno Filho havia trabalhado no planejamento de operações do Exército no Comando Militar do Leste. Empolgado com a tribuna que lhe era oferecida, chegou a detalhar à repórter do *Estadão* como seria uma operação militar bem-sucedida em uma favela do Rio. Com dados de inteligência, a primeira coisa seria fazer uma análise da situação, identificando as áreas de maior interesse, quais são as mais difíceis de se invadir "e o local onde uma operação provocaria maior impacto psicológico sobre os bandidos e repercussão na sociedade. Estabelece-se, então, uma prioridade". A ação deveria ocorrer durante a madrugada, "quando as pessoas estão em casa dormindo", para evitar "danos colaterais": baixas e feridos inocentes. Tendo sido escolhida a área, ela deveria ser isolada (fechando-se as vias de acesso) para impedir a entrada de munição. Em segundo lugar, "cerca-se o morro de forma mais restrita: ninguém entra e ninguém sai sem ser revistado". Isso para coibir a liberdade de ação dos criminosos e pressioná-los a uma reação, que seria prontamente revidada. O ideal, prosseguiu o militar, era ocupar todo o terreno, revistando casa por casa e utilizando atiradores estrategicamente posicionados em locais altos: "Com visão ampla, eles avistam o inimigo, podendo eliminá-lo ou alertar os companheiros em terra".[31]

Depois, a instalação de pontos fortes: prédios altos, utilizados até então pelos criminosos, tornam-se quartéis dos militares dentro da área. De dez a trinta homens seriam colocados em cada ponto forte. O objetivo era a permanência 24 horas por dia no local e o aumento contínuo da área de influência, com patrulhas. Na sequência, previam-se as ações de informação pública: divulgação dos resultados para mostrar à população que há avanços, em busca de motivação e comprometimento de toda a sociedade na guerra contra o crime e pressão sobre os criminosos.

Magno Filho não teve carreira brilhante no Exército depois do Haiti. Assim que voltou ao Brasil, foi para a reserva e passou a trabalhar como coordenador de segurança para uma mineradora. Porém, na década seguinte, todas as estratégias relatadas por ele seriam efetivamente adotadas no Rio de Janeiro, a começar pela ocupação dos complexos do Alemão e da Penha.

Durante sua gestão, o então governador do Rio, Sérgio Cabral,[32] lidava com uma onda de violência em meio aos passos iniciais da sua política de UPPs, Unidades de Polícia Pacificadora, que previa a implantação de unidades policiais em favelas controladas pelo tráfico de drogas, aproximando os PMs da população e implementando políticas sociais e melhorias nas comunidades. A experiência-piloto acontecera no morro Dona Marta, em Botafogo, zona sul do Rio, em 2008.

Foi nesse momento que Sérgio Cabral, "sem passar pelo Ministério da Justiça", segundo me assegurou Pedro Abramovay, na época secretário nacional de Justiça, solicitou o apoio dos militares para a ocupação do Alemão. A princípio, o governador pediu oitocentos militares do Exército, dez viaturas blindadas e duas aeronaves da Marinha e da Força Aérea para apoiar o cerco ao Complexo do Alemão.[33] Ali estavam escondidos criminosos que haviam ordenado ataques durante a semana de 20 a 27 de novembro de 2010, alvejando cabines da Polícia Militar, um carro oficial do Comando da Aeronáutica, e queimando carros, motos, caminhões e ônibus em diversos pontos do estado.

Já na tarde de 28 de novembro, cerca de oitocentos militares da tropa de paraquedistas cercaram o Complexo com a missão de proteger o "perímetro da área conflagrada para apoiar o investimento e o vasculhamento" da região.[34] A invasão propriamente dita acontecera naquela manhã por seiscentos homens do Bope, da Polícia Militar, Polícia Civil, Polícia Federal e Polícia Rodoviária Federal e foi rápida: às 13h22 as bandeiras do Brasil e do Rio de Janeiro foram hasteadas no alto do morro do Alemão.[35]

Depois, no dia 30 de novembro, Cabral decidiu pedir a presença de mais tropas, dessa vez para ficar. O ofício enviado ao almirante de esquadra Júlio Soares de Moura Neto solicitava

> com a máxima brevidade possível a cessão temporária de militares das Forças Armadas a fim de serem utilizados como *força de paz*, na preservação da ordem pública, nas comunidades do Complexo da Penha e do Complexo do Alemão até, no máximo, 31 de outubro de 2011.[36]

O governador prometia que as tropas seriam rendidas por policiais treinados para assumir a UPP do Alemão, a maior unidade do tipo planejada até então, cujo sucesso era questão de honra para o governo, pois provaria que essa política era viável em grandes complexos, no caso, uma área que abrigava mais de 100 mil pessoas.[37]

Cabral tinha um grande aliado: Nelson Jobim, ministro da Defesa desde 2007, do mesmo partido que ele, o PMDB (atual MDB). Em entrevista pelo telefone, Jobim me disse que, na sua visão, "não podíamos fugir" do uso dos militares, pois "havia um problema no Rio, que era a desconfiança que todos tinham com a PM. Eu exigi do governador que, para que a GLO se realizasse, o comando da operação tinha que ser do Exército. As forças que seriam usadas da PM teriam que ser submetidas à operação".[38] Ele me confidenciou que foi Lula quem o buscou para discutir o pedido de Cabral, e não o contrário: "Quando teve a questão do Alemão, o Lula me falou que houve um pedido do governador Sérgio Cabral para que houvesse intervenção das forças militares lá. Eu falei: 'Vamos fazer isso'. E aí eu mudei toda a instrução da GLO".

A autorização do presidente Lula para o emprego da "Força de Paz" veio no dia 4 de dezembro de 2010.

Pedro Abramovay garante que nada disso passou pelo Ministério da Justiça. "A gente viu pela tevê", diz. "E aí teve aquela cena dos militares colocando a bandeira no topo do morro do Alemão. Aquele quadro destruiu os últimos oito anos de tentativa de tirar os militares da segurança pública."

A cena foi mais que aplaudida pela única mídia que importava, a TV Globo, dona de 40% da audiência da TV aberta no Brasil.[39] Tanto que a imagem dos soldados fincando a bandeira foi reencenada em *Salve Jorge*, que estreou em outubro de 2012. A novela emulou a ocupação da favela com uma trilha sonora épica e clipes reais de criminosos atingidos. Na novela, quem finca a bandeira no topo do morro é o mocinho, o jovem capitão da cavalaria do Exército Théo.[40]

Esse foi um dos segredos do sucesso da missão, segundo seu comandante, o general Adriano Pereira Júnior. Esse tipo de apoio foi realmente fundamental para a longa ocupação, admitiu no dia em que o entrevistei, uma década depois. "Houve muita comoção. Então, houve aquela mobilização da sociedade, sociedade e mídia, todo mundo querendo que a operação desse certo."[41]

A Operação Arcanjo — nome escolhido por significar "anjo que atua como mensageiro em missões especiais"[42] — durou 583 dias, entre dezembro de 2010 e junho de 2012, e empregou 6800 homens no controle cotidiano dos movimentos dos moradores dos complexos do Alemão e da Penha, zona norte do Rio. "Em particular, as autoridades tentaram retratar a Operação Arcanjo como uma espécie de 'operação de paz dentro de casa'", escreve Harig,[43] o ponto de os capacetes e distintivos de identificação usados no complexo de favelas serem iguais aos usados pela Força de Paz no Haiti. Na época, o general Enzo Peri, então comandante do Exército, confirmava ao jornal *O Globo* que o Rio de Janeiro teria sua própria Força de Paz nos mesmos moldes do Haiti para pacificar as favelas do Alemão e Vila Cruzeiro.[44]

Nos anos seguintes, Harig entrevistou mais de 120 militares de variadas gradações e identificou que as unidades que participaram das primeiras grandes operações no Rio eram escolhidas entre aquelas que haviam servido no Haiti. O general Pereira Júnior confirma, também, que a Brigada de Infantaria Paraquedista que realizou o cerco e seria o primeiro efetivo da Força de Pacificação era formada por profissionais que haviam estado recentemente no Haiti.[45]

A ideia do governo fluminense era aliar a presença física das forças de segurança com a ampliação dos serviços públicos. Serviços como correio, limpeza urbana e até mesmo linhas de ônibus tinham problemas para chegar ao interior da comunidade, cujas ruas eram interrompidas por barreiras e controladas pelo tráfico. Um dos marcos desse braço "social" foi a parceria com a Embratel para oferecer serviço de TV a cabo a preços reduzidos, acabando com o uso clandestino do "gatonet". Outro marco foi a inauguração, em 7 de julho de 2011, do Teleférico do Complexo do Alemão, com a presença da então presidente Dilma Rousseff, além do governador do Rio e do prefeito Eduardo Paes. Foi o primeiro sistema de transporte de massa por cabos no país.[46]

Mas, ao contrário do que prometera o governador, os efetivos militares só sairiam do complexo de favelas em 7 de julho de 2012, com a instalação de oito UPPs.⁴⁷ O general Adriano Pereira Júnior acredita que esse também foi um dos motivos que ajudaram as forças: "Não foi uma operação rápida; foi a primeira vez, também, que se ficou quase dois anos dentro de uma área. Deu tempo de se trabalhar".

Muito além da bandeira do Brasil, os militares instalaram logo de cara duas bases na comunidade: uma em uma antiga fábrica da Coca-Cola, no Complexo do Alemão, onde ficaram permanentemente novecentos homens; e outra no parque Ary Barroso, no Complexo da Penha, com 750 militares. Sete brigadas se revezavam por períodos de até treze semanas, vindas de Campinas, Rio de Janeiro, Minas Gerais, Santa Catarina, Paraná e Rio Grande do Sul. Os militares ocuparam os principais pontos antes dominados pelo tráfico, mantendo nesses locais vigilância constante das vias de acesso. Muitos deles puseram os pés em uma favela pela primeira vez na vida. Estabelecidos no terreno, passaram a realizar outras ações, como a instalação de postos de balizamento e controle de vias urbanas (*checkpoints*), vasculhamento de áreas de matas e operações de busca e apreensão em barracos. Também se esforçavam para ganhar a simpatia da comunidade. Promoviam atendimentos médicos e até partos de emergência, apoiavam procissões para a igreja de Nossa Senhora da Penha, palestras e exposições sobre "cidadania", "heróis militares" e "contra as drogas". Em julho de 2011, o Exército comandou uma programação animada chamada "Férias com a Força de Pacificação", que incluía introdução a esportes, gincanas, aulas de desenho e uma visita ao forte de Copacabana. "Com o passar do tempo, nosso relacionamento, o relacionamento com a população civil, ficou excelente", rememora o general Adriano. "Várias vezes estive lá e, caminhando pela favela, uma moradora, um morador falava, 'Olha, tá muito bom', 'Olha, vou lhe mostrar o comércio que eu abri, abri uma vendinha, um salão de beleza aqui'."

Mas a principal missão dos soldados e cabos — a grande maioria em emprego temporário nas Forças Armadas — era manter a posição nas bases instaladas. Além disso, podiam fazer patrulhamento a pé ou motorizado em veículos blindados, revistar os moradores e realizar prisões em flagrante quando se deparassem com algum delito. "Eu redigi um acordo, acho que foi a primeira vez que foi feito isso, um acordo em que, no final, fazia o seguinte: era um limite, uma delimitação da área de responsabilidade da GLO. E eu solicitei ao governador policiais militares para compor a Força. E uma delegacia de Polícia Civil. Era o que eu chamava de Força de Pacificação", explica o ex-comandante da Força.

Era a primeira vez que um sistema "completamente fora da estrutura de segurança pública do estado", nas palavras do general Adriano, era montado para controlar uma comunidade. "Era uma segurança pública em que o responsável, no final das contas, era um comandante militar de área. Eu era responsável por toda a segurança pública e em ajudar uma população que regula em 200 mil habitantes, incluindo as duas áreas. Todas as decisões eram centralizadas, tinham um comando único. Toda a segurança pública estava na mão de uma pessoa só." Ele.

"A escala era apertada, sete dias lá em cima e três em casa para descansar", lembraria Luan Patrício, aos trinta anos, morador de Mesquita, na Baixada Fluminense. Como muitos jovens de classe baixa do Rio de Janeiro, Luan trabalhava desde os dezesseis anos e sonhava ser piloto da Aeronáutica, mas a única entrada que teve nas Forças Armadas foi através do alistamento no Exército. Para conseguir uma vaga — são cerca de 80 mil recrutas por ano, no Brasil inteiro —, ele teve que apelar para um conhecido, subcomandante de uma unidade no Rio de Janeiro, que "deu uma força" para ele entrar. Ficou apenas dois anos, entre 2010 e 2012, indo de recruta a soldado, a maior parte do tempo em tarefas administrativas. Sua missão na ocupação do Alemão foi a última e durou apenas algumas semanas.[48]

Embora tenha tido instrução de tiro com diferentes armamentos, Luan nunca atirou em uma missão. Ficava a maior parte do tempo acampado na base da Coca-Cola. "Às vezes a gente saía para fazer patrulhamento de viatura mesmo." Além do soldo (um recruta ganha pouco mais que um salário mínimo, e um primeiro-soldado ganhava, em 2020, 1765 reais), o soldado que participa de uma operação de GLO ganha um adicional que pode chegar a setecentos reais por mês (e a 5 mil para um primeiro-tenente).

Durante o tempo em que ficou empregado na favela, Luan não se deparou com nenhum traficante — "se tinha alguma coisa, a gente não via, mas ficava sabendo, e, quando chegava lá, não tinha nada" —, mas acredita que eram os criminosos que estavam por trás da agressividade de alguns moradores contra a tropa, incluindo jogar frutas e latinhas vazias até "o comandante ter que intervir, pegar o megafone, ter que falar 'poxa, não faz isso', ameaçar até dar voz de prisão".

A implantação dessa "Força de Paz" em solo nacional marcou o ocaso do governo Lula e, com ele, a visão de segurança pública adotada até então. Dilma Rousseff já havia sido eleita a primeira presidente mulher do país e tomaria posse em janeiro. Ela abraçou a política das GLOs, que chegaria a seu auge no governo de seu vice Michel Temer (PMDB), depois do seu impeachment em 2016.[49] O modelo acabou se consolidando e, principalmente, naturalizou-se a presença de tropas do Exército como agentes de segurança pública, chamados às ruas sempre que há uma crise de segurança. "Os termos 'pacificação' e 'polícia pacificadora' fazem hoje parte do [nosso] repertório discursivo", escreve a antropóloga Patrícia Lânes A. de Souza.[50]

O aumento vertiginoso do número de operações GLO surpreendeu o ex-ministro Celso Amorim. Quando assumiu a pasta da Defesa, em agosto de 2011, as tropas brasileiras já estavam no Alemão desde o ano anterior. Só que na época era notório, segundo ele, a resistência dos militares em seguir com aquilo. "Os militares não queriam, eles resistiam. As vezes em que tratei desse assunto, eles resistiam muito. A pressão era dos governadores", diz Amorim. "Eles não queriam entrar na coisa policial direta. Diziam: 'Isso não é papel do Exército.'"

Durante as conversas para este livro, todos os generais afirmaram peremptoriamente que não é papel das Forças Armadas atuar na segurança pública e que não gostam desse tipo de missão. Essa é a resposta-padrão do Exército. Porém a realidade tem mais nuances, que podem ser observadas em ações. Por exemplo, a criação de um centro de treinamento específico para GLOs em Campinas, em 2006. Multiplicaram-se, ainda, as produções sobre o tema nas academias militares e a aproximação com a Justiça Federal por meio de programas como as jornadas acadêmicas para novos magistrados, que explicam como os militares atuam nas GLOs.[51]

Sempre se dizendo seguidores da missão, o que mais parece incomodar os generais é o fato de as GLOs serem conclamadas por políticos, que eles veem como falhos. Segundo me disse o general Etchegoyen, a GLO no Brasil "é a falência das outras agências", que busca os militares como último bastião. "No Exército a gente tem a expressão 'posto Ipiranga'. Tem algum problema? Passa no posto Ipiranga. E ele vai pra rua fazer tudo, inclusive GLO. Isso é bom? É, do ponto de vista do país saber que tem uma reserva de pessoas, de competências, de capacidades de que ele pode lançar mão numa emergência, mas, ao mesmo tempo, denuncia que as agências do governo brasileiro não têm a saúde que deveriam ter", diz. "Mas a pergunta original, que nunca é feita, é: por que esses caras estão lá? O que aconteceu para que a gente não tenha outra solução que não seja dar às Forças Armadas uma função que não é delas?", conclui.

O próprio general Adriano Pereira Júnior, que comandou a Operação Arcanjo, afirma sem titubear que ela "não deixou nenhum legado" para o Complexo, uma vez que as UPPs não deram conta de realizar um policiamento tão intensivo. Mas ele diz que "a GLO ainda é necessária sempre que o governo daquela área, no caso o governo do estado, reconheça que não tem meios suficientes para atender àquela operação".

O general Santos Cruz pensa um pouco diferente. Ele diz que o uso das Forças Armadas deveria ser feito apenas em situações muito excepcionais, pois são um "tratamento de choque"[52] que não tem efeito a longo prazo. Além disso, afirma ele, "se você não usa bem as Forças Armadas no momento da GLO, você acaba desprestigiando as instituições que têm que ser prestigiadas". Um dos maiores riscos, para ele, é justamente a morte de civis inocentes durante uma operação ostensiva. O dano colateral.

"A consequência é sempre muito dramática. É uma consequência terrível", diz Santos Cruz. "Em primeiro lugar, é um caso que deixa todo mundo com a moral abalada, porque ninguém quer que aconteça isso. Aqueles que são treinados são preparados para enfrentar uma situação real e aguentar o efeito emocional do resultado. Mas ninguém está preparado para um resultado de um acidente com um inocente. Porque ninguém faz isso e sai feliz. Pelo contrário, você sai traumatizado. Você atirar num bandido que está atirando em você é uma coisa. Você atirar e depois ver que é um inocente é outra."

Mas, na Operação Arcanjo, em 2011, a participação dos militares estava apenas começando.

# 3. Abraão

Abraão Maximiano era um menino negro de 1,77 metro. Tinha quinze anos. Órfão de pai e mãe, tinha deixado de estudar e catava latinhas para ajudar a irmã de vinte anos que o criava. Era flamenguista e morava no beco da Esperança, n. 3, no Complexo da Penha. Por volta das 21h30 do dia seguinte ao Natal, 26 de dezembro de 2011, Abraão estava na pracinha conhecida como Mirante do Caracol quando foi atingido por uma bala de fuzil debaixo da axila direita. Estava com o braço levantado, como se pudesse parar um tiro de fuzil de mãos vazias. A bala saiu na lateral esquerda do seu corpo e, ao atravessar o tórax, gerou hemorragia nos pulmões e lesão na coluna, além de diversos outros ferimentos internos. Abraão caiu de imediato no chão. Foi cercado por militares portando fuzis e, em pouco tempo, pelos moradores da comunidade.

Os soldados que o cercaram haviam atirado contra ele segundos antes. Seis tiros de fuzil 7,62 da marca Imbel, de uso exclusivo do Exército. Eram apenas alguns anos mais velhos que o jovem Abraão. Hudson Leonardo Camargo Costa, mineiro de Contagem, tinha 23 anos; Douglas Moreira Luciano, mineiro de Belo Horizonte, tinha 21 anos. Faziam parte de um destacamento de Juiz de Fora (MG) que estava temporariamente no Rio de Janeiro para a Operação Arcanjo.

Abraão foi o primeiro "dano colateral" que documentei em uma GLO, ao longo de dois anos de investigação. Também foi uma das primeiras vezes, desde o final da ditadura, que soldados do Exército foram rodeados por populares revoltados, aos gritos de "vai tomar no cu" e "porco covarde".

A pracinha onde Abraão morreu era um local onde rolava tráfico de drogas: há relatos documentados de moradores ao disque-denúncia do Exército, registros de flagrantes e até de tiroteios. Mas o Mirante do Caracol também é um ponto central na vida social da Vila Cruzeiro, com uma vista privilegiada da belíssima Basílica da Penha, uma igreja da época do Império que se ilumina todas as noites.

Quando souberam que o menino tinha sido alvejado, os moradores correram para a praça. Em pouco tempo eram mais de setenta, implorando para levar Abraão ao hospital.

"A gente vai levar ele pro hospital, porra!"
"Deixa nós meter a mão aê."
"Leva pro hospital! Leva!"[1]

Os soldados formaram um cordão de isolamento até o resgate militar chegar, o que levou cerca de meia hora. Abraão foi levado em uma ambulância, que ainda quebrou no caminho, segundo relataram os militares. Chegou ao hospital público Getúlio Vargas uma hora depois do ocorrido, já sem vida. Os familiares, revoltados, acusaram o Exército de não socorrer o menino a tempo. Disseram ter sofrido ameaças na porta do hospital e terem sido filmados pelos soldados. A irmã, Jéssica da Silva Maximiano, avisou ao jornal *O Globo*: "Não vamos deixar a Vila Cruzeiro. Se acontecer alguma coisa com a gente, foi o Exército".[2]

Nos dias seguintes, a família deu dezenas de entrevistas a rádios e TVs, acusando o Exército de assassinar o menor sem nenhum motivo. Ele jamais se envolvera com o tráfico, diziam. Por sua vez, o porta-voz da Força de Pacificação, coronel Malbatan Leal, defendeu desde a primeira hora que os soldados agiram em legítima defesa. Disse a jornalistas que a patrulha encontrara três jovens suspeitos e dera ordens para deitarem no chão. "Eles não pararam, como também começaram a executar tiros de arma de fogo. Nesse momento então começaram os tiros chamados de autoproteção."[3]

A morte de um adolescente pelo Exército na primeira — e até ali, bem-sucedida — operação de pacificação das favelas cariocas causou tamanha comoção que houve três investigações em paralelo: um inquérito da Polícia Civil do Rio de Janeiro, uma investigação do Ministério Público Federal (MPF) com apoio da Polícia Federal e um Inquérito Policial-Militar conduzido pelo próprio Exército.

Ao longo de todos os interrogatórios, os soldados repetiram de maneira quase idêntica a versão dada pelo comandante da Força de Pacificação no dia seguinte ao fato. Os rapazes eram suspeitos porque um deles portava uma mochila "em atitude semelhante à utilizada para o tráfico de entorpecentes". Dois soldados afirmaram que viram o rapaz apontar uma arma para a tropa. Nenhum o viu atirar, mas todos ouviram "rajadas de tiros". O sargento Matheus Vinicius Belotti Vieira atirou para cima duas vezes com seu fuzil, outro soldado atirou com uma bala de borracha, e a seguir os dois dispararam três tiros, cada um com seus fuzis — todos esses tiros foram confirmados por exames de balística.

Por outro lado, há apenas uma testemunha civil dos fatos: Wellington Lopes da Silva, primo de Abraão. Segundo os autos, Wellington garante que estava com o primo poucos minutos antes do ocorrido. Os dois jogaram futebol com amigos das seis da tarde até por volta das 20h30 num campinho e, ao voltarem para casa, Abraão decidiu ficar um tempo no mirante, onde se sentou num banco porque estava com dores no joelho: batera contra a trave durante a pelada.

Wellington voltou minutos depois para encontrar o primo e ouviu os tiros. Foi rendido por um dos soldados, que, segundo ele, apontou o fuzil para sua cabeça. Diz ter certeza de que apenas os militares atiraram. Ao ser questionada pelo inquérito militar, a tia de Abraão respondeu com resignação. "Perguntada por qual motivo acredita que os militares atiraram no Abraão, respondeu que acredita que o Abraão estava no lugar errado na hora errada, pois o Abraão era inocente", diz o seu depoimento.

Uma semana depois, os peritos do Instituto de Criminalística Carlos Éboli, da Polícia Civil, comandaram uma reprodução simulada do crime. No final, reconheceram que Abraão foi atingido por uma bala de "alta energia cinética" e que a posição de disparo era "coincidente com aquela descrita" pelos militares sobre onde estavam. Disseram, ainda, que se realmente tivessem ocorrido tiros de outras partes da comunidade, eles não poderiam ter causado os ferimentos que mataram o adolescente. Os peritos anotaram ainda não terem encontrado no local nenhum vestígio de que tenha havido um tiroteio, "tais como cápsulas de munição de arma de fogo nos corredores laterais, por ocasião dos exames de local, tampouco projéteis ou marcas de impactos produzidas pelos mesmos na circunscrição do mirante".[4]

Mas ninguém acreditou nos peritos criminais, que punham em dúvida a palavra dos membros do Exército. "Temerário", foi como o delegado da Polícia Civil se referiu ao fato de os peritos descartarem haver outros atiradores. Assim, em julho de 2012, o delegado Flávio da Rosa Loureiro encerrou o inquérito concluindo que os soldados agiram em legítima defesa e, portanto, estavam cobertos pelo excludente de ilicitude. O Inquérito Policial-Militar chegou à mesma conclusão. "Os militares do Exército brasileiro reagiram em legítima defesa, já em conformidade com as regras de engajamento, utilizando força proporcional e gradual para que cessasse ameaça, não havendo indício de conduta criminosa por parte da tropa", escreve o general Otávio Santana do Rêgo Barros, que se tornaria porta-voz do presidente Bolsonaro.

A questão sobre quem deveria julgar os soldados gerou um verdadeiro cabo de guerra entre a Justiça Militar e a Civil, uma vez que ambas acreditavam ter competência sobre o caso; por isso, conduziram inquéritos paralelos. O comando do Exército e o governo federal se engajaram arduamente na tarefa de trazer o caso para a Justiça Militar. E essa não foi uma mera discussão formal.

A inevitabilidade de "danos colaterais" em operações de segurança pública sempre foi tratada com cautela pelo Exército, justamente por medo de danificar o prestígio das Forças Armadas. E foi o que levou o governo de Dilma Rousseff a modificar o artigo 9º do Código Penal Militar através da lei n. 12 432. A mudança garantia que homicídios de civis cometidos por militares com intenção de matar — "dolosos" — teriam que ser julgados pela Justiça comum. A Justiça Civil levaria então os militares acusados a júri popular. Apenas no caso de homicídios culposos, ou seja, cometidos sem intenção de matar, seriam julgados pela Justiça Militar. Há ainda um terceiro caso, de legítima defesa, usando "moderadamente dos meios necessários" para repelir "injusta agressão, atual ou iminente, a direito seu ou de outrem", seguindo portanto as regras de engajamento, que constitui um excludente de ilicitude — nesses casos, não há crime.

A lei assinada pela presidente Dilma era uma pequena garantia de resguardo de vigilância civil sobre a Força Armada. Mas não durou muito.

A Justiça Militar difere da Civil porque os juízes são em sua ampla maioria militares fardados. Embora o Ministério Público Militar (MPM), que investiga e pede a condenação dos réus, seja composto de procuradores civis, a primeira peça de investigação, o Inquérito Policial-Militar, é invariavelmente presidida por um oficial do Exército, da Marinha ou da Aeronáutica, dependendo de quem é acusado do crime. No caso do Exército, é comum que um membro superior do mesmo batalhão do acusado seja instruído como presidente do IPM.

O IPM pode indiciar ou não os réus, e pode ser complementado por diligências do próprio Ministério Público Militar, que é o responsável pela denúncia. Uma vez aceita a denúncia, o processo é tocado em uma das Auditorias Militares, que funcionam como tribunais de primeira instância. Em cada auditoria há um juiz-presidente civil, mas os julgamentos são realizados pelo Conselho Permanente de Justiça, composto de mais quatro juízes militares, sorteados na mesma Força que o acusado. A votação é sempre por maioria — ou seja, prevalece a visão da caserna.

Nas palavras de um promotor do Ministério Público Militar do Rio de Janeiro, o Conselho Permanente, "a par de ser o órgão da Justiça Militar que melhor encarna a proteção aos valores militares, incorpora, de forma concreta, o direito do membro das Forças Armadas de ser julgado por seus pares".[5] Só há duas instâncias no corpo da Justiça Militar. A corte de apelação é o Superior Tribunal Militar, composta de quinze ministros, sendo dez militares da mais alta patente do Exército, Marinha e Aeronáutica, e apenas cinco civis.

O caso de Abraão se desenrolou em meio a esse embate jurídico. A atuação de policiais civis irritou a promotora da Justiça Militar, Adriana Santos, que chegou a reclamar por escrito: "Lamenta-se não se ver respeitada a competência da Justiça Militar".

Na sua visão, por estarem em operação militar, o julgamento teria que ser feito pela Justiça Militar. O Ministério Público Federal e a Justiça Federal, por sua vez, afirmavam ser os responsáveis pelo caso, de acordo com a lei assinada por Dilma.

Mais de dois anos após o homicídio de Abraão, o Ministério Público Militar finalmente concordou que cabia à Justiça comum julgar o crime dos soldados. "A legítima defesa exige prova plena e incontestável para a sua admissão, sob pena de caracterizar usurpação da competência do júri ao caso sob exame", escreveu o promotor. O pedido foi acatado, e o caso de Abraão foi remetido para a 8ª Vara Federal Criminal da Seção Judiciária do Rio de Janeiro.

Mas o governo federal e o Exército não se conformaram. A essa altura, a juíza federal Valéria Caldi Magalhães, da 8ª Vara Federal Criminal, estava recebendo questionamentos da obstinada Advocacia-Geral da União (AGU), responsável indicada pelo governo federal para defender os soldados. A AGU pretendia, a todo custo, evitar que os soldados fossem levados a júri popular, o que traria ainda mais visibilidade para o incidente.

Os documentos do processo demonstram de maneira cristalina como os advogados da União preferiam que seus clientes fossem julgados pela Justiça Militar, não pela Justiça comum. Ao longo do processo, desde o recebimento da denúncia, a AGU argumentou três vezes que a competência não era da Justiça Federal. O pedido de "exceção de incompetência" formulado oficialmente logo no recebimento da denúncia foi negado, assim como os demais. Então a AGU fez uma verdadeira manobra jurídica para conseguir reverter a decisão que ia levar o Exército brasileiro a se sentar pela primeira vez perante o Tribunal do Júri.

Na sua decisão, a juíza Valéria Caldi concluiu que "subsistem duas teses igualmente plausíveis". De um lado, os militares podem ter sido alvejados por outra pessoa, que não Abraão, e ter apenas se defendido; porém, como não há nenhuma evidência disso além do depoimento dos soldados, "não se pode afirmar, com absoluta certeza, que os acusados agiram em legítima defesa", escreve a juíza, explicando que a regra a seguir é *in dubio, pro societate*, ou seja: em caso de dúvida, deve decidir-se em prol da sociedade, para que ela, representada pelo Tribunal do Júri, decida se os militares são culpados ou inocentes. E mandou os soldados para o júri popular.

Em resposta à decisão, a AGU recorreu ao Tribunal Regional Federal da 2ª Região (TRF-2). O recurso em sentido estrito foi julgado por três desembargadores da segunda turma especializada, em maio de 2016 — e foi observado de perto pelo Exército. O general de divisão Fernando José Sant'Ana Soares e Silva, na época comandante do Comando Militar do Leste, acompanhou pessoalmente a sessão com membros do seu gabinete; além dele, estava presente o tenente-coronel Vital Lima Santos, enviado especialmente de Brasília, na época oficial do gabinete do comandante do Exército e depois assessor jurídico do Ministério da Defesa do governo Bolsonaro, cargo pelo qual ganhou assento na Comissão sobre Mortos e Desaparecidos Políticos.[6]

Em 3 de maio de 2016, a primeira sessão do julgamento no TRF, transcrita nos autos do processo, seria o marco para uma guinada inesperada no caso.

Em vez dos advogados da AGU, quem fez a defesa oral foi o advogado privado Rodrigo Henrique Roca Pires, que não tinha atuado no processo nem voltou a atuar depois dessa participação. Roca Pires tinha experiência em atuar em casos ligados a militares: foi ele quem acompanhou às audiências da Comissão Nacional da Verdade, em Brasília, o seu cliente, general Nilton Cerqueira, que comandou a caça a Carlos Lamarca e a repressão à Guerrilha do Araguaia, e foi citado no relatório final como responsável por crimes contra a humanidade. Antes, já defendera os militares acusados de assassinar e ocultar o corpo do deputado Rubens Paiva, conseguindo a suspensão do caso pelo STF alegando que a Lei da Anistia os protegia. Defendeu, ainda, os militares acusados do fracassado atentado do Riocentro, em maio de 1981, entre eles o infame coronel Freddie Perdigão, integrante do Centro de Informações do Exército (CIE) e do Serviço Nacional de Informações (SNI) durante a ditadura, que atuou na Casa da Morte, em Petrópolis, e depois se tornaria segurança privado do jogo do bicho.[7] Ele também conhecia muito bem os desembargadores, tendo atuado ali em diversas ocasiões.

Na abertura da sua sustentação oral, o advogado teceu comentários sobre a ditadura militar:

> Eu estava vendo a imagem do general e dos seus secretários que o acompanham nesta sessão e me lembrei da última vez em que estive aqui: eu falava da época do Regime de Exceção, daquelas causas por conta do cinquentenário do Regime de Exceção, ou ditadura, ou como queiram chamar. A palavra da moda é "golpe", mas eu chamo de Regime de Exceção. Hoje estou de volta e visto a farda novamente para falar por outros dois militares, que em nada se parecem com aqueles daquelas causas de 64 a 85.

O relator, o desembargador André Fontes, repreendeu imediatamente o advogado: "Nós somos civis. Vossa Excelência é tão civil quanto eu, nunca o vi usando farda neste tribunal, até porque não seria admitido como advogado", disse.

Apesar da bronca, o principal argumento do experiente advogado — e a presença de representantes da cúpula do Exército — sensibilizou os juízes. Roca Pires reiterou que era impossível determinar de qual arma saíra a bala que matou Abraão. "O problema, senhor, é que entre os dois increpados há um culpado. Mas entre eles também há um inocente", disse.

Em resposta, a desembargadora Simone Schreiber se disse "impressionada" com a sustentação oral do advogado e "muito sensibilizada com o apoio que as excelentíssimas autoridades militares, que vieram assistir ao julgamento, estão dando a esses militares que se viram nessa situação de fazer o policiamento de uma comunidade".

Na sua apresentação, Roca Pires também foi o único que trouxe para o tribunal outra questão que pairava sobre os ombros dos magistrados. Ele disse com todas as letras que era "temerário" deixar o "júri decidir sobre a sorte desses moços" por causa do "momento político e social que o país está atravessando". O momento, lembre-se, era o iminente impeachment de Dilma Rousseff, que seria afastada dez dias depois pelo Senado. Como fiadores do processo de transição — que, após dois anos e meio, os levaria a ampliar a influência política a ponto de comandar oito ministérios no governo Bolsonaro —, não seria um bom momento para trazer à opinião pública um julgamento de uma ação de militares nas ruas do Rio de Janeiro.

Durante sua explanação, o advogado Roca Pires fez uma jogada de mestre: diferentemente da AGU, não questionou em nenhum momento a competência da Justiça Federal. Chegou até mesmo a concordar que caberia à Justiça comum julgar os soldados, quando indagado diretamente pelo juiz-relator.

Foi o desembargador Messod Azulay Neto que deixou transparente o sentimento da turma: embora ele reconheça que acolher a tese de legítima defesa "é, de fato, um pouco forçado", considera "um risco muito grande para eles" mandar os soldados para um Tribunal do Júri. "Nós temos que ver também que, se por um lado houve uma vítima fatal — que nós não sabemos quem é —, por outro lado, nós estamos lidando também com dois jovens rapazes de dezoito anos e nós sabemos como é hoje a sociedade. Mandar para o júri dois rapazes de dezoito anos, quando nós sabemos que um deles com certeza absoluta não atirou?", argumenta o juiz.

Ele propôs então um novo enquadramento, a legítima defesa putativa, ou seja: os soldados supunham estar sob ataque. Segundo seu raciocínio, somente por estarem em um "território de grande periculosidade", isso já permitiria a interpretação, ou seja, os soldados "imaginaram" estar em risco. Nesse caso, diz, o que ocorreu foi um erro. Portanto, o crime seria homicídio culposo, sem intenção de matar. E os soldados não poderiam ser enviados para o Tribunal do Júri.

O argumento convenceu o relator, que mudou seu voto. "Eu não tinha pensado nisso, acho que é uma boa solução", afirmou André Fontes.

Mas, no fundo, não era isso que estava sendo julgado naquela sala.

Assim que o caso voltou, sem a explícita interpretação de "dolo", para a 8ª Vara Federal Criminal, em janeiro de 2017, a AGU interpôs um recurso afirmando que, se o caso era de homicídio culposo, sem dolo, não cabia à Justiça comum, mas à Militar. No dia 25 de janeiro de 2017, a juíza concordou com o pedido. Seis meses depois, o Ministério Público Militar pediu o arquivamento do caso com uma defesa apaixonada dos jovens militares. Dizia que "há prova robusta" de que os soldados foram atacados, sofrendo "agressão injusta" e agiram em legítima defesa.

O caso foi arquivado em 3 de julho de 2017.

Exatos dois dias depois, o comandante do Exército, general Eduardo Villas Bôas, participou de uma audiência na Comissão de Relações Exteriores e de Defesa Nacional da Câmara dos Deputados. Ali, ele fez uma contundente crítica ao emprego das Forças

Armadas na segurança pública. "Eu quero deixar bem claro que nós não gostamos de participar desse tipo de operação." Ele afirmou que esse tipo de emprego "é inócuo e, para nós, é constrangedor". "Cumprimos a missão com o mesmo espírito com que cumprimos qualquer outra. Sabemos que estamos defendendo a sociedade. Mas, conforme eu expliquei, trata-se de um problema", afirmou.[8]

Em outubro, o general voltou a se pronunciar publicamente sobre as GLOs, em uma entrevista ao UOL, dizendo que a possibilidade de danos colaterais tinha que ser debatida. Por outro lado, demandou um respaldo legal para o emprego das suas tropas nas favelas, se isso ocorresse. Falou sobre "a necessidade de se instrumentalizar legalmente as Forças Armadas, para haver maior efetividade das ações", e defendeu que a Justiça Militar deveria julgar todos os crimes ocorridos em GLO, "dolosos" ou não.

Defendeu a aprovação de uma proposta de lei que definiria o que seriam essas atividades militares, incluindo nesse rol as operações de GLO. "Hoje, é previsto que o julgamento desses possíveis crimes ocorra na Justiça comum, com o concurso do Tribunal do Júri. Essa previsão pode levar a julgamentos que desconsiderem o contexto de excepcionalidade que motivou o emprego das tropas militares", completou.[9]

Tardaram exatos onze dias, e Michel Temer, que assumira definitivamente a Presidência em 31 de agosto, cedeu ao lobby dos militares e assinou a lei n. 13 491, incluindo como crime militar os homicídios de civis por militares durante operações de GLO, mesmo quando houver dolo. Desde então, nenhum assassinato de civil cometido por um militar das Forças Armadas em operações de segurança pública pode ser julgado pela Justiça Civil.

A lei n. 13 491 determina que, para gozar do privilégio da corte de exceção, os militares que matam têm que estar sob ordens do presidente da República, em meio a uma "ação que envolva a segurança de instituição militar", numa "missão militar" mesmo que não beligerante, ou em operações de Garantia da Lei e da Ordem. Ou seja: os militares apenas serão julgados pelas cortes civis quando cometerem um crime fora de qualquer missão.

Hoje, o caso de Abraão está arquivado. Aposentado, o general Adriano Pereira, comandante da Operação Arcanjo, que não sabia da manobra da AGU, achava que os membros da sua tropa tinham ido a júri popular. Ainda protestou, durante a entrevista comigo: "Quando você tem um agente de segurança pública, seja policial militar ou seja um militar das Forças Armadas, quem deu a arma pra ele? Foi o Estado. O Estado preparou, treinou e deu uma arma pra ele". O general Villas Bôas, comandante do Exército na época, lembra-se melhor do caso, conforme demonstrou em uma entrevista publicada em 2021: "Tivemos de atuar em todas as instâncias jurídicas para evitar que fossem condenados".[10]

Nem os soldados serão julgados, nem cabe recurso. Hoje, nem militares eles são mais: temporários, desligaram-se do Exército em meados da década de 2010.

Abraão continua, como descreveu o desembargador Messod Azulay Neto, a ser uma pessoa "que não sabemos quem é". Durante seis anos de batalhas judiciais, ninguém quis saber a história desse menino carioca, morador da Penha. Eu tentei, mas não consegui descobrir mais sobre ele do que o que ficou cristalizado no processo judicial. Procurei a família, porém não consegui contato. Sabe-se que não teve a chance de completar dezesseis anos. Que, na noite em que foi fuzilado, a irmã Jéssica o esperava para jantar. Que sua morte mobilizou altos generais do Comando do Exército e impulsionou uma mudança de lei assinada pelo presidente da República. E que foi enterrado em um caixão de madeira, com uma bandeira do Flamengo estirada sobre ele.

# 4. A corte mais antiga do país

"A voz dela foi ouvida neste tribunal", me disse a ministra Elizabeth Rocha, no seu amplo gabinete no sexto andar do hermético prédio do Superior Tribunal Militar em Brasília, as prateleiras repletas de livros de capa dura e as paredes, de diplomas e condecorações. Ela se referia a Luciana Nogueira, viúva de Evaldo Rosa, cujos gritos de dor e raiva foram transmitidos ao vivo pela TV na tarde do dia 7 de abril e depois se imortalizaram em vídeos no YouTube, no Facebook e nos sites noticiosos: é só dar play. O processo foi parar nas suas mãos um mês depois da tarde fatídica, por apelação da defesa dos soldados, que pedia habeas corpus para que respondessem ao processo em liberdade.

Mas essa frase foi tudo o que eu consegui arrancar da magistrada sobre o caso.[1] Além de já ter proferido um voto, a ministra me alertou que não poderia discutir nenhum meandro porque poderia vir a julgar o destino dos militares, se o veredicto sofresse recurso.

Em maio de 2019, Elizabeth foi a única que votou pela manutenção da prisão preventiva dentre todos os membros do Superior Tribunal Militar — composto, vale lembrar, de cinco juízes civis e dez militares da mais alta patente, sendo quatro do Exército, três da Marinha e três da Aeronáutica.² Também era, e continua a ser, a única ministra mulher na história do STM, a corte mais antiga do país, fundada em 1º de abril de 1808, semanas depois de d. João VI aportar no Rio de Janeiro fugindo das tropas de Napoleão.

Desde então, o STM — na época chamado de Conselho Supremo Militar e de Justiça — é responsável por decidir em última instância sobre as ações impetradas contra réus sujeitos ao foro militar, o que incluía, na época, processos originados em conselhos de guerra de todas as capitanias hereditárias. Hoje, membros das Forças Armadas que cometem crimes em meio a missões militares e de Garantia da Lei e da Ordem.

O caso de Evaldo chegara ao STM devido à atuação de duas mulheres, as promotoras militares Najla Nassif Palma e Andréa Helena Blumm Ferreira, que denunciaram os doze réus, e após a decisão também de uma mulher. Em 10 de abril, durante a audiência de custódia, a juíza substituta Mariana Queiroz Aquino Campos concordou com as promotoras, que viram "contornos de prática, em tese, de homicídio e tentativa de homicídio" e converteu em preventiva a prisão provisória de nove dos doze investigados. Ela usava como argumento o artigo 255 do Código de Processo Penal Militar, que reza sobre a necessidade da manutenção da hierarquia.³

O advogado de defesa, Paulo Henrique Pinto de Mello, recorreu ao STM, argumentando que a prisão era um exagero. Isso porque os responsáveis da Delegacia de Polícia Judiciária Militar pelo auto de prisão em flagrante, ponto inicial de todo o processo, registraram o caso não como um homicídio, mas como descumprimento das regras de engajamento, delito de baixo potencial ofensivo e com pena de detenção de no máximo seis meses.

Além disso, por serem militares, com emprego e endereço fixo e conhecido, não apresentavam risco à instrução penal. A decisão da juíza era, para ele, ilegal. O pedido de liminar fora negado por um ministro do STM. A contenda terminaria aí se não fosse a atuação da Procuradoria-Geral da Justiça Militar, órgão acusador dentro do sistema de Justiça Militar. Surpreendentemente, o subprocurador-geral Carlos Frederico de Oliveira Pereira interveio, pedindo que o habeas corpus fosse julgado pelo plenário do STM e que os soldados fossem libertados. "O homicídio aconteceu quando os militares tentavam salvar um civil da prática de um crime de roubo", escreveu em seu parecer.

O julgamento foi agendado para o dia 8 de maio de 2019. Quarta a votar, Elizabeth Rocha contrariou os três votos anteriores, inclusive o do relator, favoráveis aos habeas corpus. De voz macia e forte sotaque mineiro, com a toga apoiada sobre os ombros e óculos de tartaruga, foi veemente: "Eu pedirei vênias ao ministro Lúcio [Góes] e agora ao ministro Joseli [Camelo], cumprimentando-os pelo voto, mas vou divergir".[4] Observou que, antes da cobertura da imprensa, nenhuma das vítimas fora ouvida no IPM. Só depois da ampla repercussão na mídia, do pronunciamento de pessoas que presenciaram a ação e, inclusive, filmaram parte dela é que as vítimas sobreviventes foram ouvidas pelo Ministério Público Militar, quando foi "alterada substancialmente a versão oficial apresentada pelos militares, que se revelou inverídica" — aqui ela fez uma pausa, subindo o tom da voz —, "comprometendo a credibilidade do próprio Comando Militar que a apresentou à sociedade num primeiro momento, para desmenti-la depois".

Elizabeth, que é chamada de Beth pelos colegas de toga, disse que ação era "completamente desmedida" e "irresponsável", e os militares, perigosos, destacando a "atitude de insensibilidade dos envolvidos" ao dispararem contra civis, "mesmo vendo mulheres e crianças não só no local, como sob suas miras", e também depois dos disparos, por não terem socorrido as vítimas e ainda agido "com possível ironia".

Durante a sessão, a ministra foi interrompida pelo advogado de defesa, que pediu para intervir "pela ordem". "Pela ordem, não, porque a ministra está lendo o voto e vossa excelência, como advogado, tem que respeitar", ela retrucou. A seguir, outro ministro interrompeu sua explicação sobre os laudos constantes no processo. E ela fez então questão de explicar que lera a íntegra do processo e ainda assistira aos vídeos da audiência de custódia. "Ministro, eu não acabei de falar [...]. Agora eu vou citar aqui a deputada Manuela [d'Ávila]:[5] só porque eu sou mulher não me permitem [falar]. Me deixe terminar, por favor!"

Irritada, Elizabeth tentava explicar por que considerava que o excesso da Força não fora apontado desde o início do processo. "Os réus mentiram, os réus forjaram um esquema mentiroso, comprometeram o comando, comprometeram as Forças Armadas, que foi obrigada a se desmentir posteriormente no mesmo dia, porque acreditaram nos seus soldados." E arrematou: "Isso pra mim já é um indício de que eles podem comprometer o curso processual da investigação". Sob buchichos dos homens no plenário, ela lenta e concentradamente leu o teor do Laudo de Disparos, arrematando: "Esse laudo [...] me causou terror".

E depois leu o laudo:

> O terceiro sargento Souza Brás realizou 14 disparos;
> O soldado Santana realizou 20 disparos;
> O soldado Delfino realizou 1 disparo;
> O soldado De Barros realizou 5 disparos;
> O soldado Gonçalves realizou 20 disparos;

O soldado Marlon realizou 20 disparos;
O soldado Nascimento realizou 9 disparos;
O soldado Vitor realizou 1 disparo;
O soldado Honorato realizou 20 disparos;
O soldado Araújo não realizou disparos;
O segundo-tenente Nunes realizou 77 disparos.
[E] também no dia dos fatos realizou mais 11 disparos que não se sabe se foi nessa operação ou durante o dia;
E o cabo Oliveira realizou 54 disparos.

O voto da juíza causou comoção entre os colegas — militares ou não —, e um dos ministros pediu que adiassem a conclusão para o dia 23 de maio. O voto por escrito de Elizabeth foi publicado nesse ínterim, e era ainda mais impetuoso: "Observa-se que da análise das condutas dos réus, estes valendo de excesso injustificável, prejulgaram as vítimas com base em suas características étnico-sociais".

Foi também o único voto que mencionou a angústia da viúva Luciana. "Há relatos de que a esposa de uma das vítimas ficou de prontidão, rondando o automóvel para que não fosse plantada nenhuma prova em desfavor de seu marido, já falecido, [...] tendo, até, declarado que um dos militares agia com ar de deboche e que nenhum prestou socorro", escreveu. O texto reproduzia a emoção da juíza ao ler o voto no plenário: "Triste a própria vítima Luciana dos Santos, antes de tomar conhecimento de onde vinham os tiros que fulminaram a vida de seu esposo, ter lhe dito: 'Calma, amor, é o quartel'".

Quando entrevistei a ministra, ela acabava de sair de mais uma sessão de votos na corte, considerada uma das mais eficientes e céleres da Justiça brasileira. Dentre nove casos julgados naquela tarde, um suscitou acalorada discussão.[6] A ministra defendia, de novo, uma mulher. Curiosamente, de um lado do plenário — um semicírculo onde os magistrados ocupam adornadas poltronas de madeira escura —, os cinco juízes togados, civis, eram intercalados por militares, enquanto o lado oposto era ocupado unicamente por brigadeiros, generais e almirantes. O auditório estava vazio, como sempre.

A ministra, relatora do caso, antagonizava com o revisor, o tenente-brigadeiro do ar Carlos Vuyk de Aquino, sentado na poltrona diametralmente oposta à sua. Tratava-se da mãe de um soldado acusado de desviar munição de um quartel do Exército, que estava para ser condenada à prisão como suposta cúmplice no crime. A cearense de Maranguape, de nome Danieuda, teria ajudado o filho a carregar um saco contendo caixas de munição. Elizabeth dizia que ela poderia não saber que se tratava de munição dentro do saco e votava pela absolvição. "O ministro conhece as caixas de munição. Eu, por exemplo, não conheço. Nunca vi", disse ao oponente.

"Essa é que é a beleza do tribunal militar", retrucou o brigadeiro, sugerindo que militares são os mais capazes de julgar questões específicas das armas. E pediu a condenação da mãe. Todos os ministros militares, com exceção de um, votaram com o revisor; e todos os civis votaram com a relatora.

"Fui voto vencido", disse a ministra, sem cerimônia, sentada no sofá de couro do seu gabinete, pouco depois. "Eu sou o voto vencido do tribunal. Mas isso não me incomoda. O que eu quero é ser respeitada na divergência. Eu divirjo sem qualquer constrangimento, e não adianta alegar: 'Ah, você não tem o conhecimento da caserna'. Não tenho e não estou aqui para isso. O meu conhecimento é jurídico." Há um consolo: nos casos de julgamentos em que se discute uma questão constitucional, cabe recurso ao STF. Ali, muitas vezes, ela ganha.

Mineira de Belo Horizonte, Maria Elizabeth Guimarães Teixeira Rocha tem formação em direito constitucional e é casada com um general de divisão do Exército, engenheiro militar e especialista em estudos militares. Antes de chegar ao cargo de ministra — pelo qual fez campanha por um ano e meio —, era procuradora federal da AGU e trabalhou na Casa Civil sob o comando de Dilma Rousseff. O governo petista indicou-a para o STM em dezembro de 2006.

Foi justamente o apreço às boas brigas que fez com que buscasse a nomeação. Ela conhecia a história da Justiça Militar e se encantava ao lembrar que passaram pelo STM casos icônicos da história do Brasil — a revolta tenentista de 1922, a Revolta Comunista de 1935, o julgamento de Luís Carlos Prestes em 1936, casos da Primeira e da Segunda Guerra Mundial. Mas também tinha consciência de que, naquela corte, controlada pelos militares da mais alta patente das Forças Armadas — homens, brancos, de 67 a 75 anos —, questões que já eram superadas em outras cortes ainda tinham que ser enfrentadas.

A questão de orientação sexual na caserna é um exemplo. "No primeiro julgamento em que eu defendi que a homossexualidade não poderia ser uma causa de indignidade para o oficialato, consegui convencer um civil e um almirante. Então, eu achei que aquilo foi um primeiro passo", relembra.

Mas o principal e inevitável embate é a sua própria presença ali, com sua estatura mediana, cabelo chanel, brincos de pêndulos e maquiagem discreta. "Cheguei aqui e fui muito bem recebida pelo tribunal. Claro que tem sempre um ou outro que você percebe nitidamente a discriminação, mas eu relevei. Aliás, eu relevei, não, eu enfrentei, porque eu acho que são embates que todas nós, mulheres, enfrentamos." Das brincadeiras e risadinhas até a hostilidade descarada, a ministra, que se diz feminista, não se furtou a apontá-las. "Isso não tem como fugir. Se você quer se projetar um pouco mais, se você busca uma ascensão profissional maior, se você faz escolhas trágicas para poder ascender profissionalmente, como eu fiz, abrindo mão da maternidade, não tem como fugir do embate."

Desde 2007, quando a ministra foi aceita em uma sabatina no Senado, nenhuma outra mulher conseguiu entrar na cúpula da Justiça Militar. E nem poderia, segundo Elizabeth, porque de um lado as escolhas políticas acabam desfavorecendo as mulheres, e de outro, simplesmente não há mulheres no topo das Forças Armadas.

Apenas a partir de 2003, a FAB permitiu a entrada de mulheres para serem aviadoras. Em 2017, as mulheres puderam ingressar na Escola Naval da Marinha, de onde saem os oficiais (elas também são chamadas de oficial, sem inflexão feminina, bem como "capitão", "soldado", "cabo", "tenente" nas demais Forças). O Exército só permite a entradas de mulheres na Academia Militar das Agulhas Negras (Aman) para se tornar quadros e serviços de apoio. Elas não podem ser promovidas a general de quatro estrelas — o topo da carreira — porque não podem optar pelas armas de Infantaria, Cavalaria ou Artilharia.

Engana-se quem acredita que a ministra é crítica aos militares brasileiros. Ela faz, nas suas decisões e na vida diária, uma defesa apaixonada das Forças Armadas. "Os militares são pessoas extremamente valorosas e importantes para o Estado brasileiro. São pessoas imbuídas de nacionalismo, de devoção à pátria, e têm dentro, internalizado, um propósito de servir ao país, de servir à sociedade e de cumprir, da melhor maneira, a missão que é designada a eles. Os militares são os únicos, dentre os brasileiros que, nos seus direitos e garantias individuais, sofrem as chamadas relações especiais de sujeição. Um militar não tem direito à vida, que é o bem básico de todos os brasileiros, porque é obrigado a matar ou morrer em determinadas situações."

A ministra acredita que a própria corte, assim como as Forças Armadas, sofre com o desconhecimento da população e com o pesado legado da ditadura de 1964. E é por se considerar uma democrata que defende a Justiça Militar. "Eu não quero que se repitam os acontecimentos do passado. Eu acho que 64 foi realmente uma lição que não pode ser projetada sobre o futuro do Brasil. Então, a Justiça Militar tem uma função primordial, que é controlar homens armados pelo Estado, investidos no monopólio da força legítima e que podem matar ou que podem morrer por exigência legal e constitucional. Então, a Justiça Militar é que faz esse controle em tempo real. E com dureza."

Ela vaticina que, quando torturadores e torturados tiverem passado, a visão da sociedade será outra com relação aos militares e também à própria Justiça Militar.

Quando o plenário voltou a se reunir para votar o habeas corpus dos soldados, em 23 de maio de 2019, a ausência da ministra Elizabeth foi anunciada na abertura do procedimento, mas ela chegou a tempo de participar. Cancelou outro evento para fazer mais uma defesa da prisão preventiva dos réus.

A magistrada não foi a única a pedir medidas cautelares. O ministro togado José Barroso Filho votou pela prisão do tenente e pelo recolhimento dos demais militares apenas durante a noite, em regime de semiliberdade. O ministro José Coêlho Ferreira, também civil, pediu que a prisão preventiva fosse transformada em recolhimento noturno e que os militares não pudessem mais exercer funções externas, apenas administrativas. Mas, como sempre, a ministra Elizabeth foi voto vencido: os demais decidiram pela liberdade imediata dos réus.

Grande operador da manobra que levou o caso a julgamento pelos altos oficiais do STM, o subprocurador-geral da Justiça Militar Carlos Frederico de Oliveira Pereira deixou um pouco de lado o anonimato para, naqueles dias, figurar em reportagens na imprensa. Carioca e eleitor de Jair Bolsonaro, ele resumiu ao *Estadão*,[7] em meio às aulas que ministra na Universidade de Brasília: "Isso aí, velho, é Rio de Janeiro. É foda. Se eles soubessem que aquele carro era de pessoas que não eram bandidas, eles não fariam isso", justificou. Dias depois, detalhou um pouco mais a sua opinião à BBC Brasil. Defendeu a "mão dura" contra o crime organizado no Rio de Janeiro e até a inevitabilidade das mortes de civis. "Quando você vai fazer operação de repressão ao crime, há tiroteio em meio a civis. Eles passam a atacar os militares com arma de guerra. O problema de atingir civis é inevitável, seja no caso das Forças Armadas, seja com a PM."[8]

# 5. Aylla Vitória

Aylla Vitória nasceu prematuramente no dia 27 de julho de 2019, no Rio de Janeiro. Dayana Horrara da Silva Fernandes estava sozinha quando a filha veio ao mundo. O nome escolhido vem do turco, significa "luz do luar", e ficou popular por causa da mesma novela, *Salve Jorge*, cujo mocinho é o soldado que finca a bandeira no topo do morro do Alemão.

Aylla tem a pele da mesma cor do pai, Luciano Macedo, e o mesmo queixo quadrado, com uma covinha. Tem olhos escuros e cabelos encaracolados, presos em um rabicó pela mãe. Suas roupinhas, o carrinho de bebê e o enxoval completo foram comprados com os fundos de uma campanha de apoio financeiro à sua mãe, capitaneada pela ONG Rio de Paz. Um ano depois, a ONG ainda acudia Dayana de vez em quando com um depósito em dinheiro.

No papel, Aylla só é filha de Dayana. O nome de Luciano Macedo não consta na certidão de nascimento porque ele já estava morto quando ela nasceu. Sem teste de DNA, o cartório não aceitou a história de Dayana de que o companheiro fora fuzilado por soldados do Exército na sua frente em plena luz do dia.

Não cheguei a conhecer Aylla Vitória, vi apenas uma foto que Dayana usava como avatar no WhatsApp. Falamos algumas vezes por telefone, e a primeira e única vez que eu a vi foi um mês após o homicídio. Ela participava de um evento na Casa Pública no Rio de Janeiro.[1] Chorava copiosamente, e perguntei mais de uma vez se queria mesmo falar para o público de cerca de trinta pessoas. Queria. No começo repetiu frases curtas, encharcadas de lágrimas, mas quarenta minutos depois retornou ao microfone mais calma para relembrar a todos que o senso da injustiça dói em uma moradora de rua tanto quanto em qualquer um que estava ali. "Quando eu ouvi o Exército falando que foi um acidente, senti uma revolta... Eu vou ser sincera: eles botaram a arma na mão de um bandido pra tirar a vida do meu marido. Eles destruíram a minha vida."

Entre a morte do marido e o nascimento da filha, Dayana morou em muitos lugares. Primeiro, passou alguns dias na casa de uma amiga da sogra em São Gonçalo, na região metropolitana do Rio. Depois, outra amiga a acolheu. O barraco que Luciano ia construir jamais ficou pronto — ele fora, inclusive, motivo de brigas do catador com a mãe, Aparecida Macedo, que tinha medo de o filho morar na favela do Muquiço.

"Vai fazer barraco aí?", ela reclamou

"Fica calma, coroa. O Exército tá aí, a gente tá seguro", garantia o filho.[2]

Dayana nunca mais voltou à favela do Muquiço. Mudou de telefone, tornando-se difícil de ser encontrada até mesmo para seus advogados. Em um deles, mesmo sem qualquer resposta, ficou o avatar do perfil do WhatsApp: uma foto pixelada de Aylla vestindo um macacãozinho rosa com seus grandes olhos mirando a câmera.

Dayana teve que lidar ao mesmo tempo com dois papéis que a vida lhe trouxe: o de mãe e o de viúva em busca de justiça numa cidade onde naquele mesmo ano policiais militares mataram 1810 pessoas, cinco por dia, um recorde histórico.³ Se o primeiro papel era assustador, o segundo a apavorava. "Ela sabia o que ia acontecer", diz a advogada Maria Isabel Tancredo, que cuida do processo civil contra a União pedindo reparação por danos morais. "E não deu outra: aconteceu."

O que Dayana tinha medo, segundo a advogada, era que o seu passado ou o do esposo interferissem no julgamento. Por isso, no dia 21 de maio, quando houve a primeira audiência na 1ª Auditoria da Justiça Militar, na Ilha do Governador, Dayana hesitou um pouco antes de preencher a ficha de identificação; ela não tinha um endereço para colocar naquele documento — um detalhe de menor importância, você pode achar, mas que ganharia desdobramentos. Durante a audiência, outra questão a colocou na defensiva. "Ela sabia que iam usar a ficha criminal dela para interferir no julgamento", disse a advogada. "Ela não estava ali como uma viúva buscando justiça para o marido."

E, de fato, um dos questionamentos da defesa foi se ela tinha alguma passagem na polícia. Dayana respondeu que tinha, sim, um passado criminal. Fora condenada por associação ao tráfico e recebera uma pena de serviços comunitários. Depois, afastou-se do crime e fora viver na rua.

Dayana sabia que seu passado não tinha nenhuma relação com o fuzilamento do esposo. E também percebeu que não houve um único jornal que noticiasse: "Luciano Macedo, brasileiro, foi fuzilado pelo Exército diante da esposa grávida".

A intuição de Dayana se provou certeira durante o julgamento do habeas corpus dos réus em Brasília, no Superior Tribunal Militar, o mesmo no qual a ministra Elizabeth foi voto vencido. A sugestão do Ministério Público Militar foi sutil. Durante a sustentação oral na qual defendia a liberdade dos militares, o subprocurador-geral militar Roberto Coutinho reiterou que o tribunal não poderia ceder ao "repentino clamor" da opinião pública, influenciada pelo "efeito midiático". E arrematou: "Não estamos falando aqui de criminosos por tendência, sem ocupação certa, sem endereço definido e que provavelmente voltarão a delinquir, causando insegurança na comunidade; falamos aqui de militares do Exército brasileiro".

Logo antes, o advogado Paulo Henrique Pinto de Mello fora mais explícito. Disse que estava fazendo investigações por conta própria, como cabe à defesa, e que a imprensa estava usando o caso para "macular as Forças Armadas". "A história que estão querendo nos fazer engolir [...] chega a ser absurda", sentenciou, uma vez que as informações que ele anexaria ao processo sobre a ficha criminal de Luciano Macedo revelariam "surpresas".

Ao longo do processo, as petições escritas pelo dr. Paulo Henrique — elogiado por colegas como "combativo" — trouxeram uma dramaticidade que lhe é característica. Um documento timbrado do escritório Pereira, Mendes, Lima, Mello e Advogados, com um brasão ao centro, enviado à juíza Mariana Queiroz Aquino Campos no dia 24 de junho de 2019, peticionava que, "diante do teor do depoimento da sra. Daiane Horrara [sic]", as fichas de antecedentes criminais dela e de Luciano deveriam ser remetidas ao juízo militar, e observava ainda sobre Dayana que "esta última sequer declina seu próprio endereço a esse Juízo ou ao MPM".

As promotoras Najla Palma e Andréa Blumm reagiram com um ofício indignado. "O MPM manifesta-se contrariamente, uma vez que seus históricos não têm nenhuma relação com os fatos objeto do presente processo. Tal diligência trata-se de mera tentativa de desqualificar a vítima e a informante, que apenas se envolveram no evento com o fim humanitário de ajudar Evaldo Rosa dos Santos e sua família." Mais ainda, o MPM manifestou seu "repúdio" ao comentário de que Dayana não fornecera seu endereço, "querendo fazer crer que esta ocultou, intencionalmente, informação sobre a sua possível localização" e que "o registro da Defesa, portanto, caracteriza flagrante desrespeito à dignidade da informante". As promotoras também protestaram contra a inclusão nos autos de imagens do Facebook de Luciana Nogueira, uma tentativa de desmoralizar as vítimas em vez de investigar os autores do crime.

O pedido foi indeferido pela juíza, mas a defesa insistiu, alegando que "diante dos depoimentos até aqui prestados", não se saberia realmente "se Luciano Macedo seria ou não vítima", tudo em letras garrafais para maior efeito:

> Veja! A própria esposa, sra. Diane Horrara [sic], não qualificada em qualquer lugar desses autos, afirmou perante o Conselho e a esse Juízo que tanto Luciano Macedo quanto ela própria têm passagem pela Polícia, ela por tráfico. [...]
> Que ele teve passagens o depoimento dela é cristalino, porém, para a defesa é fundamental não para a contradita, MAIS [SIC] PARA A APURAÇÃO SE ESTAMOS DIANTE DE UMA VÍTIMA OU DE UM CRIMINOSO CONTUMAZ.

O apelo não sensibilizou a juíza, mas os antecedentes criminais de Luciano chegaram a ser incorporados aos autos.

O registro criminal do catador é farsesco. Traz um crime cometido no dia 7 de setembro de 2015, quando ele tinha 23 anos, às três da madrugada em um ponto de ônibus na avenida Getúlio de Moura, no centro de Nova Iguaçu. Luciano assaltou, junto com um comparsa adolescente, um homem de 35 anos que esperava seu ônibus. Fingiram portar armas, escondendo as mãos debaixo das camisetas, pegaram a carteira dele e saíram correndo. O crime foi rápido e, pela descrição que consta no processo, patético. Conseguiram vinte reais que a vítima levava consigo, e poucos quarteirões depois foram detidos por dois policiais e reconhecidos pelo homem que tinham roubado. Confessaram o crime. Luciano foi preso em flagrante e, na sequência, sua prisão foi convertida em preventiva. Continuou preso durante todo o processo — ao contrário dos militares que o mataram, que responderam em liberdade — e foi condenado.

"O denunciado, consciente e voluntariamente, em comunhão de ações e desígnios com o adolescente Júlio, mediante grave ameaça exercida através da simulação de portar arma de fogo, da superioridade numérica e de palavras de ordem, bem como da violência consistente em um empurrão, subtraiu, para a dupla, uma carteira contendo documentos e R$ 20,00 (vinte reais) em espécie", escreveu a juíza Juliana Benevides de Barros Araújo, reiterando, entretanto, que o acusado era réu primário, portador de bons antecedentes.

Ela ponderou que a confissão poderia ser uma atenuante, mas não a aplicaria por serem dois os ladrões, e o outro menor de idade; condenou Luciano a cinco anos e quatro meses de prisão, mais dois salários mínimos de multa.

"Transitada em julgado, lance o nome do acusado no rol dos culpados", escreveu a juíza. E ali ele ficou. Luciano serviu um ano de cadeia e saiu por bom comportamento, aos 25 anos. Mas, do "rol dos culpados", seu nome nunca mais saiu — e foi assim que ele foi tratado pela Justiça Militar depois de morto.

Luciano morou em muitos lugares desde que se tornou adulto. Na infância, vivia com a mãe e as duas irmãs, Lucimara e Bianca, na favela Final Feliz, no bairro de Anchieta, perto da Baixada Fluminense. "Meu filho quase não teve infância", disse a mãe, Aparecida Macedo, numa conversa comigo via WhatsApp. "Eu trabalhava à noite de limpeza em um mercado. Ele ficava trancado em casa com minha outra filha Bianca. Eu chegava de manhã, ele olhava a irmã. E até eu a receber, ele ia para o colégio", digitou. À noite, depois do colégio, o rapaz ia para a casa de uma vizinha, dona Matilde, cuidar dos cachorros e limpar o quintal. "Ele vinha com o dinheirinho que ela pagava e ia direto no mercado comprar leite para Bianca e frango a passarinho, que era mais barato. E pó de café porque às vezes a gente nem tinha café para tomar." A fome rondou a infância de Luciano e deixou uma mágoa que se percebe mesmo através de uma conversa por aplicativo de celular. "A vida do meu filho sempre foi de sofrimento, igual à minha. Ele às vezes falava para mim: 'É, coroa, amanhã a gente vai melhorar'." Como o que recebiam por mês não dava, passaram muitas dificuldades. "Às vezes a gente ia para igreja pedir cesta. Eu, naquela situação, pedindo na igreja. Eu começava a chorar. Ele começava a rir porque ainda era um garoto." "Meu filho é um anjo", escreveu.

Luciano foi criado com disciplina rígida. Tinha, segundo a mãe, um problema neurológico que ela descreve como "uma veia do cérebro desviada". "Às vezes raciocinava igual criança." Durante sete anos tomou Gardenal, medicamento que age no sistema nervoso central e é indicado para epilepsia ou crises convulsivas de outras origens. Tinha dificuldade de aprender. Estudou até a quinta série e, aos catorze anos, foi trabalhar como jovem aprendiz num supermercado — "emprego que um vereador arrumou", segundo a mãe. Trabalhou também como aprendiz de mecânico, quando a mãe trabalhava em uma garagem de ônibus. Para ela, o que a fez perder o filho foi o vício da maconha. "Tentei ainda salvar meu filho desse vício", escreveu. "Porque ele tinha esse vício da maconha e às vezes por causa do vício ele não tinha horário para chegar em casa. Eu não dormia enquanto ele não chegava."

A mãe sempre lhe dizia para tomar juízo: "Luciano, no final somos só eu e você". Mas, com o tempo, para fugir das broncas da mãe, ele deixou de aparecer em casa. "Quando ele chegava, eu brigava com ele, mas sim por causa do vício, aí ele botava a mochila nas costas e saía. Aí a última vez ele foi e não voltou." Frequentou um abrigo para moradores de rua na Central do Brasil. Depois viveu pelas ruas em Campo Grande, na zona oeste do Rio, onde ganhava dinheiro distribuindo panfletos. Teve muitas namoradas e, quando brigava com elas, voltava para visitar a mãe.

Lucimara, a irmã mais velha, era próxima dele, embora tenha saído cedo de casa. Foi ela quem reconheceu o seu corpo no Instituto Médico Legal (IML) do Rio de Janeiro. Na saída, os olhos vermelhos, explicou ao jornal *O Globo*: "A gente brigava, toda família tem problema, mas a hora que um passava mal, outro ajudava". Ela sentenciou que "se meu irmão errou muitas vezes na vida, ele acertou ali naquele momento. Deus levou ele. Ele foi salvar uma vida e deu a dele".[4]

Segundo sua mãe, Luciano nunca perdeu contato com ela. Mesmo quando estava na cadeia, ela enviava dinheiro para "comprar sabão e cigarros". A mãe não conseguiu ir visitá-lo na prisão, pois era longe, mas se falavam pelo telefone.

O namoro com Dayana nasceu nas ruas, e ele estava muito feliz em ser pai. Dayana diz que ele adorava crianças.

A gravidez o reaproximou da família. "Era o primeiro filho dele, e era o sonho da minha mãe ser avó", relembrou Lucimara diante do IML. Quando soube da gravidez, Aparecida Macedo conheceu Dayana. Não se deram muito bem. Luciano disse que quando o barraco estivesse pronto, "ia me chamar para almoçar, ia comprar cerveja 'porque você bebe muito, coroa'. Ele era muito engraçado", escreveu a mãe pelo WhatsApp.

Na morte, a trajetória de Luciano não seria mais fácil do que fora em vida. O desejo da família era sepultá-lo no mesmo dia no cemitério de Ricardo de Albuquerque, na zona norte do Rio, mas o corpo não foi liberado a tempo. Depois, a família tentou o cemitério de Olinda, em Nilópolis, na Baixada Fluminense, mas também não conseguiu por questões burocráticas. Luciano foi então enterrado no cemitério do Caju, zona portuária do Rio, em uma cova rasa.

"O Exército matou meu filho! O Exército matou meu filho!", gritava Aparecida. Depois, para veículos de imprensa, ela disse que "foi uma covardia o que fizeram com meu filho. Eles não foram me perguntar se eu precisava de alguma ajuda, se eu queria um copo d'água".

Na semana do enterro, o teólogo e jornalista Antônio Carlos Costa, diretor da Rio de Paz, levantou fundos, comprou roupas e levou Dayana ao mercado. Viu as três mulheres da vida de Luciano — a esposa, a mãe e a irmã — ficarem "totalmente sem chão". "Ele está na categoria das pessoas matáveis", me disse sem cerimônia, "das pessoas que no Brasil podem ser assassinadas. E se ele é pobre, se ele é negro ou pardo, ainda mais morador de rua, a morte dele não é sentida pela sociedade."

O resultado, explicou o teólogo, como ele vira tantas vezes antes em familiares de vítimas da violência policial, é uma "perplexidade", um "problema existencial", o conflito com "o próprio sentido da vida, quando você vê um parente seu ter a vida interrompida de uma forma tão banal". Alguns familiares desenvolvem uma "obsessão" pela justiça, virando detetives por si mesmos; outros, não. "A pessoa às vezes parece querer ir ao encontro do parente morto. São pessoas que carregam isso até a própria morte", conclui.

Pelas mensagens de WhatsApp, fica claro que Cida não pertence ao primeiro grupo. "Eu estou me acabando aos poucos. Só tô esperando meu dia chegar." Lembra que, mais que filho,

Luciano era seu confidente e amigo. Lembra das vezes em que tomavam cerveja juntos e da promessa do filho de que beberiam para comemorar quando ele completasse seu barraco na favela do Muquiço. "A gente vai morrendo aos poucos. Eu era feliz porque tinha meu filho para me enterrar e agora..."

Assim como o adolescente Abraão, Luciano também foi sepultado em um caixão coberto com sua camisa do Flamengo, time que amava tanto que trazia tatuado no peito o seu brasão. Diante da cova, alguns manifestantes seguravam uma bandeira do Brasil com um rombo no meio e uma mancha de sangue.

Dayana não acompanhou o enterro de perto; teve medo de que a polícia ainda estivesse atrás dela pelo crime cometido no passado, assombrada pelas contas que um dia deveu à Justiça. Despediu-se do marido de longe. "Descobrimos depois que ela não devia nada", lembra Antônio Carlos Costa.

Desde que comecei no jornalismo, aos vinte anos, cobri inúmeros casos de injustiça. Neste país, ela é mais do que uma presença constante em nosso cotidiano, ela define os contornos da nação. Na curta história de vida de Luciano, é difícil determinar qual injustiça selou seu destino. Terá sido quando a mãe teve que trabalhar e o deixava em casa sozinho, cuidando da irmã? Quando foi diagnosticado com "dificuldades de raciocínio" e, em vez de receber um acompanhamento adequado, passou a tomar um remédio tarja preta? Quando passou a fumar maconha, hábito visto pela mãe como um vício a ser duramente combatido? Quando uma juíza determinou que ele fosse preso em regime fechado por roubar vinte reais, sem arma, sendo réu primário? Ou quando, num domingo de sol, o mataram com dois tiros de fuzil porque estava de bermuda e sem camisa?

Muitas pessoas já refletiram de maneira robusta sobre essas questões. A antropóloga Carolina C. Grillo, em sua tese de doutoramento, constatou que jovens excluídos da cidadania, sobretudo homens, são as principais vítimas e autores dos crimes violentos. Ela argumenta que "estes jovens constituem os tipos sociais potencialmente perigosos sobre os quais a 'sujeição criminal' recai. São eles também as principais vítimas dos abusos de poder cometidos por policiais".

Mas por que isso acontece, mesmo quando há procedimentos claros sobre como investigar cada um dos crimes e buscar a responsabilização individual? Para a pesquisadora, a autoria dos crimes "se coletiviza": "A responsabilidade pela perturbação da ordem produzida pela criminalidade urbana se dilui entre todos aqueles cujo corpo se assemelha ao do bandido". E mesmo os que se negam a escolher entre ser sujeitos ou vítimas do crime — como parece ser o caso de Luciano — continuam submetidos ao que é, na prática, uma "sujeição criminal", "estando suscetíveis a terem a vida ou liberdade arrancadas como punição pelos feitos de outrem".[5] Assim, pessoas como Luciano e Dayana não são apenas matáveis; são condenáveis sem crime, danados a priori.

Na vida de uma jornalista que cobre direitos humanos, casos como esse sempre trazem a pergunta essencial: o que posso fazer? Qual é o nosso papel diante da injustiça? Respeitar, ouvir, ser atento ao sofrimento das vítimas? Tomar a justiça com as próprias mãos? Atuar, incidir, tentar reverter o curso de um caso em particular? Denunciar os padrões que se repetem na população de "matáveis" e que, conforme veremos, têm permeado as operações das Forças Armadas da mesma maneira como já permeavam as ações da Polícia Militar? Olhar a floresta e não a árvore? Cada jornalista tem a sua própria resposta. Para mim, cada história conta, e é com cada desabafo que se escreve a história com H maiúsculo. Documentos, imagens, testemunhos e provas concretas ajudam ainda a desvendar as responsabilidades. No caso da morte de Evaldo e Luciano, é necessário investigar o percurso que levou aqueles membros do Exército a estarem ali, naquele dia, e se sentirem aptos a atirar.[6]

E não há como compreender a história recente da militarização da segurança pública no Brasil sem um olhar cuidadoso para a redemocratização e a Constituinte, que marcou um novo arranjo de poder entre civis e militares no país.

# Parte II

# Justiça pra quem? A GLO na Maré

# 6. O controle civil das Forças Armadas

A questão da participação das Forças Armadas na segurança interna do país é controversa e mal resolvida desde a Constituinte de 1988. Naquele contexto, deixávamos para trás 21 anos de interferência direta dos militares em todos os assuntos ligados à segurança — e sempre sob o prisma do combate à "subversão". As polícias eram subordinadas às Forças Armadas e participavam ativamente da caça aos opositores do regime — seja de grupos armados ou da sociedade civil.

São poucos os países democráticos que empregam regularmente o Exército dentro das próprias fronteiras em ações de segurança pública. No Brasil, as operações GLO só podem ocorrer por causa do artigo 142 da Constituição, segundo o qual

> as Forças Armadas, constituídas pela Marinha, pelo Exército e pela Aeronáutica, são instituições nacionais permanentes e regulares, organizadas com base na hierarquia e na disciplina, sob a autoridade suprema do Presidente da República, e destinam-se à defesa da Pátria, à garantia dos poderes constitucionais e, por iniciativa de qualquer destes, da lei e da ordem.

São 55 palavras que trazem enormes consequências e garantem, na letra da lei, que os militares são, segundo a Constituição apelidada de "Cidadã", o bastião último para garantir a segurança em território brasileiro.

Em todo o texto constitucional a palavra "Pátria" aparece pela primeira e única vez nesse artigo, um dos mais contenciosos durante a Assembleia Constituinte de 1987 e 1988, quando os constituintes dividiram-se. Na época, a revista *Veja* perguntou a 473 congressistas se as Forças Armadas deveriam ater-se à defesa externa ou se deveriam atuar na segurança interna também. Mais de 50% se declararam favoráveis à manutenção da prerrogativa de atuação interna, o que acabou se concretizando no artigo 142.[1] Os conservadores eram os mais favoráveis, com até 85% de aprovação em alguns partidos; a esquerda era majoritariamente contra, chegando a 93% o percentual dos que queriam que os militares "só saíssem em caso de guerra" dos quartéis.[2]

O artigo 142 foi uma vitória dos militares num momento em que estavam cedendo o poder, de maneira organizada e acordada, aos civis. Para alguns, a abertura foi, de certo modo, uma "permissão" dada pela caserna para que os civis voltassem a controlar o país. E, na Constituinte, a caserna tinha nome e sobrenome: chamava-se Leônidas Pires Gonçalves, ministro do Exército de José Sarney.

Gaúcho de Cruz Alta, Leônidas Pires foi "o último dos grandes chefes militares que tomaram parte nos acontecimentos centrais da história do Brasil", nas palavras de José Sarney, primeiro presidente civil depois da ditadura.[3] Antes de ser convidado pelo maranhense para ser seu ministro forte, Leônidas fora chefe do Estado-Maior do I Exército (hoje Comando Militar do Leste), comandante da Amazônia e do Sul, e já havia sido chamado por Tancredo Neves para ser ministro do Exército. A subsequente morte de Tancredo[4] selaria seu nome junto ao de Sarney.

Com Tancredo doente e impedido de assumir a Presidência, restava um dilema institucional. A Constituição vigente, de 1969, dizia que, se o presidente morresse, deveria assumir o vice. Porém, como nenhum dos dois tinha tomado posse, a lógica ditava que quem deveria assumir era o presidente da Câmara dos Deputados, Ulysses Guimarães, grande liderança de oposição à ditadura que capitaneara as gigantescas manifestações das Diretas Já.

Mas às nove da noite do dia 14 de março de 1985, Leônidas foi chamado às pressas para uma reunião no quarto andar do Hospital de Base de Brasília, onde já estavam Ulysses Guimarães, Humberto Lucena (então presidente do Senado) e Sarney. Há várias versões para essa história, mas optei por reproduzir aqui a do próprio general. "Quando cheguei ao centro, eu me dei conta de qual era a discussão: Quem é que iria assumir? [...] Então, quando chegou naquela hora, eu disse assim: 'Mas qual é a dúvida? Os artigos 76 e 77 da Constituição de 1969 são bem claros: quem assume é o José Sarney.'"

"Quem entendia era eu, porque ninguém estava com todas as Constituições na cabeça, como eu estava: todas! Segundo, porque quem tinha o poder era eu. Então, quem decidiu fui eu", resumiu.[5]

Ulysses Guimarães repetiria a mesma história anos depois, chamando, com ironia, o general Leônidas de "o maior jurisconsulto" do país. "O meu Pontes de Miranda[6] me cutucava com a sua espada, dizendo: 'Não é você, é o Sarney! É o Sarney! É o Sarney!'"[7]

Sarney não queria tomar posse — achava-se "um presidente improvisado, que assumiu para ser deposto".[8] Leônidas insistiu. Ligou para ele já na madrugada do dia 15 de março. "O Sarney me disse que estava muito constrangido de assumir sem o Tancredo. Eu lhe disse que tinha dado muito trabalho organizar tudo, seu argumento não vale. Encerrei dizendo: boa noite, presidente."[9]

O general sempre se gabou de ser o verdadeiro "pai" da posse de Sarney: "Se fizerem um exame de DNA, verão que o DNA é meu", disse em um depoimento ao Congresso. "Eu sempre digo o seguinte: não me deem conhecimento e poder, porque eu atuo. Nunca fui homem de omissão. Conhecimento eu tinha pleno do fato, e poder, eu tinha todo o Exército atrás de mim."[10]

Tancredo Neves faleceu em 21 de abril, depois que José Sarney já havia assumido provisoriamente a Presidência, em 15 de março de 1985. O clima político era tão instável que, para atrasar o falecimento, os médicos esfriaram seu corpo.[11]

Fiador da posse, Leônidas assumiu como um "superministro militar de Cruz Alta" — a história se repetiria 31 anos depois com outro "superministro" de Cruz Alta[12] — e deu o tom da Constituinte. Dentre os pontos centrais de interesse dos militares estavam a preservação do presidencialismo com mandato de cinco anos e a manutenção do "papel constitucional" das Forças Armadas. Ou seja, a garantia da lei e da ordem.

"A transição, ela foi tutelada, ô Natalia", me disse sem cerimônia o petista José Genoino quando o procurei para entrevistá-lo para este livro.[13] Membro da Guerrilha do Araguaia entre 1970 e 1972, preso político até 1977, ativo no movimento pela anistia e pelas Diretas Já, constituinte, assessor de Nelson Jobim e de Celso Amorim no Ministério da Defesa (MD) e único ex-guerrilheiro a ser condecorado com a Medalha da Vitória do MD, honraria que lhe foi arrancada depois do impeachment de Dilma Rousseff,[14] Genoino pode falar como poucos sobre as relações entre civis e militares ao longo das últimas quatro décadas. É, ainda, a fonte indicada por diversos pesquisadores para tratar do artigo 142, por ter sido quem mais brigou por seu teor.

Durante nossa conversa, Genoino me avisa logo que o que vai dizer não são opiniões, mas informações históricas. "Primeiro, a figura principal dessa tutela foi o Leônidas Pires, que era o grande militar da transição do pacto, entendeu?"

Ao longo de vinte meses, a Constituição brasileira foi gestada em um esforço sem precedentes na história. Cada tema era discutido em uma das 24 subcomissões, depois ia a uma das oito comissões temáticas, e daí para a equipe de Comissão de Sistematização. Finalmente, o projeto de cada artigo seguia ao plenário e era votado em dois turnos.

Genoino acompanhou de perto a discussão do artigo 142, defendendo que o papel dos militares se restringisse à defesa externa e que jamais pudessem atuar em solo nacional. "Eu fui derrotado, tanto na subcomissão quanto na comissão."

Havia tempo que o tema exasperava os militares. Meses depois da posse de Sarney e de sua posse como ministro da Guerra, Leônidas deu uma contundente entrevista à *Folha de S.Paulo* cujo título não dava margem à dúvida: "Nova Carta não deve mudar papel dos militares, diz Leônidas".[15] Seria tarefa do Exército participar do equilíbrio social e da estabilidade institucional, através da manutenção da lei e da ordem, "em estreita obediência aos textos legais e à decisão das autoridades civis, segundo os requisitos de um Estado democrático de direito". Defendia ser essa uma "tradição que não necessita ser modificada".

De fato, desde a Constituição de 1891, todas as Cartas Magnas brasileiras davam como função das Forças Armadas a manutenção da lei e da ordem, exceto a de 1937. Na Constituição de 1969, no artigo 91, surgiu uma novidade: colocava as Forças Armadas como "essenciais à execução da política de segurança nacional". Ou seja: desde 1969, cabia aos militares um papel efetivo de tutela sobre a estabilidade política nacional.

Leônidas dava declarações periódicas à imprensa sobre o assunto e liderou um forte lobby dos militares dentro da Constituinte, formada por oito assessores, todos coronéis. Subia e descia o tom à medida que percebia que seus interesses estavam ou não sendo ouvidos. Influiu decisivamente na escolha do relator da Comissão de Sistematização, Bernardo Cabral, seu amigo. O momento mais tenso ocorreu no final de 1987, quando a Garantia da Lei e da Ordem chegou de fato a sumir do anteprojeto constitucional.[16]

Tendo perdido na subcomissão e na comissão, Genoino e outros representantes da esquerda resolveram fazer lobby diretamente na sala da Comissão de Sistematização, que tinha como sub-relatores Fernando Henrique Cardoso e Nelson Jobim, entre outros. Estavam com ele Vivaldo Barbosa, do PDT, e Haroldo Lima, do PCdoB. Genoino recorda de ter proposto retirar o termo GLO. "Eles resistiram", lembra. Propôs então utilizar uma emenda anterior de FHC que não continha a expressão "lei e ordem". "Aí o Bernardo Cabral, nunca esqueci, ele olhou pra nós e disse: 'Eu achei razoável, Fernando'. Aí o Fernando Henrique Cardoso disse: 'Isso pode dar confusão.'"

Foi assim que, por decisão inesperada do relator, o texto do anteprojeto apresentado foi sem a expressão GLO, pela primeira vez em um século.[17] Nas palavras de Nelson Jobim, "o Bernardo enganou o general Leônidas, e depois teve uma crise desgraçada, foi uma coisa horrorosa".[18]

De fato, houve encrenca. No dia 21 de agosto de 1987 os jornais chegaram a estampar a notícia de que o texto viria sem a segurança interna. A *Folha* fez um editorial elogiando a mudança.[19] De imediato, o ministro-chefe do Estado-Maior das Forças Armadas, general Paulo Campos Paiva, "condenou" a proposta: "Quando os outros poderes não puderem garantir a lei e a ordem, as Forças Armadas, obrigatoriamente, têm de ocupar este espaço e entrar em ação".[20] O Centro de Comunicação Social do Exército distribuiu uma publicação para deputados e senadores dizendo que as Forças Armadas têm uma "dupla missão": atuar contra um inimigo externo que ameace a soberania nacional e preservar a integridade do território nacional "contra aqueles que, no interior do país, perturbem gravemente a ordem ou afrontem os poderes constitucionais e o império da lei".

Mais contundente foi o duro alerta que fez Leônidas Pires durante uma reunião ministerial no Palácio do Planalto: "A vontade política do povo e do governo não está sendo sentida pela Constituinte. A maioria do povo brasileiro é moderada, e a Constituinte está sendo manobrada por um pequeno grupo de esquerda radical". Falava de José Genoino e seu grupo. Foi parar na capa de todos os jornais. A revista *Veja* daquele fim de semana, por exemplo, estampou o rosto do general sob o título "O ataque de Leônidas — O medo da crise militar".[21]

A pressão funcionou. Quem negociou o retorno da GLO foi Fernando Henrique Cardoso, junto com o senador José Richa.

Três décadas depois, Nelson Jobim elogiou a costura, dizendo que ela conseguiu enterrar de vez algo sempre presente nas Constituições brasileiras em pelo menos um século, o que Rui Barbosa chamava de "o direito ao golpe" — ou seja, a autonomia das Forças Armadas para determinar o que é, afinal, um distúrbio da lei e da ordem interna. Para Jobim, o grande problema da GLO antes de 1988 é que era algo que a "Constituição deixava em aberto". A partir de 1988 "nós submetemos que a intervenção só pode ser feita por determinação dos poderes civis". Caso haja algum distúrbio da lei e da ordem que o governo estadual se declare incapaz de resolver, ele pode solicitar uma operação de GLO ao presidente da República.[22]

Entrevistado pelo jornalista Luís Maklouf Carvalho, o ex--presidente José Sarney foi incisivo ao afirmar que houve risco de um novo golpe militar durante a Constituinte. "Houve risco, sim. Quando eles tentaram fazer uma redação em que as Forças Armadas não podiam intervir na ordem interna, houve uma reação muito grande da área militar. Terminou com a ordem de que os assessores militares não abandonassem a feitura da Constituição até o fim da impressão na máquina em que saía o projeto."

Anos mais tarde, em entrevista ao mesmo jornalista, o general Leônidas reconheceu que se envolveu "pessoalmente nesse debate". Perguntado se havia alguma chance de que a Constituição saísse sem a GLO, ele foi ríspido: "Não, porque eu não deixaria passar".[23]

Depois de um fim de semana agitado, a mudança foi informada aos líderes dos partidos numa reunião chamada na segunda-feira por Mário Covas, líder do PMDB. Genoino relata que Covas anunciou: "Nós vamos mudar. Vamos botar, vamos recuperar o rabicho". "Eu nunca esqueci a expressão... O rabicho era a lei e a ordem", lembra Genoino.

Leônidas agiu ainda nas duas votações em plenário do artigo 142, em abril e em agosto de 1988. Após a votação em primeira instância, em 12 de abril, deu entrevista a jornalistas dizendo que "foi assegurada a participação das Forças Armadas na segurança externa e interna do país, conforme a tradição consagrada no direito constitucional brasileiro".[24] Na véspera da segunda votação, em 25 de agosto, fez um pronunciamento no Dia do Soldado elogiando Duque de Caxias, que combateu em guerras externas e também "pacificou insurreições internas". E exortou: "É hora [...] de dizer não às cantilenas personalísticas, não às pregações divisionistas e não aos visionários imediatistas".[25]

Na derradeira votação, Genoino ainda apresentou um substitutivo que extinguia a menção à lei e à ordem do artigo 142, mas apenas partidos mais à esquerda, como PT, PCdoB e PDT, votaram pela emenda.

* * *

"No imaginário, segurança e defesa se identificavam com repressão política, que era o discurso militar anterior", diz Nelson Jobim, que foi constituinte pelo PMDB.[26] Ex-ministro do STF e ex-ministro da Justiça, Jobim nunca escondeu seu entusiasmo pela aplicação em território nacional das lições aprendidas pelos militares no Haiti enquanto esteve à frente do Ministério da Defesa.

Dez anos depois de a bandeira do Brasil ser fincada no alto do teleférico do Alemão, quando o entrevistei, a memória falhava ao lembrar de nomes de personagens com quem manteve embates no decorrer de sua longa carreira como figura influente no centro do poder. Mas respondeu de pronto: "A intervenção militar em GLO é prevista na Constituição, ou seja, é matéria constitucional já definida". E fim de papo.

A experiência de Jobim com o tema vinha de antes, da rocambolesca Operação Rio, uma ação nos morros do Rio comandada pelo governo de Itamar Franco em 1994 e 1995. Também ali os soldados fincaram uma bandeira do Brasil no alto do morro, local onde antes havia uma cruz — creditada ao Comando Vermelho —, como forma de provar que o Estado estava tomando de volta o território. Um padre local reclamou, afirmando que a cruz havia sido fincada ali pela sua paróquia.[27]

Apesar de receber enorme aprovação popular, a Operação Rio não reduziu os índices de criminalidade e, mais do que isso, sobraram denúncias de violações, torturas e mortes, pelas quais diversos militares responderam na Justiça Federal, como determinava a legislação na época. A operação foi uma "tremenda bagunça", nas palavras de Nelson Jobim, que assumiu o Ministério da Justiça em janeiro de 1995 a convite do recém-eleito presidente Fernando

Henrique Cardoso. "Quando eu assumi, vi como funcionava [a Operação Rio]. Fui lá ver, e aquilo estava uma confusão muito grande em termos de definição de condutas."

Quando Sérgio Cabral o procurou no final de 2010 para falar da situação do Complexo do Alemão, apesar de ter dado ao Exército o comando da operação, Jobim diz que revisou as regras das tropas para "estabelecer uma forma de engajamento que tenha como critério a participação do governo civil", passando a exigir do governador (ou de outra autoridade que requisitasse o emprego ao presidente) que também assinasse o documento. "Porque a regra de engajamento é o book, é onde tem definido o que se pode fazer na operação, se pode derrubar porta, se pode dar tiro", explica Jobim. Para ele, a simples aprovação do governo local garantiria a supremacia do poder civil sobre o Exército, mesmo que, na prática, a Força comandasse a Polícia Militar.

Nessa atuação, Jobim reproduzia, no âmbito das GLOs, aquilo que foi sua grande obsessão durante os quatro anos em que esteve à frente do Ministério da Defesa, já durante o governo Lula (2007 a 2011). Profundo conhecedor da Constituição — é um dos raros constituintes que depois virou ministro do STF —, gaúcho, franco e imponente com seu 1,90 metro de altura, teve como principal objetivo o controle civil das Forças Armadas. O Ministério da Defesa era jovem, havia sido criado em 1999 para substituir o Ministério da Guerra, que sempre fora comandado por um militar, e os três ministérios militares, um para cada Força — o que levava a uma super-representação dos militares no governo democrático. Para Jobim, houvera a "transição", mas não a "consolidação". As Forças Armadas continuavam, por exemplo, fazendo seus orçamentos anuais e definindo os próprios equipamentos.

A obsessão do ministro cristalizou-se com uma série de decretos administrativos que estabeleceram as funções do ministério na direção da atuação das Forças e na gestão da política militar, em especial com a Estratégia Nacional de Defesa publicada em dezembro de 2008, escrita com grande colaboração de Roberto Mangabeira Unger. Jobim resume que "basicamente se deixou claro que a função do Ministério da Defesa era a direção da atuação das Forças Armadas, ou seja, ter um poder de direção e gestão da política militar". Passaram a ser competência do ministério a definição das missões militares, a política de pessoal de cada Força, o orçamento e definição de armamentos e materiais, e a mediação com o Congresso Nacional através de uma assessoria parlamentar conjunta.

A mudança não cairia bem entre os militares, e Jobim sabia disso. Por isso, antes mesmo de entregar a Estratégia Nacional ao presidente Lula, pediu para os comandantes das três Forças organizarem uma reunião no Clube Militar, tradicional reduto carioca onde os oficiais da reserva se reuniam (e ainda se reúnem) para saudar os velhos tempos da ditadura. Queria apresentar o plano e pedir a bênção.

Jobim lembra que foi uma reunião "dura". No final da sua apresentação, um influente general da reserva interpelou-o:

"Mas eu estou vendo pela sua exposição que isso significa a subordinação das Forças Armadas ao Ministério da Defesa."

"É exatamente isso. É a subordinação do poder dos militares ao poder civil, democrático, essa é a regra do jogo. E será assim. A Constituição Federal determina e eu vou fazer assim", respondeu Jobim.

Houve um grande desconforto no salão. Mas os velhos militares acataram. "Não tinha outra saída", lembra Jobim. Afinal, fazia 23 anos que o regime militar, oficialmente, chegara ao fim.

À frente da Defesa, Jobim agiu em diversas ocasiões para demonstrar autoridade e exigir respeito ao poder civil. Estudioso, antes de assumir mergulhou nos livros — desde um volume sobre a transição militar na Espanha até a *História da Guerra do Peloponeso*, do grego Tucídides. "Eu não entendia muito bem o que era estratégia", confessa. Já no batente, ficou conhecido por usar uniforme de campanha para visitar todos os postos de fronteira do país. "Fui aprendendo e me envolvendo; acabei gostando, inclusive."

Jobim foi duro com alguns oficiais que chiaram alto. Maynard Marques de Santa Rosa, general de quatro estrelas, foi exonerado da chefia do Departamento Geral do Pessoal do Exército quando deixou vazar, em fevereiro de 2010, uma carta na qual criticava o Programa Nacional de Direitos Humanos do governo Lula pela proposta de criar uma Comissão da Verdade para investigar crimes do regime militar. "Confiar a fanáticos a busca da verdade é o mesmo que entregar o galinheiro aos cuidados da raposa", escreveu o general, chamando a iniciativa de "comissão da calúnia".[28]

Em 2008, Santa Rosa já havia assinado um documento junto com outros generais criticando o Plano Nacional de Defesa, acusando o ministério de interferir diretamente nos três comandos militares ao criar um setor para concentrar as grandes compras. Daquela vez, o novo ministro deixou passar. Dessa vez, não engoliu. Na manhã em que a carta foi publicada, Jobim agiu rápido. Ligou para o então comandante do Exército, general Enzo Martins Peri, para confirmar a veracidade do documento. O comandante confirmou,[29] e Jobim foi ter com Lula. Ao entrar no gabinete no Palácio do Planalto, o petista estava "chateado".

"Que negócio é esse desse general?", perguntou Lula.

"Presidente, assina isso aqui, que está tudo resolvido", respondeu Jobim.

"O que é isso?"

"A exoneração do general."

"Mas já?"

"Não se pode perder tempo com uma coisa dessas. Assina que ele já está indo embora."[30]

(Maynard de Santa Rosa ressurgiria no governo federal como secretário de Assuntos Estratégicos da Secretaria-Geral da Presidência de Jair Bolsonaro.)

Quando Dilma Rousseff foi eleita, ela convidou Jobim para permanecer no cargo, assim como os comandantes das três Forças. O ministro aceitou de bom grado. Segundo Jobim contou à repórter Consuelo Dieguez, da revista *piauí*, Dilma pediu ainda que ele organizasse uma reunião com os comandantes. Jobim disse que tudo bem, mas deixou claro que, quando ela tomasse posse, deveria se dirigir sempre a ele, ministro. Durante o encontro, Dilma, ex-guerrilheira que lutou contra a ditadura, avisou aos militares que "não haveria retaliação, mas também não aceitaria glorificação".[31]

Durante o governo Dilma, o ministro voltou à carga. Proibiu um dos mais respeitados generais do Exército, Augusto Heleno — que fora o primeiro *force commander* do Haiti —, de fazer um discurso exaltando o golpe militar de 1964.

Heleno era então comandante militar da Amazônia e estava prestes a passar à reserva. Pretendia fazer deste o seu discurso de despedida no Forte Apache, o quartel-general do Exército em Brasília. Jobim ligou ao general Enzo: "Não aceitarei qualquer manifestação dos oficiais da ativa. Avise ao Heleno que ele está proibido de fazer o discurso amanhã".[32] O general Heleno foi para a reserva calado.

Porém, como já vimos, no final do mandato de Nelson Jobim, o papel dos militares em GLOs se consolidou. Ao longo dos anos seguintes, eles retomaram a proeminência nas operações de segurança pública e ampliaram sua participação política de maneira jamais vista nos vinte anos anteriores. Ambos os movimentos se deram durante a presidência da primeira mulher a ser presidente do Brasil.

Ex-dirigente da Vanguarda Armada Revolucionária Palmares (VAR-Palmares), com treinamento no exterior, Dilma Rousseff encarnava aquilo que o general Santa Rosa chamou de "fanáticos". Presa em 16 de janeiro de 1970, mereceu, do procurador militar que a denunciou, os epítetos de "Joana d'Arc da Subversão", "Papisa da Subversão", "Criminosa Política" e "Figura Feminina de Expressão Tristemente Notável". Torturada no Rio de Janeiro, São Paulo e Minas Gerais, foi pendurada nua em um pau de arara, levou choques em todo o corpo, inclusive no bico dos seios, sofreu duas hemorragias graves e perdeu um dente com um soco.[33] Só saiu da cadeia no final de 1973. Em um depoimento, resumiu: "As marcas da tortura sou eu. Fazem parte de mim".[34]

Dilma encarnava mais do que isso. Foi a primeira mulher a comandar a poderosa Casa Civil. Desde a posse, marcou posição ao exigir ser chamada de "presidenta" e ao manter uma quantidade recorde de mulheres em ministérios — elas comandavam nove dentre as 37 pastas. Lula, antecessor, teve cinco ministras. Os futuros governos não chegaram nem a isso.

A hierarquia era respeitada, segundo o pesquisador Alexandre Fuccille, presidente da Associação Brasileira de Estudos de Defesa entre 2014 e 2016, mas "o ambiente militar é um ambiente absolutamente machista", afirma. "Havia muitas piadinhas."[35]

O próprio Nelson Jobim saiu do Ministério da Defesa em agosto de 2011, no primeiro ano do mandato de Dilma, depois de criticar a capacidade de duas ministras em meio a uma discussão que marcou a relação com os militares: o sigilo de documentos oficiais — um tema intimamente ligado à abertura dos arquivos da ditadura militar. Jobim disse à revista *piauí* que quem estava atrapalhando o processo eram as ministras Ideli Salvatti, das Relações Institucionais, e Gleisi Hoffmann, da Casa Civil. "É muita trapalhada, a Ideli é muito fraquinha, e Gleisi nem sequer conhece Brasília".³⁶ Dilma deixou clara sua contrariedade, e, pouco depois, Jobim pediu demissão.

Na área da segurança, os militares voltaram com força total. Para o professor Fuccille, a operação do Alemão marcou "uma banalização" do emprego das Forças Armadas. A partir dela, os militares "encontraram não uma nova função, mas uma legitimidade muito forte perante a opinião pública". Entre os anos de 2010 e 2016 foram realizadas 35 operações de GLO, incluindo as do Alemão e da Maré, a Copa das Confederações e a visita do papa Francisco durante a Jornada Mundial da Juventude, em 2013, e as GLOs que ocuparam doze estados durante a Copa do Mundo, em 2014, e o Rio de Janeiro durante as Olimpíadas de 2016.

Em agosto de 2011, o governo Dilma criou dentro do Ministério da Justiça a Sesge, Secretaria Extraordinária de Segurança para Grandes Eventos, coordenada pela Polícia Federal, mas com ampla participação dos militares. Nos anos seguintes, a Sesge seria palco de tremendos arranca-rabos entre o Exército e, em especial, a Polícia Federal, pela coordenação da segurança na Copa do Mundo. Nesse ínterim, caíram dois diretores da Sesge: o delegado da Polícia Federal Luiz Carlos de Carvalho Cruz,³⁷ demitido porque enviou um spam sobre um esquema de pirâmide para autoridades, e o delegado Valdinho Caetano, contrariado pela preferência dada pela presidente aos militares.³⁸

No centro do desgaste estava a divisão de verbas e de responsabilidades: em especial, os militares queriam ficar a cargo do combate ao terrorismo, uma questão que, para os policiais federais, deveria ser de sua alçada. A PF resistia a receber ordens numa área em que deveria ter autonomia.³⁹ Finalmente, após uma greve da PF, o chefe do Estado-Maior da Defesa, general José Carlos de Nardi, assumiu de vez as atribuições consideradas como da área de "defesa" — entre elas, o terrorismo.

"O importante é que o terrorismo será centralizado. As demais ações podem ser separadas. Mas aqui, não. Aqui precisa de centralização. Por isso está na mão de um general tudo em relação a terrorismo e defesa química, bacteriológica, nuclear e radiológica", disse Nardi ao jornal O Globo.[40] "O combate ao terrorismo tem um comando único, não é isso que estão falando por aí, não. E o comando é de um general do Exército. Os eixos de guerra cibernética e terrorismo estão centralizados aqui no Estado-Maior Conjunto das Forças Armadas. Isso eu acertei com o Ministério da Justiça. A Secretaria Extraordinária de Grandes Eventos (Sesge) aceitou, e não tem quem mude. Eu não aceito."

O arranjo funcionou para os eventos prévios à Copa do Mundo e que serviram como um difícil teste de entrosamento entre as forças de segurança: a vinda do papa Francisco, na sua primeira visita internacional desde que assumira o Vaticano, em 22 de julho de 2013, e a Copa das Confederações, de 15 a 30 de junho do mesmo ano.

Nos meses anteriores, desde março de 2013, o Brasil ardia em protestos. O que começou como uma manifestação contra o aumento nas tarifas de ônibus em São Paulo espalhou-se pelo país e levou milhões de brasileiros a exigir de tudo — de melhor educação ao fim da corrupção, pautas exacerbadas pelas obras milionárias para estádios e infraestrutura para a Copa do Mundo em doze cidades-sede, que consumiram pelo menos 4,8 bilhões de reais em verbas públicas.[41]

Durante a visita do papa, a GLO instaurada limitou-se a uma área de doze quilômetros quadrados em Guaratiba, no Rio de Janeiro, onde cerca de 2 milhões de peregrinos foram acompanhados por 8,5 mil militares. O Exército também posicionou atiradores de elite em torres de controle. A Força Aérea interditou e controlou o espaço aéreo.[42] Já para a Copa das Confederações, mais de 20,5 mil militares foram empregados nas seis cidades que sediaram os jogos, incluindo seiscentos especialistas em pronta resposta ao terrorismo — uma GLO garantia a legalidade dessa atuação. Quando o cantor Gusttavo Lima abriu as celebrações da Fan Fest na capital federal, marcando o início do evento, a administração de Nelson Jobim já era passado.

Celso Amorim, que assumiu no seu lugar (em agosto de 2011), declarou: "Sempre fiquei preocupado. Eu acho que isso não é um papel pros militares".[43] Lembrando ter acompanhado de perto as preparações para a série de megaeventos que impactariam o Brasil de maneira tão surpreendente, ele defende que os papéis eram bem definidos: "Os militares faziam a proteção do que eles chamam de estruturas críticas, ou nome parecido, e davam apoio para a polícia fazer o trabalho".

Tendo recebido o Ministério da Defesa com a operação no Alemão ainda em curso, Amorim procedeu para aprimorar as diretrizes estabelecidas por Nelson Jobim. Em 2014, seu ministério publicou a diretriz MD33-M-10, que detalha as regras que regem as operações de Garantia da Lei e da Ordem. Esse documento deu origem ao termo "agente perturbador da ordem pública" ou "Apop". Amorim diz que não se lembra do termo e que o documento foi redigido pelos militares. "O documento nasceu de escalões militares, e eu empreendi uma revisão bastante ampla, procurando escoimá-lo de conceitos impróprios e inconvenientes", explica o ex-ministro. Criticada duramente pela esquerda — inclusive pelo especialista Alexandre Fuccille —, uma versão preliminar do documento estabelecia como alvos "forças oponentes", entre as quais eram listados "movimentos ou organizações [sociais]".[44]

Amorim argumenta: "Eu tive que rever, cuidadosamente, uns manuais de instrução dos militares. Não fiz um trabalho perfeito, mas posso te garantir que melhorou muitíssimo, porque eles pegaram lá um manual de sei lá o que é que era e... tinha 'forças adversas'. Eu falei: que história é essa de forças adversas? Porque a linguagem deles é outra, entendeu?", lembra. "Por isso mesmo acho que eles não podem ser polícia."

No final, as Forças Armadas atuaram em dez eixos estratégicos durante a Copa do Mundo de 2014: defesa do espaço aéreo, defesa marítima e fluvial, fiscalização de explosivos e defesa cibernética. Deram apoio em locais-chave, como hotéis, centros de treinamento, aeroportos e no entorno dos estádios. Cerca de 60 mil militares atuaram nas doze sedes. O Ministério da Defesa instituiu ainda um Centro de Coordenação de Defesa de Área (CCDA) em cada uma das sedes, coordenando representantes dos órgãos de segurança pública, inteligência, defesa civil e segurança privada — os CCDA eram coordenados desde Brasília pelo general José Carlos de Nardi. Em cada estado estabeleceu-se um Comitê Executivo de Segurança Integrada Regional composto de um oficial general, o superintendente da Polícia Federal e do secretário de Segurança Pública, no que ficou conhecido como "triunvirato" da segurança.[45]

Ao final dos jogos, tendo evitado de protestos massivos a ataques terroristas, Celso Amorim elogiou a segurança do Mundial e disse que os militares agiram de maneira "discreta". "Não queríamos a impressão de um evento militarizado", disse. "Se eu pudesse resumir em uma só palavra o legado que fica para o aspecto de defesa e segurança, esta palavra seria integração." Foi secundado pelo general De Nardi, que afirmou que "nunca antes" Defesa e Justiça "andaram tão juntas".[46]

O mesmo esquema funcionou durante as Olimpíadas, quatro anos depois. A segurança dos Jogos Olímpicos e Paralímpicos Rio

2016 foi feita por aproximadamente 41 mil militares, sendo cerca de 22 mil deles no Rio de Janeiro.[47] A atuação nesse megaevento também funcionou para catapultar alguns dos militares que assumiriam protagonismo político nos anos seguintes, entre eles ministros importantes do governo de Jair Bolsonaro. O general Augusto Heleno, que virou ministro do Gabinete de Segurança Institucional (GSI), foi responsável pelo Instituto Olímpico e diretor de comunicação e educação corporativa do Comitê Olímpico Brasileiro (COB) entre 2015 e 2017; o general Eduardo Pazuello, que comandaria o Ministério da Saúde durante a maior pandemia em um século, foi coordenador logístico das tropas do Exército que deram apoio à realização dos Jogos Olímpicos de 2016; e o general Fernando Azevedo e Silva, futuro ministro da Defesa, foi presidente da Autoridade Pública Olímpica entre 2013 e 2015, coordenando a atuação dos governos federal, do estado e do município do Rio de Janeiro na preparação para os Jogos Olímpicos e Paralímpicos. Era ainda comandante militar do Leste e coordenador-geral de Defesa de Área no Rio de Janeiro quando ocorreram os jogos.

Ao mesmo tempo, foi a proeminência pública desses generais — seja no Haiti, seja nas Olimpíadas — que os levou a se tornar cobiçados por grupos políticos. Generais como Santos Cruz e Heleno passaram a dar entrevistas para rádios e TVs e até a ser comentaristas sobre segurança.

Coube também a Celso Amorim enfrentar uma grande crise entre os militares da reserva e sua primeira comandante mulher. O conflito girou em torno, mais uma vez, da ditadura militar. Às vésperas do Carnaval de 2012, os presidentes dos três clubes militares — Exército, Marinha e Aeronáutica — publicaram um manifesto criticando Dilma por não ter censurado suas ministras dos Direitos Humanos, Maria do Rosário, e da Secretaria de Políticas para as Mulheres, Eleonora Menicucci.

Maria do Rosário teria comentado sobre a possibilidade de as vítimas da ditadura ingressarem na Justiça e buscarem responsabilização criminal dos torturadores. "Mais uma vez esta autoridade da República sobrepunha sua opinião à recente decisão do STF", escreveram os militares, referindo-se às decisões do Supremo pela validade da Lei da Anistia a guerrilheiros e membros da ditadura. "A presidente não veio a público para contradizer a subordinada."

Já Eleonora Menicucci teria pecado no seu discurso de posse. Nas letras dos militares, ela "teceu críticas exacerbadas aos governos militares e, se autoelogiando, ressaltou o fato de ter lutado pela democracia, ao mesmo tempo em que homenageava os companheiros que tombaram na refrega". Dilma aplaudiu. Os militares aposentados não gostaram.

"Os Clubes Militares expressam a preocupação com as manifestações de auxiliares da presidente sem que ela, como a mandatária maior da nação, venha a público expressar desacordo", diz a nota.[48]

Dilma chamou Celso Amorim e exigiu uma reprimenda, uma vez que mesmo militares da reserva remunerada — sujeitos a ser mobilizados a qualquer momento — são subordinados à comandante suprema. O ministro convocou em plena Quarta-Feira de Cinzas os comandantes do Exército, da Marinha e da Aeronáutica, além do general José Carlos de Nardi. Os militares entenderam a bronca e no dia seguinte o site do Clube Militar publicava uma nota desautorizando o texto. A briga não parou aí. Uma centena de militares da reserva assinou um novo manifesto reclamando da "censura". O governo anunciou que seriam punidos, porém deixou a punição a cargos dos comandantes de cada Força.

Mas era apenas o começo.

A Comissão Nacional da Verdade foi instalada finalmente em 16 de maio de 2012 para, ao longo de dois anos, apurar violações aos direitos humanos ocorridas entre 1946 e 1988. Durante a cerimônia de posse dos seus sete membros, Dilma Rousseff afirmou que "a ignorância sobre a história não pacifica, pelo contrário, mantém latentes mágoas e rancores". E parafraseou o cientista Galileu Galilei: "A força pode esconder a verdade, a tirania pode impedi-la de circular livremente, o medo pode adiá-la, mas o tempo acaba por trazer a luz. Hoje, esse tempo chegou".[49]

Dentre as autoridades presentes, apenas os comandantes das três Forças Armadas não aplaudiram o momento de assinatura da lei.[50]

Dois anos depois, coube a Celso Amorim, a pedido da Comissão Nacional da Verdade, determinar que Exército, Marinha e Aeronáutica abrissem uma investigação sobre o desvio de função de suas bases para a prática de tortura durante a ditadura militar. O "desvio de função" constitui crime administrativo, imprescritível, e por isso as três Forças foram obrigadas a abrir diligências. Foi a primeira e única investigação realizada pelas Forças Armadas brasileiras sobre os abusos cometidos durante a ditadura militar. O anúncio oficial da abertura da investigação foi publicado em documento assinado por Celso Amorim em 31 de março de 2014 — faziam exatos cinquenta anos do golpe de Estado que tinha implantado 21 anos de ditadura militar no Brasil.

A assinatura de Celso Amorim também era colocada, naquele mesmo dia, na diretriz ministerial que permitia o emprego das Forças Armadas no Complexo da Maré.

# 7. A ocupação da Maré

O encerramento da ocupação militar nos complexos do Alemão e da Penha deixou todos os poderes envolvidos satisfeitos. À frente do Comando Militar do Leste durante a operação, o general Adriano Pereira Júnior refletiu que "o sentimento final é de alegria por saber que nosso trabalho [...] permitiu que mais de 250 mil pessoas recuperassem a possibilidade de viver com dignidade".[1]

O governador Sérgio Cabral declarou que o trabalho realizado pela Força de Pacificação "é orgulho para todos nós" e que "a presença do Exército nas comunidades foi imprescindível para consolidarmos a pacificação", ganhando "a admiração do país inteiro". Seu secretário de Segurança, José Mariano Beltrame, elogiou a articulação com as Forças Armadas, descrevendo que a pacificação das comunidades "não era mais um processo exclusivo da Segurança do Rio, mas cada vez mais uma luta das forças do bem, atuando de forma integrada contra o mal". E arrematou agradecendo a Força terrestre: "O Exército, tropa militar preparada para a guerra em defesa do Brasil, nos ajudou a construir a paz no Alemão e na Penha".[2]

Nem dois anos se passaram do fim da ocupação do Alemão para que a mesma dupla, Cabral e Beltrame, que afinava grande proximidade com os governos petistas, buscasse uma nova atuação das Forças Armadas em uma favela carioca — agora no Complexo da Maré, o que se efetivou em 5 de abril de 2014. Dessa vez, porém, "desde o início nós achamos muito complicado", afirmou Celso Amorim,[3] que permaneceu no Ministério da Defesa até 2 de janeiro de 2015. Segundo ele, "era mais óbvio" que a ocupação da Maré não ia ter resultados duradouros. O governo Dilma "aceitava aquilo com muita relutância" por motivos financeiros, já que a conta cairia no colo da administração federal. Além disso, havia a relutância do próprio comando das Forças Armadas. Mas Beltrame insistia: ele precisava manter o Complexo sob controle enquanto treinava uma nova leva de policiais para seguir atuando nas UPPs nas favelas da cidade. "E ia ter a Copa do Mundo, e depois Olimpíadas e tal… Era uma pressão muito grande sobre o governo federal", lembra Amorim.

A Maré é um complexo de dezessete favelas onde moravam cerca de 140 mil habitantes.[4] Diferentemente das demais favelas cariocas, é plana, com apenas um pequeno morro, o do Timbau. Mas sua localização faz dela a menina dos olhos do tráfico de drogas no Rio de Janeiro. De um lado, a baía de Guanabara e a Linha Vermelha, que leva à Baixada Fluminense; do outro, a avenida Brasil cruza toda a região metropolitana e se liga à rodovia Dutra, parte da BR-116, que com seus 4,4 mil quilômetros liga o Sul ao Nordeste do país. O aeroporto internacional do Galeão fica a apenas dez minutos dali. É fácil entender como os carregamentos de armas e drogas podem passar rapidamente pelo mar, pelo ar ou pelas estradas brasileiras rumo ao seu destino, seja nacional, seja na África ou Europa. E no outro sentido também: qualquer turista, delegação de atletas ou chefe de Estado que viesse para a Copa do Mundo de 2014 ou as Olimpíadas de 2016 passaria necessariamente ao lado do complexo, que, aliás, foi coberto com painéis de acrílico adesivados com motivos olímpicos para escondê-lo da vista.

A localização é tão privilegiada que o território é dividido por quatro organizações criminosas diferentes: o Comando Vermelho (CV) controla quatro comunidades da porção central, entre o Parque Maré e o Parque União; o Terceiro Comando Puro (TCP) divide a parte mais ao sul, composta de oito comunidades, com a facção Amigos dos Amigos (ADA). Um pequeno enclave ao norte, nas comunidades de Roquete Pinto e Praia de Ramos, é controlado pela milícia.

Eu visitei a Maré umas sete vezes quando investigava as circunstâncias da ocupação. Na época, já haviam se passado quatro anos desde a saída dos militares, em 30 de junho de 2015, e a favela voltara a ser como era antes da incursão. Andando pelas vias principais, a cada dois ou três quarteirões se viam meninos muito novos portando fuzis velhos que quase arrastavam no chão, como se nada fosse, ou, diante de uma banca de frutas um jovem passava pedalando sua bicicleta com um fuzil pendurado ao lado do corpo. Certa vez, enquanto caminhava com a mãe de uma vítima dos militares, assustei-me ao ver um grupo de homens sentados em um bar de esquina portando, além de pistolas nos cinturões multiuso, granadas. Jogavam dominó. Sutilmente, ela me puxou para o outro lado da rua, demonstrando que quem convive com essa cena não necessariamente se acostuma a ela. Em outro dia, tive que segurar diversas vezes as mãos rápidas do fotógrafo que me acompanhava, um americano habituado a cobrir conflitos, para que ele não puxasse a câmera sempre que via um menino segurando um fuzil. Os moradores pedem para não tirarmos fotos na rua, mesmo que seja na frente das suas casas; só com o celular e discretamente.

Uma das áreas mais icônicas da Maré, a divisa entre as favelas da Baixa do Sapateiro e Nova Holanda é chamada de "Faixa de Gaza", assinalando claramente a divisa entre TCP e CV: as paredes das casas são crivadas de balas de variados calibres, de grandes rombos até perfurações mínimas.

No dia 31 de março de 2014, Celso Amorim assinou uma diretriz ministerial, a partir de um decreto de Dilma Rousseff que permitia o "emprego temporário e episódico de meios das Forças Armadas em ações na Garantia da Lei e da Ordem" por quatro meses no Complexo de Favelas da Maré. Determinava ao comandante do Exército que

> empregue os recursos operacionais militares necessários (pessoal e material) para atuar em ações na garantia da lei e da ordem, para a preservação da ordem pública e incolumidade das pessoas e do patrimônio, na área acima delimitada, a fim de contribuir para o restabelecimento da paz social naquela região.[5]

O decreto dava poder de polícia às Forças Armadas em uma área de dez quilômetros quadrados, autorizando os militares a fazer patrulhamentos, revistas, vistorias e prisões em flagrante para crimes comuns. A GLO foi estendida quatro vezes: até setembro de 2014, depois até dezembro, e finalmente até junho de 2015. Ao longo desse tempo, o efetivo de cerca de 2,5 mil homens — cerca de quinhentos homens do Corpo de Fuzileiros Navais da Marinha e 2 mil do Exército — era substituído a cada dois meses.

À raiz da decisão drástica de meter 2,5 mil homens armados de fuzis para patrulhar o complexo estava o fato de que, pelo seu papel estratégico para o crime, a Maré acabou acolhendo chefes do tráfico de outras favelas que já tinham passado pelo processo de "pacificação" — não só do Alemão, mas de Manguinhos, Jacarezinho, Caju e Lins. A presença dessas novas lideranças incomodava, conforme descreveu uma moradora à ONG Redes da Maré: "Nunca vi tanta cara diferente aqui na Maré. Esses meninos vieram de suas favelas, fugidos da UPP. Lá era a mesma facção daqui. Mas eles são muito diferentes. Eles ficam na nossa porta com arma e droga e nem pedem licença".[6]

A dinâmica do tráfico — e seus problemas intransponíveis — não escapava aos generais incumbidos da missão de pacificar o Complexo. O general Ronaldo Lundgren, que comandava o Centro de Operações do Exército fundado naquele mesmo ano, me explicou que as "quatro organizações criminosas atuando dentro daquele espaço têm fronteiras muito bem definidas". Diferentemente do Alemão, onde os criminosos conseguiram manter certa influência mesmo depois de os chefes se retirarem do local, na Maré eles sabiam que, se cedessem, perderiam território para as demais facções. "Inclusive durante a operação houve a tentativa de uma das facções de tomar o terreno da outra. Conseguimos detectar isso bem no começo e tomar uma medida para que isso não prosseguisse. Nesses lugares [limítrofes], quando a tropa estava ali, normalmente tinha confronto", concluiu Lundgren.[7]

Nem escapava ao general responsável por todo o planejamento da operação — da divisão do território aos gastos, da logística ao número de homens empregados — a dinâmica política. "Eu lembro bem de uma reunião que houve com o Sérgio Cabral lá no centro de coordenação da Força militar. Era claro que ele e o secretário de Segurança Pública, o Beltrame, queriam uma ação das Forças Armadas que aliviasse a segurança pública por conta da Copa. Não seria para resolver problema da segurança pública", relatou. Eles tinham consciência de que conseguiriam agir de maneira a não haver conflitos durante o evento, mas não iriam, de fato, resolver o problema.

Para planejar a operação, Lundgren diz ter estudado e aplicado as técnicas que foram utilizadas no Alemão, que, por sua vez, foram "aprendidas no Haiti". E, realmente, segundo nota oficial do Comando Militar do Leste, o processo de seleção dos militares levou em conta, além da capacidade profissional, suas "experiências adquiridas no Haiti e na Operação de Pacificação nos Complexos do Alemão e da Penha".[8]

Um dos pontos-chave, porém, segundo o general que também comandou tropas brasileiras no Caribe em 2010, simplesmente não aconteceu: o comprometimento das autoridades municipais e estaduais em trazer serviços públicos que mudassem a realidade local. Lundgren diz que o comando até tentou envolver no projeto empresas como a Comlurb, de limpeza urbana, ou a Light, por exemplo. "Muita coisa foi feita: retirada de carcaças de carro, limpeza urbana, iluminação pública... Mas a muito custo. Você chama, você fala com o chefe, a pessoa concorda, mas na prática dura um, dois dias, não há uma continuidade." A Força de Pacificação realizou doze ações "cívico-sociais" que incluíram casamentos, registros e emissão de documentos. Segundo o balanço final do Ministério da Defesa, 13 mil pessoas foram atendidas.[9]

Mas o resultado foi tão frustrante que o general, já na reserva, encampou a ideia de mudar a lei das GLOs para obrigar que fossem requeridas apenas em conjunto com o município, para assim garantir o fornecimento de alguns serviços básicos.

Durante seus catorze meses, a operação custou 1,7 milhão de reais por dia, totalizando mais de 400 milhões de reais. No final da empreitada, haviam sido efetuadas mais de 550 prisões e 550 apreensões de drogas, 58 armas e 3884 munições.[10]

A rotina mudou para os moradores. Festas na rua foram inibidas, as entradas da favela foram cercadas e estabelecidos *checkpoints*, onde os motoristas eram rotineiramente parados para mostrar seus documentos. Muitas vezes também se estabeleciam os chamados "pontos fortes", onde soldados, a pé, revistavam a todos, incluindo crianças. Segundo uma pesquisa feita com mil moradores em 2015 pela ONG Redes da Maré, 34% dos respondentes passaram por revista pessoal, 8,7% tiveram suas residências revistadas, 5,2% viram um evento comunitário com a participação dos militares. E impressionantes 21,6% testemunharam um confronto violento envolvendo militares.[11] Segundo reportagens da imprensa, um levantamento da Força de Pacificação estimou que os soldados foram atacados em média duas vezes por dia.[12]

Houve, de fato, uma redução temporária no índice de homicídios. A taxa anual caiu de 21,29 para 5,33 mortes por 100 mil habitantes em 2015.[13] Depois da saída do enorme contingente de soldados, no entanto, as mortes voltaram a subir. Em 2018, a taxa chegaria a 13,7, segundo a Redes da Maré. Além disso, a operação deixou traumas de todos os lados e terminou com o abandono completo da ideia de se implantar uma UPP na Maré.

Para o Exército, ficou marcada pelo que deu errado: 23 soldados feridos — um recorde alarmante para as Forças Armadas — e um integrante morto, o terceiro-sargento Michel Augusto Mikami, de apenas 21 anos. Ao mesmo tempo, doze das 35 mortes de civis por militares como "dano colateral" de GLOs ocorreram durante a ocupação da Maré.

Não à toa, foi se referindo à Maré que o general Eduardo Villas Bôas, um dos comandantes do Exército mais influentes desde a redemocratização, asseverou, em 5 de julho de 2017 aos deputados federais da Comissão de Relações Exteriores e de

Defesa Nacional, que o Exército não queria mais ser empregado em operações de segurança pública.

Ele esclareceu que não gostavam de participar desse tipo de operação[14] e contou sobre uma das ocasiões em que foi presenciar as atividades militares na Maré. Estava com o general Fernando Azevedo e Silva — então comandante do CML e mais tarde ministro da Defesa no governo Bolsonaro — e juntos foram acompanhar uma patrulha. "Eram onze horas da manhã ou meio-dia de um dia normal", e ele descreve que os homens que patrulhavam a rua onde transitavam mulheres e crianças estavam atentos, preocupados, muito crispados e armados: "Somos uma sociedade doente. O Exército está apontando armas para brasileiros. Isso é terrível".

A seguir, o general Villas Bôas chamou essa concepção de emprego armado de "inócua". "Nós passamos catorze meses nas favelas da Maré e, na semana seguinte à nossa saída, todo o status quo anterior tinha sido restabelecido, absolutamente todo." E por quê? "Elas [as Forças Armadas] são empregadas apenas para criar uma condição de estabilidade e segurança para que os outros braços do governo desenvolvam ações com a capacidade a que me referi." E concluiu: "Gastamos 400 milhões de reais, e devo dizer que foi um dinheiro absolutamente desperdiçado".[15]

Segundo a já citada pesquisa da Redes da Maré, 69,2% dos entrevistados afirmaram que a presença do Exército não melhorou sua sensação de segurança.[16] Desses, 22,4% disseram que a situação da segurança, na verdade, piorou. Durante a pesquisa, 9% disseram ter sido vítimas de violações de direitos humanos. Entre os tipos mais citados de violação estão a "forma de abordagem", "agressão verbal", "agressão física", "invasão de domicílio" e "discriminação".

Questionados se já tinham pedido alguma ajuda para os soldados, apenas 1,5% responderam que sim; e três em cada cinco entrevistados disseram que não se sentiam respeitados pela Força de Pacificação, demonstrando a tremenda desconfiança da população em relação aos soldados.

O ressentimento era recíproco, segundo demonstrou a única pesquisa extensiva realizada entre os soldados que participaram da ocupação, realizada pelo pesquisador Christoph Harig. Entre as missões no Haiti, Alemão e Maré, a maioria respondeu que a última foi a mais "perigosa e difícil". "As tropas geralmente percebiam os moradores das favelas do Rio — mas em particular o Complexo da Maré — muito mais hostis para com os militares do que na capital do Haiti, Porto Príncipe", escreveu Harig.[17]

Os limites das regras de engajamento — que determinam que um soldado só pode atirar se for alvejado, por exemplo — foram citados pelos militares como prejudiciais. O general Lundgren endossa essa ideia: "Como as regras de engajamento eram muito restritivas e eles [criminosos] rapidamente descobriram que a gente tinha limitações de como proceder em relação a determinadas ações, começaram a provocar mais a tropa".

Efetivamente, a Força de Pacificação da Maré foi o primeiro grande desastre do Exército em termos de segurança pública na era democrática. Ela nunca conseguiu vencer as facções locais e nem foi desenhada para isso. Lundgren é lacônico quando perguntado se tamanha empreitada valeu a pena: "Eu acho que não". Para ele, o único legado é que o recado foi dado às autoridades políticas: "Apenas empregar a tropa não dá certo".

# 8. A Justiça Militar chega à viela

"Olha o Exército! Periquito! Periquito!" E lá vinha uma pedra ou uma garrafa de cerveja vazia explodindo contra os blindados.

À medida que a Força de Pacificação da Maré foi sendo estendida — prevista para durar 120 dias, ela durou 583 —, os membros da comunidade local, ligados ao tráfico ou não, iam ficando cada vez mais revoltados com a presença dos soldados e seus *checkpoints*. Virou hábito xingá-los quando faziam a ronda noturna ou responder quando abordados pela enésima vez para uma revista. Aos olhos dos soldados, era inadmissível a insubordinação dos civis. Uma ofensa à própria honra da Força Armada mais importante do país.

Um exemplo: no dia 28 de agosto de 2014, Diogo Duarte de Lima foi abordado por militares de maneira "bruta", segundo testemunhas. Os soldados afirmam terem sido xingados pelo acusado de "zé ruela" e "cuzão". Em seguida, tentaram revistá-lo. Testemunhas dizem que ele não quis ser revistado porque já havia apresentado documentos e levantado a camisa. Já os soldados alegaram que ele resistiu durante à revista, se debatendo e agindo de forma agressiva. Diogo criticou abertamente a abordagem dos militares, relatando, inclusive, que um deles o teria ameaçado com chutes se não apoiasse as mãos na parede. Resultado: foi acusado de desacato (segundo o art. 299 do Código Penal Militar) num processo criminal que correu na Justiça Militar.

Assim como o caso de Diogo, explodiu o número de civis julgados por crimes militares, procedimento que havia ficado cada vez mais raro desde o fim da ditadura. Um levantamento que fiz com a ajuda de outra jornalista em documentos da Justiça Militar em 2019 revelou que, em uma década, 144 civis foram denunciados por crimes militares e julgados nas cortes castrenses.[1] Isso mesmo: em plena democracia, há dezenas de civis que são acusados e julgados por crimes militares no Brasil. Se contar todos os que foram detidos e acusados, mas não viraram réus, o número ultrapassa os quinhentos.

O crime mais frequente é desacato, seguido de desobediência (artigo 301) e resistência (artigo 177). As penas vão de seis meses a dois anos de prisão. Ou seja: não apenas civis foram detidos e julgados em tribunais militares, mas os crimes dos quais foram acusados são, em sua maioria, crimes de hierarquia, tendo como principal peça acusatória a palavra de soldados.

Uma vez denunciados, esses civis foram julgados pelo Conselho Permanente, que é, como já vimos, formado por quatro militares fardados e um juiz civil. Apenas em dezembro de 2018 uma lei determinou que os civis julgados nessas cortes deveriam ser sentenciados somente pelo juiz togado.

Uma análise dos números demonstra que a detenção por ofender militares foi usada sistematicamente para assustar e impor respeito em situações que se tornavam, a cada dia, mais insustentáveis, uma vez que as ocupações em favelas se prolongavam sem, de fato, aos olhos dos moradores, acabar com o crime organizado. O número dos detidos é ainda bem maior do que o daqueles que se tornaram réus. Entre 2014 e 2015, durante a ocupação da Maré, o Comando Militar do Leste chegou a anunciar 114 prisões em flagrante por desacato, desobediência e resistência, dos quais 39 viraram procedimentos na Justiça Militar.

O general Ronaldo Lundgren explica que as regras de engajamento determinavam que a tropa, quando percebesse que estava sendo desacatada, deveria refrear o contato e enquadrar a pessoa dentro de um dos crimes. "A tropa era treinada para isso. Daí vêm essas diversas ações de desacato, de desrespeito, disso e daquilo", disse ele.[2]

Diogo Duarte de Lima chegou a ser absolvido na primeira instância, mas o Ministério Público Militar entrou com uma ação para mudar a sentença e o caso foi parar no STM, que o condenou a sete meses de detenção, com benefício de sursis, uma suspensão da pena privativa de liberdade concedida quando o réu é primário e a pena, inferior a quatro anos. A ficha criminal, entretanto, fica maculada e o condenado deixa de ser réu primário.

Embora seja considerada uma ocupação menos conflitiva, as detenções por desacato também foram abundantes no Alemão, em especial no começo, segundo seu comandante, o general Adriano Pereira Júnior, para quem "a população não estava acostumada a respeitar a autoridade". Um relatório elaborado pelo Superior Tribunal Militar em 2012 mostrou que houve mais de trezentas ocorrências registradas na Delegacia de Polícia Judiciária Militar durante a ocupação,[3] sendo mais de dois terços por desacato, desobediência ou resistência. Segundo o mesmo general Adriano, o número caiu abruptamente depois dos primeiros meses.

Em alguns casos, o que havia era um choque claro de culturas entre as forças ocupantes, formada por soldados apegados à rígida disciplina do quartel, e moradores acostumados às regras imperantes nas favelas cariocas. "O sujeito queria fazer festa altas horas da noite, o vizinho reclamava, a gente ia lá e dizia que não podia fazer", relembrou o general Adriano.[4]

Foi em uma dessas noites que uma briga levou a um caso que se tornou emblemático, por inusitado, no Superior Tribunal Militar. A civil L. P. S e sua família foram abordadas às duas da madrugada pelos soldados da Força de Pacificação do Complexo do Alemão porque estavam ouvindo música alta em casa. Chegaram a abaixar o som, mas não gostaram de os soldados estarem filmando toda a ação sem seu consentimento. Pouco depois, aumentaram o volume e foram até a base da Força de Pacificação para dizer que os soldados deveriam usar "fones de ouvido para dormir". O grupo xingou os soldados e depois, "com o intuito de ridicularizar e menosprezar a tropa", a mulher mostrou a bunda para os militares. Foi presa em flagrante e liberada pouco depois.

A ação penal resultante desse episódio correu durante longos anos. A ré foi condenada, mas seus advogados recorreram ao STM, onde a decisão foi confirmada apenas em 2020. A ministra Elizabeth foi, mais uma vez, uma das poucas que votou a favor da civil. "Quando é no calor de uma discussão, numa briga entre civis e militares, normalmente eu não considero desacato porque eu acho que isso, afinal, faz parte da dialética social", explica a juíza. Quanto ao teor da provocação da civil, ela suspira: "Tanto estudo, né, fui ser doutora para poder julgar uma bobagem dessas".[5]

Se quase quinhentas pessoas tiveram um encontro com a Justiça Militar naqueles anos das Forças de Pacificação no Alemão e na Maré, muitas outras não chegaram nem perto do que pode ser chamado de justiça. Nem conheceram a porta de entrada. Há pelo menos três casos de mortes de civis na Maré que jamais foram alvo de Inquérito Policial-Militar e nunca foram sequer registradas pelo Comando Militar do Leste. Embora muitas ações militares sejam filmadas, esses vídeos jamais apareceram.

Maria Joaquina Rodrigues é uma senhora pequena, de 69 anos e aparência frágil, que usava uma saia florida e os cabelos brancos num coque no alto da cabeça quando encontrei com ela na sua casa, em uma das áreas dominadas pelo tráfico na favela. Evita lembrar-se do filho porque sempre chora. A família teme pela saúde dela, e por isso também evita falar no assassinato de Paulo Ricardo, que morreu com um tiro de fuzil na rua onde morava, em 23 de outubro de 2014. A morte não foi investigada pela Justiça Militar, e os únicos contatos da mãe com a burocracia estatal foram uma infeliz visita à 21ª Delegacia de Bonsucesso e a busca pela liberação do INSS do filho.[6]

Na casa de dois cômodos, adquirida do BNH há mais de trinta anos, Paulo dormia na sala com a mãe. Caçula, nunca casou nem teve filhos. Começou a trabalhar cedo, aos nove anos, arrumando bicicletas para ajudar em casa. Parou de estudar no sexto ano do ensino fundamental. Negro, alto, brincalhão, era conhecido na vizinhança como Malhadão. "Meu filho era muito dado aqui. Nasceu aqui. Todo mundo aqui fala bem do meu filho, que era educado, sempre respeitador, não mexe com nada de ninguém. Eu soube criar meus filhos."

Já adulto, Paulo passou a trabalhar como metalúrgico. Na carteira de trabalho, que dona Maria mostra com carinho, dá para ver o último registro, como montador na empresa Nova Safer Estruturas Metálicas. Data de admissão: 2 de julho de 2014. Salário: 1199 reais. Quatro meses antes do disparo.

"Eu perdi meu filho com 26 anos, cheio de saúde", diz a mãe. Na noite fatídica, ele tinha acabado de chegar do trabalho. "Ele tinha que cortar o cabelo, cortou o cabelo, tava todo bonitinho..." Na apertada sala da casa, com roupas amontoadas pelos cantos, dona Maria e a filha, Michele Rodrigues, contam que tudo foi muito rápido. Depois de ter jantado, Paulo saiu de casa e estava na esquina quando ocorreu uma cena muito comum naqueles dias da pacificação: meninos começaram a xingar e a atirar coisas em uma patrulha do Exército que passava. Segundo Michele, eles estavam atirando bolas de gude com um estilingue. "Quando meu irmão passou, [o Exército] acertou", diz. Depois foi tudo muito rápido. "Acho que quando cheguei, meu irmão já tava praticamente morto porque... Eu vi ele no chão, ele só chamava minha mãe. Com a mão assim [na barriga]. Furado, furado mesmo."

Quando dona Maria chegou, o filho já tinha sido levado em um carro até o Hospital de Bonsucesso. Ela diz que viu os militares ainda com as armas, em cima de um murinho. "Eu só xinguei. Falei: 'Tiraram uma vida inocente'. Aí eu desmaiei, não vi mais nada." Na UPA, dona Maria recebeu calmantes e depois veio Michele trazendo as más notícias: Paulo Ricardo chegara com vida no centro cirúrgico, mas não resistiu. "Já vi meu filho no outro dia, no caixão."

Pouco depois, ela foi chamada a prestar depoimento na 21ª Delegacia de Bonsucesso. Teve que ouvir uma mesma pergunta várias vezes: se o filho era traficante. Ficou nervosa. "Eu falei tudo, meu filho não era traficante, meu filho era trabalhador, tem a carteirinha dele assinada aí, tudo direitinho." Foi seu único contato com as autoridades responsáveis por garantir a lei e a ordem.

Um mês antes, foi a vez de Marco Aurélio Ferreira Nobre, de trinta anos. Era um sábado, dia 13 de setembro, e estava programada uma festança na rua próxima à sua casa, no bairro de Nova Holanda. Ele passou o dia ajudando a organizar a festa, comprando cerveja, trazendo as caixas de som. "Aí de noite ele veio, tomou banho, se arrumou e foi", relembra a mãe, Cláudia Ferreira Nobre.

Cláudia me recebeu na sua casa, um sobrado onde mora com as duas filhas que lhe restaram. Ela pediu que eu avisasse o dia da entrevista com antecedência, porque teria que tomar um calmante para conseguir falar sobre o filho morto. Moradora da Maré há 41 anos, disse: "Tô pedindo a Deus que me arranque desse lugar... Eu ando por aqui tudo, mas não consigo passar naquele pedaço que ele morreu. Parece que vem aquela cena tudo de novo".

Dona Cláudia foi acordada às quatro horas da manhã por um menino, sobrinho de uma vizinha, batendo na porta.

"Tia, tia!"

"Que foi?"

"Corre que o Exército tá com o Marco Aurélio lá na mão e eles tão batendo nele."

Os soldados o haviam rodeado, revistado, mas não deixaram ninguém se aproximar quando ele caiu no chão. Por isso os vizinhos foram chamar a mãe.

De camisola, Cláudia correu ao local e viu o filho caído e "espumando pela boca". "Quando falaram que a família tava vindo, eles se afastaram e botaram o jipe mais pra frente. Eu ainda ia xingar, mas pensei: 'Melhor não xingar, que é pior, né?'."

Segundo a família, os soldados não prestaram socorro, o que contraria as regras de engajamento, e eles mesmos tiveram que levar o rapaz ao hospital. "A gente foi dentro do carro com ele, chamando, chamando, sacudindo ele, mas ele já tava gelado."

Cláudia diz que uma testemunha ocular viu um soldado usando uma pistola taser contra Marco Aurélio, o que teria causado sua morte. "De madrugada eles usavam muito essas armas de choque." A família foi informada do óbito uma hora após terem chegado ao hospital. A causa foi "cardiopatia hipertrófica" – o coração estava aumentado – e água nos pulmões.

Relatos de vizinhos indicam que um dos soldados trazia um capacete com uma câmera acoplada. Mas obter esclarecimentos sobre o crime foi impossível. Os únicos registros formais que a mãe guardou foram um testemunho escrito à mão por uma vizinha[7] e um documento intitulado "Controle de danos n. 14", também preenchido à mão pelo sargento Eduardo Rabelo, às sete horas da manhã seguinte no Centro de Preparação de Oficiais da Reserva do Rio de Janeiro (CPOR), na avenida Brasil, onde ficava o comando da Força de Pacificação.

Cláudia e o irmão foram até lá com a intenção de falar com o comandante. "Como é que o Exército vem de madrugada, tira a vida dos outros, vai embora, não socorre, não fala nada. E aí?" Não foram recebidos, e sua queixa ficou eternizada numa inútil folha de papel.

A família nunca mais foi procurada pelo Exército, mas os efeitos daquela noite continuam reverberando. O filho de Marco Aurélio, Lucas, tinha apenas treze anos quando o pai morreu e morava com ele após o divórcio. "Ficou revoltado. Porque o pai era tudo pra ele. Toda vez que o Exército passava era uma perturbação, tinha que ficar sempre de olho nele. Queria jogar pedra, ovo, garrafa", descreve a avó.

Raimunda Cláudia Rocha Silva também foi ignorada pela Força de Pacificação da Maré. Comerciante, morreu durante um tiroteio que aconteceu na rua onde morava, no segundo andar do seu sobrado, na janela de onde conseguia ver a sua loja de roupas, Cláudia Modas, na calçada oposta. Quando chegou à janela para pedir à atendente para fechar a porta por causa dos tiros, foi atingida. Era tarde do dia 14 de abril de 2015, dois meses antes de o Exército deixar o Complexo de vez. O tiro a acertou do lado direito, na têmpora.

No depoimento que prestou à Polícia Civil, a vendedora Camila Santos Sales, sua funcionária, relatou que, pelo posicionamento entre os soldados do Exército e os traficantes, "o disparo partiu da direção do Exército".

A filha da vítima, Fabíola Rocha Reis, estava no trabalho, em Copacabana, quando recebeu uma ligação. Não quiseram dar a notícia pelo telefone, então disseram apenas que a mãe sofrera um acidente. "Quem estava em casa era minha irmã, que na época tinha onze anos. Minha irmã viu minha mãe caída, com aquele sangue todo, e pediu socorro. Aí subiram e viram que ela já estava morta."

A partir daquele momento, Fabíola se encarregou de tudo: chamou a Polícia Civil, entregou a irmã menor ao pai, acompanhou a perícia até as dez da noite. Demorou a desabar. Jamais foi procurada pelo Exército. "Ninguém me procurou. E na época eu tinha 25 anos. Ninguém sabe se a gente tinha renda, se a gente tinha casa, se quem sustentava a casa era minha mãe. Ninguém procurou a gente pra saber de nada. Se a minha irmã precisava de um psicólogo. Se a minha irmã precisava de alguma ajuda, de comida, de casa", me disse ela, o semblante sério, poucos minutos antes de entrar na loja onde trabalhava em Copacabana.

No mesmo dia, o comando da Ocupação emitiu uma nota em que admitia que houve confronto, mas negava envolvimento na morte. Não foi aberto um Inquérito Policial-Militar para apurar as circunstâncias; o CML diz que só tomou ciência do fato quando Fabíola ingressou na Justiça Civil com um pedido de reparação contra a União, "quase três anos após o óbito, objetivando indenização". Nesse meio-tempo, teve que assumir a guarda da irmã e largar o trabalho para cuidar dela. A investigação policial que corria na Delegacia de Homicídios não deu em nada. Ela resume: "Você fica meio desacreditada".

Antes da ocupação da Maré, Fabíola tinha respeito pelas Forças Armadas. Agora, considera-as "despreparadas". Acredita que "são garotos de dezoito a 24 anos, que se alistaram agora, que não tiveram um curso de tiro, não tiveram um preparo". Longe, diz ela, do que imaginava sobre o tal poderio das Forças Armadas brasileiras. "Se você pegar o nosso Exército aqui e mandar lá para uma guerra da Síria, do Afeganistão, morre todo mundo. Acho que no primeiro dia."

Eu entrei na Maré pelas mãos da ONG Redes da Maré em um momento bastante especial. Era 2018, e os moradores da comunidade estavam planejando realizar um tribunal popular para julgar, simbolicamente, os casos de abusos de autoridade, violência e morte que ocorreram durante a ocupação do Exército. Outras favelas pretendiam fazer o mesmo, recontando também histórias de violência policial, mas os ativistas da Maré acharam por bem focar nos casos do Exército. Eu disse para as ativistas que adoraria ir às reuniões e que as reportagens que eu publicaria poderiam servir de insumo a esse tribunal, já que eu tentaria obter o maior número possível de detalhes sobre cada uma das mortes para minha investigação.

A Redes da Maré, logo percebi, é um dos poucos pontos de referência a que os moradores podem recorrer quando sentem que há uma injustiça em curso e eles não sabem o que fazer. A falta de acesso à Justiça é uma realidade para quem vive na favela; se o crime foi cometido por um policial, tanto pior. Se for pelo Exército, então, o caminho para a Justiça é intransponível, pois as tropas desaparecem após a operação — em geral, voltam para suas cidades de origem, Brasil afora. Muitas vezes, quem consegue reunir elementos para esclarecer os crimes são os próprios familiares, mais comumente as mães, que dedicam a vida que lhes resta a esclarecer a causa da morte dos filhos. Essas pessoas fazem uso dos poucos recursos que têm à mão: ativistas que se reúnem em torno de ONGs como a Redes da Maré, alguém que conheça um advogado ou que saiba como chegar até a Defensoria Pública.

Logo na primeira reunião de que participei, percebi como é importante essa rede de apoio de mães. O encontro aconteceu em uma sala fechada, na sede da ONG, em volta de uma grande mesa cinzenta. Éramos apenas mulheres ali. Fiquei sabendo então de quatro ou cinco casos de mortes causadas por ações militares e decidi investigar. Mas daí a ter elementos concretos para publicar vai chão.

As mães e irmãs tinham medo, muitas tiveram que pensar durante semanas se aceitariam dar uma entrevista gravada, e havia as que não tinham registros do que ocorrera, apenas a história que me contavam. Embora a injustiça e a falta de esclarecimentos sobre essas mortes fossem doloridas, poucas sabiam quais eram os seus direitos ou os instrumentos que tinham à disposição. Palavras como "Ministério Público", "Defensoria Pública", "Inquérito Policial-Militar" lhes eram totalmente desconhecidas. Em alguns casos, em meio aos conflitos entre a Justiça Civil e a Militar, os familiares são jogados de uma delegacia a outra até cansarem. Em outros, mesmo que haja um inquérito em andamento, a coisa simplesmente estanca. São poucos os que chegam de fato à Justiça Militar. É por isso que, invariavelmente, a única possibilidade de alguma justiça só pode ser alcançada por vias tortas. Familiares de vítimas do Exército acabam acorrendo à Justiça Civil para pedir reparação por danos morais.

Um dos escritórios mais famosos do Rio de Janeiro com atuação nessa área é o de João Tancredo, que assume ações de flagrantes violações de direitos humanos, incluindo os casos de Amarildo,[8] Marielle Franco e Evaldo Rosa. Tancredo me explicou que o escritório busca sempre uma punição exemplar, milionária, para inibir novos casos semelhantes. Mas o maior legado da atuação dos seus advogados é o esclarecimento dos crimes. "O que nos interessa na Justiça Criminal é a documentação que gerou o caso: o que aconteceu", diz Tancredo. Ele explica que, quando a Justiça Criminal não anda, um processo na Justiça Civil funciona até mesmo para trazer à tona mais detalhes do ocorrido, já que se podem arrolar testemunhas e pedir a produção de outras provas. "De posse da documentação mostrando o que aparentemente aconteceu, a gente faz a ação indenizatória."

Com frequência, é apenas a busca por justiça que dá um novo sentido à vida dessas famílias, livrando-as do que a mãe de Luciano Macedo definiu como "se acabar aos poucos". Quem convenceu a frágil Maria Joaquina Rodrigues, mãe de Malhadão, a conversar comigo foi outra mãe da Maré, Irone Santiago, uma mulher admirável que, durante os meses em que se articulava o julgamento popular sobre as mortes da Pacificação, passou de porta em porta para incentivar outras mulheres — mães de vítimas do Exército como ela — a denunciar o que lhes aconteceu. Eu a vi segurar a mão de Maria Joaquina, olhar nos olhos dela, ambas chorando, e dizer: "Vamos buscar justiça, dona Maria. Eu te ajudo".

Nenhuma das duas viu justiça.

E, como acontece com muitos projetos semelhantes, o Tribunal Popular da Maré nunca aconteceu. Mas o caso do filho de dona Irone foi um dos poucos que, graças ao empenho da mãe, pelo menos ganhou destaque em todos os jornais do país e expôs a Justiça Militar pelo que ela é: uma Justiça injusta.

# 9. Legítima defesa imaginária

Adriano da Silva Bezerra foi preso por desobedecer os militares durante a Força de Pacificação da Maré. Na primeira e única noite que passou em Bangu, em 13 de fevereiro de 2015, o vendedor de coco mal conseguiu dormir. O braço, enfaixado, doía muito, e ele não tinha uma cama para descansar. Mesmo quando outro rapaz na cela cedeu um colchão para o novato se deitar por algumas horas, ele só cochilou: foi acordado por uma barata andando pelo seu corpo.

Ele fora levado direto do Hospital Getúlio Vargas, na zona norte do Rio de Janeiro, para uma delegacia pelos soldados que o acusavam de tentativa de homicídio e desobediência. A razão: os soldados diziam que, durante a ocupação da Maré pelo Exército, Adriano, dirigindo seu Palio branco, não obedecera à ordem de parada dos soldados e, além disso, teria jogado o automóvel contra eles. Ele e os quatro passageiros foram baleados por seis tiros de fuzil. O que acertou seu braço foi um estilhaço de bala 7,62.

Adriano saiu de Bangu no dia seguinte, mas seu périplo pela Justiça Militar ainda duraria quatro anos. O MPM rejeitou a acusação de que, desarmado, teria tentado atropelar os soldados, mas denunciou-o por desobediência. Adriano passou quatro anos entre idas e vindas à 4ª Auditoria da 1ª Circunscrição Judiciária Militar, na Ilha do Governador. Só foi inocentado em março de 2019 porque o crime prescreveu. "Eu vou falar pra você, eu tava angustiado com isso. Pensava todo dia nisso", ele me disse, aliviado, ao telefone, quando contei sobre a prescrição. Sua advogada não o tinha informado.

Depois do ocorrido, ele mudou-se da Maré e do Rio de Janeiro.

O evento que levou a todo esse périplo deixou uma mancha e tanto na imagem do Exército e da própria Justiça Militar, que inocentou o autor dos tiros por entender que este agira em "legítima defesa imaginária".

Tudo começou na madrugada de 12 de fevereiro de 2015, uma quinta-feira, por volta das duas e meia da madrugada, quando cinco amigos voltavam para casa depois de assistir ao jogo do Campeonato Carioca entre Flamengo e Cabofriense, uma goleada: 5 a 1. Todos eram flamenguistas.

Adriano era o motorista. Vitor Santiago Borges, então com 29 anos, estava no banco de trás. Fazia um curso de segurança no trabalho para dar um "up" na carreira e estava curtindo a folga; na sexta ia dar praia, e ele ia levar a filha de três anos para um banho de mar. O clima era de festa, era antevéspera de Carnaval. Além deles, Pablo Inácio da Rocha Filho, de 27 anos, sargento da Aeronáutica, nascido e crescido na Maré, mas que servia em Manaus, estava no carro, e outros dois amigos. Vitor se lembra que "o Carnaval começava sexta-feira, ninguém tinha nada pra fazer, a gente foi beber em outro lugar".

Assim que entraram na comunidade, na Vila do João, os amigos cruzaram com um *checkpoint*. Os soldados pararam o carro para uma revista e pediram que levantassem as blusas, segundo o depoimento de todos os ocupantes do Palio que eu li nos autos do processo. Depois eles seguiram viagem em direção a outro bairro, Salsa e Merengue, também na Maré. Vitor se lembra que "quinze minutos depois, já dentro da comunidade, começamos a ouvir barulho de tiro. Não sabia se era para o alto, não sabia se era bandido trocando tiro com Exército, não sabia o que era. A gente só descobriu que o tiro era com a gente no carro porque eu recebi o primeiro tiro, na costela, aqui atrás". Vitor, consciente, percebeu na hora que ficara paraplégico. "Não senti mais nada da barriga pra baixo." Adriano parou o carro e, segundo Vitor, foi apenas nesse momento que viram os soldados.

Os doze militares dizem que estavam montando um *checkpoint*, que teria cones e três viaturas Marruá claramente visíveis, mas não conseguiram terminar a tarefa porque foram atingidos por tiros de traficantes. Foi quando viram o Palio entrar na rua. Alguns afirmam terem dado ordens de parada, e um deles garante que deu um tiro de advertência, de bala de borracha.

A seguir, o cabo Diego Neitzke, de 23 anos, desferiu com seu fuzil pelo menos quatro tiros contra o carro, de acordo com a perícia. Foram seis tiros no total. Pela força do armamento, todas as balas se desfizeram em estilhaços, atingindo outras partes do carro e os passageiros. Dois dos tiros foram dados quando o militar estava à frente do carro, atingindo as portas dianteira e traseira do lado direito, acima da maçaneta. Os demais tiros seguiram quando o carro, em movimento, já estava um pouco à frente do militar: outro tiro no meio da porta traseira direita, um tiro próximo ao teto do veículo, um contra a roda dianteira e um sexto perfurou o vidro traseiro.

Vitor, que estava bem do lado direito, no banco de trás, recebeu dois desses projéteis. O primeiro atingiu as vértebras T4 e T5 e invadiu a medula, causando paraplegia instantânea; o segundo atravessou as pernas, atingindo os fêmures direito e esquerdo — causando fratura exposta — e rompendo a artéria poplítea, o que causou uma gangrena. Os ferimentos geraram outros males: bloqueio e sangue nos pulmões (hemopneumotórax), insuficiência renal, lesão de esôfago, bexiga neurogênica e incontinência na evacuação.

Quando os colegas desceram, Vitor não conseguia se mexer. Eles dizem que foram agredidos pelos soldados. Vitor se lembra que "tinha um soldado, ele apontava a arma pra mim e me xingava de tudo que é nome. De 'filha da puta' pra baixo. Eu falava que não tava conseguindo me mexer, que eu tinha perdido o movimento das pernas, eles me mandavam me foder". Desmaiou e acordou do lado de fora do veículo, com a cabeça doendo por conta de uma coronhada, da qual ainda tem a marca na parte de trás da cabeça — ele me mostrou essa marca quando estive na sua casa, na Maré. As agressões só pararam quando o sargento Pablo conseguiu apresentar sua credencial da Aeronáutica.

Os soldados não chamaram uma ambulância de emergência nem a perícia para verificar o local do crime. Em vez disso, carregaram Vitor até um tanque blindado do Exército, que o levou para a Unidade de Pronto Atendimento (UPA) mais próxima. Dali, foi encaminhado para o Hospital Getúlio Vargas. Chegou à emergência quase morto.

Quanto aos demais amigos, ficaram sob a guarda dos militares até as oito da noite. Foram levados para contêineres de metal dentro do CPOR. Ali foram interrogados sem direito a contato com familiares ou a um advogado. Imediatamente instaurou-se um Inquérito Policial-Militar.

Nele, durante quase um ano, Adriano foi o único investigado. O IPM apontava contra ele os crimes já descritos, e contra o cabo que atirou, nada. Apenas em dezembro de 2016 o MPM decidiu inquirir o cabo Diego sobre o ocorrido. Isso foi resultado da persistência da mãe de Vitor, Irone Santiago, que "começou a andar" ainda enquanto o filho estava no hospital, como veremos depois. "Foi aí que minha luta começou."

Diego Neitzke virou réu em dezembro de 2016 por tentativa de homicídio de Vitor e lesão corporal leve privilegiada aos demais ocupantes do carro. Ao longo do processo, compareceu às audiências virtualmente, via videolink, por continuar servindo no 9º Batalhão de Infantaria Motorizado, em Pelotas, no Rio Grande do Sul, para onde seu pelotão voltou após dois meses na Força de Pacificação. "Todas as regras de engajamento, e a primeira era ordem verbal, foram feitas, depois uso de armamento não letal foi feito. Como era o último recurso que eu tinha, eu não tinha nenhum armamento não letal, eu tive que realizar os disparos", argumentou Diego durante o processo. "O Complexo da Maré foi minha primeira missão de participação", completou o jovem militar.

Na manhã seguinte ao fuzilamento, o Exército já tinha emitido uma nota corroborando a versão do cabo.

A Força de Pacificação da Maré informa que, no dia 12 de fevereiro, por volta 03:00 horas, durante patrulhamento na região de Salsa e Merengue, houve troca de tiros entre criminosos e tropas do Exército. Durante o incidente, um veículo em alta velocidade entrou na área conflagrada e recebeu orientação de parar. O veículo não interrompeu seu deslocamento e por isso foram efetuados disparos de armamento menos letal na direção deste, na tentativa de que o condutor interrompesse a atitude suspeita. Em acordo com as regras de engajamento, observando os princípios da proporcionalidade e a progressividade das ações, e visando cessar a atitude suspeita que ameaçava a integridade física de dois militares da tropa que estavam na trajetória do veículo, foram realizados quatro disparos de armamento letal.[1]

O auto de prisão de Adriano, feito pelos militares na manhã do dia 12 de fevereiro, traz o depoimento de dez soldados como "testemunhas". Os quatro civis foram ouvidos na qualidade de "conduzidos" — ou seja, estavam sob a custódia dos militares. Vitor estava no hospital.

Os amigos reiteraram, ao longo de todo o processo, que não havia soldados na via nem houve sinal de parada antes dos tiros. "Freei quando fui baleado", diz Adriano. "Parei o veículo, vi que os militares saíram de dentro de uma casa e me puxaram para fora do carro, mandando deitar no chão. Aí um soldado deu uma coronhada na parte de trás da minha cabeça, depois me colocou dentro do carro e levou pra UPA."

O depoimento do sargento Pablo vai na mesma linha — ele afirma que a primeira coisa que ouviu foram os tiros, vindos por trás do veículo, e só depois apareceram os militares. E encerra com indignação: "[Pedi] pra constar nesse depoimento a forma como foi realizada a abordagem pela tropa, o descaso após o acidente, que o pessoal que providenciou a remoção dos feridos para a UPA não foi o mesmo que realizou a abordagem, que não havia identificação dos militares no fardamento".

Mas um dos depoimentos dos civis feito naquela tarde destoa completamente dos demais. Trata-se do primo de Pablo, Allan da Silva. O depoimento tomado no CPOR e assinado por ele repete quatro vezes que ele viu, sim, uma ordem de parada. "Viu que a tropa estava no local, sendo que tinham militares a pé, além de blindado e jipe. Foi quando viu que os militares fizeram sinal de parada e solicitaram verbalmente que parasse o veículo", diz o documento. "Foi-lhe perguntado se ouviu a ordem de parada do veículo e disse que sim, ouviu claramente."[2]

Só que o depoimento não condiz com a verdade, segundo declarou o próprio Allan diante do juiz federal Sérgio Bocayuva Tavares de Oliveira Dias, da 5ª Vara Federal do Rio de Janeiro, em 23 de novembro de 2016, durante uma audiência em um processo movido pela família de Vitor contra a União, representado pelo escritório de Tancredo, na esfera cível. "Antes de depor, o declarante ficou trancado dentro de um contêiner por cerca de cinco horas; que o depoente assinou o documento que lhe foi apresentado mas não leu o documento." A assinatura aconteceu ainda dentro do contêiner. "O depoente não teve oportunidade de ligar para alguém da família ou para o advogado", conclui.

O testemunho de 2016 ocorreu em um ambiente muito diferente do primeiro, naquele contêiner do CPOR. Allan falou em uma corte civil, acompanhado por advogados. Não falou como acusado nem como interessado: fora chamado como testemunha em um processo civil de reparação contra a União.

Quando chegou ao hospital, Vitor passou por oito horas de cirurgia e ficou em coma por mais uma semana. Quando acordou, teve de compreender a gravidade da gangrena na sua perna esquerda e assinar um termo autorizando a amputação, na altura da coxa. Sofreu, ainda, um bloqueio no pulmão que o levaria a uma terceira cirurgia. Ficaria internado por 98 dias seguidos. Por ter ficado imobilizado por tanto tempo, acabou contraindo uma escara nas costas: uma ferida aberta, que não fecha nunca, do tamanho de um punho cerrado. A ferida ficou aberta por três anos, até que Vitor teve que se submeter a outra cirurgia no hospital do Exército.

Quando saiu do hospital, Vitor voltou para a casa onde morava com a mãe, Irone Santiago. É uma casa autoconstruída de três andares, onde ele morava no segundo, com acesso por meio de uma estreita e íngreme escada. Ela não construiu a casa "pensando que eu ia receber uma pessoa sem perna, que eles iam entregar o meu filho da maneira que eles me entregaram", diz a mãe. Vitor teve de aprender a viver de novo. "Eu fazia de tudo: andava de skate, praticava esporte, tava em roda de samba, show, levava minha filha pra passear todo fim de semana, pra shopping, cinema, praia... Hoje eu sou um cara com uma filha pequena que não posso ensinar a andar de bicicleta, não posso colocar minha filha nas costas", diz.

Sem nenhuma informação clara sobre a investigação criminal — o IPM estava em andamento, mas a família nunca foi ouvida —, Irone foi buscar, primeiro, o Ministério Público Estadual. "Eu fui aconselhada a ir para o Ministério Público. [...] Fui pra Secretaria de Direitos Humanos do MP, que de humano não tem nada. Mandaram eu voltar em um mês. Eu voltei. Fui com uma amiga de Vitor, do corpo de dança que ele fazia parte na Maré. Aí lá falaram que o caso de Vitor estava na Polícia Federal." Então, ela foi até a Polícia Federal.

Integrantes ativos da Comissão de Direitos Humanos da Assembleia Legislativa do Rio de Janeiro (Alerj) conversaram diversas vezes com ela e o filho — entre eles a vereadora Marielle Franco (Psol), que também era da Maré e foi assassinada em março de 2018. Na sequência, Irone foi alertada por uma jornalista que trabalhava no site independente Ponte Jornalismo, especializado em segurança pública. "Ela me manda uma informação de que o caso dele estava tramitando na Presidente Vargas. No outro dia fui no Ministéro Público do Exército, lá na Presidente Vargas. A pessoa que nos atendeu não foi nada cortês. Ele falou que a gente era conivente com o tráfico. Eu falei que não, comecei a chorar, e falei que a gente não era conivente com nada, a gente era 'convivente'. Porque a gente é obrigado a conviver. Se o Estado fizesse seu papel, que é garantir segurança pública...", diz, revoltada. "Porque você paga. As balas que meu filho levou, eu paguei por elas. Eu paguei por essas balas."

No dia em que conseguiu ser atendida pelo Ministério Público Militar, Irone ficou em choque quando finalmente uma servidora ajudou-a a localizar o processo. "Por incrível que pareça, sabe o que constava? Não constava meu filho como vítima. Constava como testemunha. Como que meu filho não era vítima? Ficou no estado que ficou, amputado, paraplégico? Como?", pergunta.

A jornalista da Ponte Jornalismo publicou a história um ano depois do ocorrido, que viralizou nas redes.[3] Foi quando o escritório de João Tancredo a procurou para representar a família. Apenas após a provocação desse renomado escritório de advocacia a Justiça Militar incluiu o soldado que atirou como réu no processo, ao lado de Adriano.

No aniversário de um ano do ocorrido, João Tancredo entrou na 5ª Vara Federal com um pedido de indenização a Vitor e sua família. Ele conseguiu requerer mais informações à Justiça Militar, como um exame de corpo de delito em Vitor, que jamais havia sido pedido. A Justiça Civil deu ganho de causa a Vitor em agosto de 2018 e obrigou o Exército a prover mensalmente os materiais essenciais para seu tratamento cotidiano: fraldas descartáveis, coletores de urina, seringas, luvas cirúrgicas, sonda, gaze, colchão adaptado e uma cadeira de rodas. O juiz condenou a União a pagar uma reparação no valor de 950 mil reais, mais uma casa adaptada. "Qualquer reação em legítima defesa precisa guardar a proporção estritamente necessária para repelir injusta agressão", escreveu o juiz. "As provas mostram que não houve moderação alguma."

A União recorreu. Quando chegou o veredicto, Irone estava se recuperando de um aneurisma cerebral, segundo a família pelo estresse gerado na busca por justiça.

Na Justiça Militar, reconhecida pela sua celeridade, o processo caminhou lentamente. O julgamento aconteceu apenas em 2020. Por conta da demora, não foi só o crime de Adriano que prescreveu. Todas as acusações de lesão corporal por parte dos militares perderam sua validade.

O processo foi conduzido pela juíza Marilena da Silva Bittencourt, simpática, de cabelos grisalhos curtos, óculos meia-lua e roupas florais debaixo da toga negra. Ela tinha nas mãos um caso que poderia, pela primeira vez, condenar um soldado das Forças Armadas que atirou em civis desarmados durante uma GLO. Mas não foi o que ocorreu.

Uma reviravolta no caso aconteceu antes mesmo do julgamento. O Ministério Público Militar, órgão responsável pela acusação, pediu a absolvição do réu com base na legítima defesa putativa — ou, como explicou o promotor nas alegações finais, "legítima defesa imaginária".

Apesar de reconhecer a "brutalidade do episódio", o promotor Otávio Bravo entendeu que o militar agiu com a "percepção equivocada" de que estava amparado por excludente de ilicitude. "O que se observa, nos presentes autos, é uma evidente situação de legítima defesa putativa (imaginária), na qual o militar envolvido na operação que resultou nos gravíssimos ferimentos nas vítimas supunha estar disparando contra um veículo de criminosos que estariam na iminência de entrar em confronto com os componentes da patrulha da qual fazia parte", escreveu.[4]

Embora seja razoável exigir da tropa militar "maior cautela [...] na produção de disparos numa via pública", o promotor ressalvava que "não se ignora a situação crítica de violência e o permanente estado de confronto de algumas regiões do Rio de Janeiro". Poderia ser diferente caso estivessem em um "ambiente favorável", escreveu. Mas, por atuarem nas ruas, em situação de risco e tensão, a avaliação da conduta militar "não pode estar submetida a 'padrões irreais' e 'parâmetros cartesianos'". Fora, portanto, um "erro de fato plenamente escusável pelas circunstâncias".

O promotor dava voz a um tipo de visão homogênea entre os membros da Justiça Militar da 1ª Circunscrição que frequentei por meses a fio, no predinho cinzento de frente para o mar, na Ilha do Governador. As temidas auditorias militares, que ficaram conhecidas durante a ditadura por julgar sem piedade quem se opusesse ao regime, ainda funcionam normalmente, em horário comercial, das 10 às 17 horas, repletas de prestativos funcionários públicos civis, com seus paletós, gravatas e tailleurs. O que se vê ali, no entanto, é uma indisfarçada complacência com os jovens militares. As secretárias, quando perguntadas sobre esse ou aquele caso em que um soldado é acusado de matar um civil, referem-se sempre a eles como "os meninos". Um dos juízes togados, em uma rápida conversa de corredor, justificou assim sua escolha pela Justiça Militar em vez da Justiça Criminal comum: "Aqui é bom para quem gosta de casos criminais, mas não gosta de lidar com bandidos, sabe?". Uma das servidoras da 4ª Auditoria resumiu o sentimento que me parece generalizado ali, o de compadecimento com os militares: "Você pega um menino de dezoito anos, tira da família dele e ele volta como um assassino".

Mas a verdade é que, ao contrário do que alegou o procurador Otávio Bravo, não existe e jamais existirá um "ambiente favorável" para esses "meninos" atuarem nas favelas cariocas. Afinal, os soldados só são chamados quando a situação está tão conflagrada que o próprio governo estadual pede apoio ao presidente. Seu questionamento, portanto, é apenas retórico. E a conclusão condenatória, seja por erro seja por dolo, é, portanto, impossível. É assim que a Justiça Militar demonstra, no miúdo, sua incapacidade de se contrapor à lógica paramilitarizada e territorial da segurança à qual está submetida mais da metade da população carioca.[5]

No dia do julgamento, em 18 de fevereiro de 2020, o promotor Otávio Bravo tomou a maior parte do tempo explicando sua posição. Estava na defensiva. A reportagem que eu fiz para a Agência Pública[6] sobre o caso viralizou e levou até mesmo a cartunista Laerte a fazer uma charge satirizando a expressão "legítima defesa imaginária". Durante a exposição, Bravo se dirigiu diversas vezes a Vitor Santiago, que estava na plateia, na sua cadeira de rodas, ao lado de Irone. (Ela saiu no meio da audiência, aos prantos, dizendo que "não é imaginário o que fizeram com meu filho".)

"Eu deixo claro: o que esse rapaz passou, passa ou passará em razão desse evento, eu não tenho condições de avaliar", afirmou. "Não há como fazer justiça absoluta nesse caso. Alguém se sentirá desamparado, seja qualquer decisão que for tomada. Esse caso é uma tragédia e me lembra Sófocles, que tem uma passagem que diz que 'há tempos em que até a justiça causa sofrimento'."

Entretanto, seguiu o promotor, condenar o cabo Neitzke seria "jogar o peso" apenas nele. "O que aconteceu efetivamente nesse caso? O Estado, o governo federal, foi a Pelotas, no Rio Grande do Sul, a 260 quilômetros ao sul de Porto Alegre, pinçou o acusado com 21 anos de idade, botou na mão dele um fuzil 7,62, jogou ele no Complexo da Maré, e falou: 'Você vai trocar tiro com traficante'. Colocou ele lá sem treinamento adequado, ele não é treinado para isso. O treinamento militar é completamente diferente do treinamento policial, o militar é treinado para a guerra."

Na lógica de Bravo, pedir a condenação do cabo significaria concordar com uma política de segurança pública "irresponsável", "leviana" e "inconsequente". O promotor ainda ressaltou que não tinha "nenhuma crítica ao Exército, porque o Exército está lá cumprindo ordem".

Como o Ministério Público Militar havia pedido a absolvição, o julgamento tornou-se uma discussão sobre como o cabo seria inocentado. A Advocacia-Geral da União, que defendeu o réu, alegou que o cabo era inocente e pediu que o réu fosse absolvido por "estrito cumprimento do dever legal". O Conselho Permanente de Justiça, formado por quatro militares e a juíza, votou pela versão do promotor. Inocentaram o cabo por legítima defesa imaginária.

Ao encerrar a sessão, a juíza Marilena da Silva Bittencourt lamentou "a tragédia que ocorreu", mas reiterou que "nem sempre a justiça se faz para todo mundo". Saiu rapidamente da corte, sem dar trela aos jornalistas ali presentes. Ficaram Irone, indignada, e Vitor, calmo como sempre.

# 10. Missão dada, missão cumprida

Quando entrevistei William Carlos Teixeira, ele tinha 27 anos e havia três deixara o posto de cabo temporário do Exército. Criado em Hortolândia, cidade do interior de São Paulo com cerca de 235 mil habitantes, filho de um vigilante noturno e uma cozinheira, William nunca tinha saído do país quando foi para o Haiti e, pela primeira vez, percebeu que a realidade "não era só o que eu vivia". Durante seis meses integrou a Minustah e estava maravilhado com a potencialidade do Exército brasileiro e sua própria capacidade de ajudar os outros. "Eu tenho ótimas lembranças do Haiti", disse. A missão "foi um aprendizado que abriu minha cabeça para o mundo". Viu a fome de perto. "Você faz uma distribuição de cesta básica, de comida, se veste de palhaço para fazer a alegria da criançada, bota uma bola para os haitianinhos jogarem. Dá uma melhorada na vida daquelas pessoas, que não têm nem o que comer."[1]

Aquela foi a primeira vez que William sentiu orgulho do Brasil. Nem antes nem depois daquela experiência sentiu o mesmo, uma vez que, aos seus olhos, os militares não são valorizados no país. Entre seus pares da corporação, ao menos, havia um profundo respeito ao batalhão ao qual ele pertencia: o 28º Batalhão de Infantaria Leve (BIL),[2] em Campinas, especializado em treinamento para operações de Garantia da Lei e da Ordem.

O Monumento do Combatente Urbano — com a silhueta de cinco soldados portando fuzis e edifícios ao fundo — fica no pátio do 28º BIL, que é hoje um dos batalhões mais atuantes do país. Todos os anos, em suas instalações, cerca de mil soldados, cabos e tenentes passam por cinco semanas de instrução, totalizando 312 horas/aula.

Dentro do batalhão há o Centro de Instrução de Operações de Garantia da Lei e da Ordem (CIOpGLO), com a própria cidade cenográfica, que inclui a réplica de uma favela, onde soldados aprendem a invadir barracos, fazer patrulhamentos em vielas e instalar *checkpoints* em vias de acesso. Segundo o Exército, o treinamento inclui lições sobre a ética profissional militar com ênfase em direitos humanos, gerenciamento de crise, negociação, controle de área, tecnologia não letal, combate em recinto confinado e primeiros socorros.[3]

Alto, forte, loiro, com barba longa e pinta de motoqueiro, William foi enviado diretamente para o 28º BIL assim que fez seu alistamento obrigatório: "Eu tinha o porte, né?", lembra. Até então, só tinha como referência os filmes do Rambo que o pai gostava de assistir, e por isso achou que talvez fosse uma boa ideia servir no Exército.

Já na sua primeira missão, na Força de Pacificação do Alemão, no início de 2012, entendeu o que significava fazer parte do 28º BIL. Ficou na favela por três meses e relatou que ali "a gente ia até o fim. Metia o pé na porta, subia, corria, pulava. A gente fazia o serviço que era pra fazer". Segundo ele, apreendiam drogas, armas, radiotransmissores, o que encontrassem. "A gente limpava nossa área porque a gente era o 28º BIL, a gente não podia fazer menos. Qualquer soldado que entrava lá enchia o peito e fazia o serviço dele."

Mesmo que não veja solução para a situação do crime no Rio de Janeiro, ele acredita que, quando sua tropa estava na área, empreendiam uma melhora — ainda que temporária — no local. Conseguiam pelo menos diminuir o montante de dinheiro e armas que iam para o tráfico, embora admita que, na prática, o tráfico se mudava para o outro lado da favela quando eles chegavam."Com o 28 é pau e é pedra", repete orgulhoso.

Quando foi chamado para integrar a Força de Pacificação da Maré, William acreditava que a missão seria semelhante à do Alemão. Mas a guerra constante entre os diferentes grupos de traficantes envenenava o ambiente. "Essa missão foi uma bosta porque, se eu pudesse, não lembrava dela, entendeu? Você não tá pensando em nada, e vem à cabeça", me disse ao telefone. "No Alemão havia confronto, mas era tiro pra você não chegar [até os criminosos]. Na Maré, era tiro em nós mesmo."

As chamadas zonas "vermelhas", em especial, eram locais onde se sabia que haveria confronto entre gangues ou reuniões do comando. Por isso, William diz que, diferentemente do Alemão, não havia restrições ao uso de armas de fogo pelos soldados: "Atirou em nós, pode descer o cacete. Porque atirou na tropa, já era, ninguém vai ficar respondendo, ninguém vai ficar sentando em banco[de tribunal] nenhum, não". Nesse contexto, ele avalia que deixou muitos feridos: "Dizer que matei, não posso falar, não, mas a gente deixou muita pessoa ferida lá". Ainda assim, ele tem certeza de que jamais acertou um "cidadão de bem".

Foi para uma área vermelha que o pelotão de William se dirigiu, a pé, por volta do meio-dia de 28 de novembro de 2014.

Como de costume, naquela sexta-feira o gerente-geral do Terceiro Comando Puro realizava uma reunião com os gerentes locais do tráfico na Vila dos Pinheiros.[4] A reunião acontecia num entroncamento entre ruas, possibilitando uma fuga rápida em diferentes direções, caso fosse necessário. E a segurança do local ainda era garantida por diversos olheiros que se comunicavam por radiotransmissores.

Quando o comando do TCP soube, pelos olheiros, que um pelotão do Exército se aproximava, resolveu, em vez de fugir, emboscar os soldados. "Tipo Assim", "Boldinho", "Travessão", Thiago da Silva Folly, o "TH", e "Red Bull" subiram em lajes no cruzamento da Via C 10 com a Via 81 e miraram os militares fardados. Em instantes, sentaram fogo. O primeiro disparo atingiu o crânio do cabo Michel Augusto Mikami, de 21 anos. A bala de calibre 7,62 × 39 mm era, segundo o Inquérito Policial-Militar, proveniente de um fuzil AK-47 de origem russa. Atravessou o capacete e causou óbito imediato. Michel estava carregando uma pistola de elastômero, armamento menos letal.

"Eu estava na frente dele", relembra William, a voz trêmula ao telefone. "Foi uma bosta porque eu perdi um soldado. Eu era o cabo dele." Embora Michel Mikami também fosse cabo, ele era recém-formado e estava na missão como soldado, portanto subalterno a William pela antiguidade no quartel.

Após o homicídio, o pelotão "realizou as ações táticas de resposta à emboscada, respondendo o fogo do Apop, e providenciou a evacuação do militar atingido, que veio a falecer", segundo a denúncia do Ministério Público Militar.

Primeiro militar do Exército a morrer em uma operação de GLO, o cabo Mikami recebeu um enterro com honrarias dignas de herói de guerra. Seus colegas de farda mais próximos foram enviados de avião junto ao corpo até Vinhedo (SP), sua terra natal, onde o sepultamento foi antecedido por uma salva de três tiros, um toque de corneta e a entrega da bandeira nacional por oficiais para a sua família. O comandante militar do Sudeste, o general de Exército João Camilo Campos, estava presente. Em solidariedade, a então presidente Dilma Rousseff publicou uma nota relembrando que Mikami "morreu no cumprimento do dever, na missão de pacificação empreendida pelo Exército brasileiro".

O Ministério Público Militar investigou e denunciou os seis autores do homicídio. Um morreu durante o inquérito, os outros cinco ficaram foragidos, entre eles Thiago da Silva Folly, o "TH", chefe do Terceiro Comando Puro na Maré. Os acusados foram absolvidos por falta de provas, e o Ministério Público Militar recorreu em julho de 2020.

William Teixeira não chegou a concluir a missão. Foi enviado para Vinhedo junto ao corpo do seu cabo. Durante os anos remanescentes no Exército, nunca mais foi chamado para outra operação militar. Não recebeu — assim como nenhum dos soldados próximos a Mikami — apoio psicológico da Força. "Eu sonho até hoje com isso", descreve.

A única "conversa" a que teve direito foi organizada ainda antes de embarcarem, na base da Força de Pacificação. "Juntaram nós na quadra. De tardezinha, [o comandante] falou umas horas com a gente, todo mundo junto. E já era. Nunca mais falei com ninguém, nunca mais ninguém chegou, falou: 'Ó, se alguém precisar de uma ajuda, cê pode procurar tal pessoa que a gente vai estar auxiliando'. Nada, nada, nada."

William não é o único dos soldados que participaram daquela missão que parece apresentar indícios de estresse pós-traumático, transtorno bastante usual em soldados que vão a conflitos. Também não é o único que foi abandonado pelo Exército que o quebrou.

Melhor amigo de Michel, o cabo Alan Chaves também carrega o peso da missão da Maré onde quer que esteja. "A senhora já assistiu àquele filme *Sniper americano*? Tem uma cena que o rapaz está sentado assim, na sala dele. Qualquer barulho, ele já fica meio alerta. E foi desse jeito que aconteceu com a gente. A maioria do pessoal que entrou em conflito grande e forte voltou assim. Tipo, tava aqui em casa, do nada passa uma moto do meu lado na rua, eu já colocava a mão na cintura procurando o coldre da pistola, ou ouvia alguém me chamando, eu já ficava alerta... Foi um impacto muito grande."[5]

Enquanto a carreira militar de William acabou no exato momento em que ele viu seu comandado ser morto na sua frente, Alan Chaves voluntariou-se para diversas outras missões e continuou sendo "muito operacional", mesmo sem qualquer apoio psicológico. "Cada pessoa é uma pessoa. Muito amigo nosso que era próximo do Michel ficou meio abalado com o que aconteceu. Saiu até do Exército, entrou em depressão e tal. Quando aconteceu isso, praticamente a gente não teve nenhum suporte. Porque o Exército, ele é um pouco rígido. Ou você se adapta, ou você não vai ficar."

Alan decidiu "se adaptar" para seguir ate o fim na carreira temporária, que permite ao engajado ficar durante oito anos no corpo militar — sete anos como temporário, além do ano de serviço obrigatório. Essa força representa cerca de um terço do total de homens do Exército brasileiro. Dos 222 755 homens empregados em 2020,[6] cerca de 146 mil eram temporários, e aproximadamente metade deles pertencia ao corpo de recrutas selecionados através do alistamento obrigatório, cujo serviço tem duração de um ano.

A mãe que emprestou seu nome ao filho primogênito, Michele Mikami, hoje mora em Shizuoka, no Japão, junto à família do seu marido. Seis anos depois, quando conversamos por Skype,[7] ela falou do Exército brasileiro como algo que não lhe dizia respeito, distante. Não escondia a incompreensão com a devoção do filho, que, tendo passado a adolescência no Japão, nunca demonstrara grandes amores à "pátria" brasileira. Sua adoração era a carreira militar. "Ele adorava mexer com arma. Você precisava ver a alegria dele quando comprava as fardas, os equipamentos. Quando chegava em casa, ele colocava tudo no chão da sala e ficava tirando foto, mostrando", lembra a mãe. "A gente nunca foi contra, porque ele falava que era o sonho dele, era aquilo que ele queria. Então da maneira que a gente pôde, a gente apoiou."

Michele teve pouco contato com a vida militar. Esteve no 28º BIL quando o filho formou-se cabo e, depois, quando foi promovido postumamente a terceiro-sargento. O encontro mais marcante com militares foi, sem dúvida, na tarde daquela sexta-feira, quando recebeu a tenebrosa notícia: "Parecia filme americano". Passava das quatro da tarde, e o marido veio chamá-la para dizer que havia um grupo de pessoas querendo falar com ela. Ela se lembra de uma pessoa de alta patente acompanhada de outras do Exército, e da presença de um enfermeiro, "no caso de você passar mal". O grupo estava todo fardado, e o de patente mais alta contou, cerimoniosamente, os detalhes da operação. "Só que daí teve uma hora que ele parou. Acho que ele ficou com medo de falar. Aí eu fiz essa pergunta pra ele: 'Mas o Michel tá bem, né?'. Aí ele falou assim: 'Ah, senhora, sinto informar que infelizmente seu filho veio a falecer'. Aí perdi meu chão."

Michele viveu longe do filho por alguns períodos da curta vida dele. Quando a família foi para o Japão pela primeira vez, na década de 1990, Michel, ainda criança, ficou com a avó. Um ano depois ele se juntou ao resto da família. Aos dezessete anos, quando retornaram ao Brasil por causa da crise econômica de

2008, ele se engajou no Exército. Passava longos períodos no 28º BIL ou em missões. Ficou seis meses no Haiti, de onde se comunicavam apenas por mensagens. "A maior saudade que eu tenho é das coisas que eu ainda poderia viver com ele", lamenta a mãe, que aguarda uma indenização do Estado pelo filho morto, segundo ela, sem meios de se defender.[8]

Faltavam cinco dias para Michel encerrar a sua missão mais difícil quando o projétil encerrou sua vida. Diferentemente das demais missões, a mãe já pressentia que havia algo errado naquela. Em uma das primeiras vezes que o militar voltou para casa — ele ficava duas semanas na Maré e depois tinha alguns dias de folga —, Michele caiu no choro. Era um domingo, ela chegou em casa e viu o filho. Desde que fora servir no Complexo da Maré, andava ainda mais calado, não se abria com os pais. Naquela tarde ela viu o rapaz jogando videogame na sala, coisa tão simples, e desabou; implorou que o marido o dissuadisse de voltar para o Rio de Janeiro.

"Olha Michel, olha a situação, sua mãe tá chorando. Não tem uma forma de você, sei lá, chegar no general, no comandante, falar que não dá mais pra você?", pediu o pai.

"Pai, não tem como. Eu não posso voltar atrás agora. Eu tenho que terminar, ir até o final da missão."

"É como eles dizem lá dentro", resume Michele, "missão dada, missão cumprida."

Anos antes, em uma noite fria no batalhão em Campinas, Michel pensou em desistir. Foi Alan Chaves que o convenceu a ficar. "Ele estava fazendo o curso de cabo na época, e aí ele chegou de noite, quase de madrugada, cansado, todo sujo de lama. Aí se atirou no chão, falou assim: 'Nossa, eu vou desistir do curso'. Eu sentei do lado dele e falei: 'Cara, cê é louco? Olha até onde você chegou, vai desistir agora?'. Dei o maior sermão." Mikami agradeceu, emocionado. Depois desse dia, os dois viraram irmãos dentro do Exército.

O Curso de Formação de Cabos ministrado no 28º BIL era marcado pela rigidez. Sérgio Pinheiro, conhecido como "Pinheirão", formou-se na mesma turma de Mikami no CFC. Para ele, que fora criado apenas pela mãe e teve que trabalhar desde adolescente, formar-se significaria um aumento bem-vindo no soldo, além de uma escala de trabalho mais leve no batalhão. Em vez de fazerem a sentinela, em turnos de doze horas, por exemplo, os cabos supervisionavam os soldados.

Entra quem quer fazer o curso, sai quem conseguir terminar, explica Pinheirão.[9] "Ele é bem intenso. Muito treinamento, muita resistência pra ver se o cara realmente quer aquilo. O curso é parecido com aquele filme do Bope, você fica o tempo todo correndo, o tempo todo com mochila, o tempo todo em instrução, até pra ver se você aguenta." O treinamento é feito no terreno do próprio 28º BIL, que tem áreas de mata e uma lagoa de água "bem gelada". Pinheirão pensou em desistir "várias e várias vezes, por várias e várias noites". Emagreceu dez quilos durante o curso, que leva três meses. E diz que até hoje — quase uma década depois — tem cicatrizes. "A gente fazia muita flexão com a mão fechada, como se estivesse dando um soco no chão. E com a mochila pesada nas costas, o peso duplica. Eu lembro que uma vez fui levantar e senti meus dedos travados, não conseguia abrir mais os dedos, sabe? Eu senti que ia atrofiar os dedos. Eu tenho marcas na minha mão até hoje."

Os estudantes eram liberados apenas às onze e meia da noite, para se reapresentarem, em forma, às cinco horas da manhã. O almoço era servido e devia ser encerrado, às vezes, entre dois e cinco minutos. O banho tinha que durar um minuto: vinte segundos para se ensaboar, trinta segundos para tirar o sabão. Aos fins de semana, sobravam para Sérgio menos de dez horas para ficar em casa. A mãe dizia que ele estava diferente. "Você começa a comer as coisas na correria, na pressa, e em casa eu fazia do mesmo jeito, mas não é porque eu queria, é porque aquilo tava na minha mente. Eu começava a me alimentar igual um animal. E acabava de comer, deitava em cima do prato e dormia... Minha mãe várias vezes me acordou com a cara no prato."

Sérgio relembra que, depois de terminado o curso, levou "alguns meses" para voltar à "normalidade", o que ele descreve como "tirar um pouco dessa carga de intensidade", "se alimentar com mais calma". "Você fica ainda com a cabeça meio assim, aí depois vai voltando."

Atualmente, Sérgio se sente feliz de jamais ter desistido. A maior recompensa foi ver sua mãe, no dia da formatura do curso. "No dia que termina, que você vê seus familiares lá te elogiando, te aplaudindo... começa a passar um filme na cabeça, tudo o que você passou. Cada segundo do curso valeu a pena. Eu, se pudesse, faria tudo de novo."

A "transição" para se tornar um militar aconteceu mais cedo para William — logo no primeiro ano, como recruta. "Imagina um moleque que só empinou pipa e jogou bola na rua ter que começar a correr, às vezes dez quilômetros de começo, ida e volta, fazer um monte de exercício, correr, subir, se trocar em dois minutos, um minuto, descer com a barba lisinha, o coturno engraxadinho, a farda toda passadinha, porra, é uma realidade totalmente diferente. Nessa é que a gente sofria." Ele acredita que a dificuldade para se adaptar teve a ver com o fato de, até entrar para o Exército, ter sido indisciplinado. E lista os "castigos": ficar até depois do expediente fazendo faxina, lavar todos os banheiros da companhia, cortar sozinho uma área de mato. Mas ele também agradece por ter aprendido "responsabilidade", "uma doutrina forte", "o orgulho de ser soldado".

Também Alan Chaves se vê como um predestinado à carreira militar: o avô era enfermeiro da Aeronáutica e contava, na infância, histórias sobre as viagens para a Amazônia e outros cantos pouco explorados do país. Depois que Mikami morreu, Chaves "engoliu o choro" e seguiu em frente. Participou da segurança da Copa do Mundo de 2014 e das Olimpíadas de 2016. Foi enviado quatro vezes para o Rio de Janeiro ao longo da intervenção militar em 2018. Nessa época, aos 25 anos, para os padrões do Exército brasileiro já era um veterano e chegou a dar treinamentos para comandantes que não tinham ainda participado de alguma ação desse tipo.

No começo de 2020, foi dispensado do Exército. Cumprira seus sete anos de emprego temporário. Meses depois, ao telefone, desabafou comigo que havia sido "muito ruim" ter de sair, uma vez que gostava daquela vida e desde criança sonhava em ser militar. Com o dinheiro que guardou, Chaves aprendeu a fazer pequenos investimentos e vivia com os rendimentos, na casa dos pais, em Campinas, enquanto se organizava para a próxima missão. Obstinado em continuar servindo como militar, planejava alistar-se na Legião Estrangeira, corpo do Exército francês que aceita soldados de qualquer país para atuar como "ponta de lança" em ações estratégicas e é conhecido por suas ações de guerra rápida e eficaz. Após a missão no Haiti, o número de brasileiros que se alistaram no Exército francês aumentou, segundo descobri ao fazer uma reportagem naquela época. Em 2005, eram cerca de 155 brasileiros de um total de 7700 soldados da lendária força mercenária. Em 2007, eram 230.[10] "É mais pelo caráter de querer ajudar as pessoas, não é tanto assim pela pátria", justificava Alan Chaves.

William também viu as oportunidades se fecharem rapidamente quando saiu do quartel. Não queria ir para o ramo da segurança, mas teve que se contentar com o emprego de operador de prevenção e segurança em um supermercado. Ele diz que militar ele será para sempre. "Se um dia a pátria precisar, eu tô pronto, minha farda está guardada." Nunca mais voltou ao Rio de Janeiro nem pretende colocar os pés novamente na cidade.

Pinheirão entrou nos quartéis adolescente e saiu aos 27 anos, com muito aprendizado e nenhum futuro pela frente. Ele também não esconde a frustração com a instituição. "Você vai servir apenas oito anos, e eu acho que o Exército poderia incentivar um pouco mais, preparando esses militares para a vida aqui fora. Poderia incentivar com cursos, formação em alguma coisa. Eu senti falta disso. Eu não posso dizer que estou em melhores condições hoje, aqui fora." Na época da entrevista, em meados de 2020, Sérgio Pinheiro trabalhava como vidraceiro de carros e ônibus. Curioso, pensava em estudar, sem saber muito bem o quê: "Eu não tenho um norte".

Desde 2010, cinco soldados e cabos do Exército brasileiro foram mortos em operações de Garantia da Lei e da Ordem. Três deles morreram durante uma desastrosa e controversa operação nos complexos da Penha e do Alemão, durante a intervenção federal no Rio de Janeiro, em 2018. Em treze anos no Haiti morreram 24 militares, dezoito deles durante o terremoto que devastou o país em 2010.

Parte III

# A intervenção militar no governo Temer

# 11. A Comissão Nacional da Verdade

O forte de Copacabana, ponto turístico do Rio de Janeiro, marca a separação entre duas praias famosas da costa brasileira, eternizadas em centenas de canções: Copacabana e Ipanema. Ali dentro, além de cafés elegantes e rodas de choro nos fins de semana, o visitante que decidir encarar algumas escadas pode conhecer pequenos tesouros da trajetória militar brasileira — os acervos pessoais do duque de Caxias e do marechal Rondon, armamentos da época do Império e até mesmo uma madeixa de cabelo de Napoleão Bonaparte.

O Museu Histórico do Exército também reserva aos visitantes uma discreta porém eloquente Sala dos Presidentes Militares. Ali, no coração da antiga capital nacional, o museu descreve que, após a proclamação da República, o Brasil foi presidido em nove momentos por "ilustres chefes militares".

> Durante os anos em que estiveram à frente do destino do Brasil, eles souberam, com raro discernimento, interpretar os anseios de ordem e progresso do nosso povo, conduzindo o País com honestidade, dedicação e respeito, alcançando, inclusive, elevados níveis

de crescimento econômico. Em momentos de crise, suas atuações foram decisivas e essenciais para a garantia da paz, da unidade nacional e da democracia.

Nessa pequena galeria, o general Humberto Castelo Branco, primeiro presidente depois do golpe de 1964, é chamado de "um dos principais líderes do movimento cívico-militar de 31 de março de 1964". Já Emílio Garrastazu Médici, terceiro presidente do regime, "promoveu grande crescimento econômico". Em nenhum lugar está escrita a palavra "ditadura".

Inaugurada em 2008, durante o mandato de Nelson Jobim no Ministério da Defesa, e desde então em pleno funcionamento, a Sala dos Presidentes ilustra bem a dicotomia entre um Exército que aceita sua subordinação ao poder civil, mas orgulha-se de ter conduzido uma ditadura militar durante duas décadas. Uma placa prateada na parede descreve ser a exposição fruto do trabalho do Comando Militar do Leste e do Departamento de Ensino e Pesquisa e da Direção de Assuntos Culturais do Exército.

Jobim, ao relembrar sua tempestuosa saída do governo Dilma, lamentou não ter concluído seu terceiro objetivo, "o problema da criação de uma lealdade das Forças Armadas à democracia".[1] Faltou examinar o ensino das escolas militares, centralizado pelo departamento já mencionado. O ensino militar está fora da Lei de Diretrizes e Bases, e, embora Jobim tenha examinado o currículo, o que realmente interessava, diz ele, eram os professores. "Uma coisa é você ter o currículo definido sobre o que você tem que falar. Agora, tem que saber o que o cara está dizendo sobre o assunto."

Outra iniciativa, capitaneada simultaneamente pelo Ministério da Justiça, também deu com os burros n'água. O advogado Pedro Abramovay coordenava um grupo de trabalho para elaborar um projeto de lei que substituiria a Lei de Segurança Nacional, de 1983, em vigor até hoje, que rege os crimes contra a soberania nacional, a integridade territorial, o regime representativo e democrático, a Federação, o Estado de Direito e os chefes dos Três Poderes. Desde 2015, a Lei de Segurança Nacional foi usada para abrir 121 inquéritos na Polícia Federal.[2] Apenas em 2020, foram 51 inquéritos.[3]

O projeto era uma resposta às pressões para classificar o terrorismo depois dos atentados às Torres Gêmeas em Nova York, em 11 de setembro de 2001. Com a chegada dos megaeventos, o governo dos Estados Unidos fazia enorme pressão para que se criasse uma tipificação desse crime, conforme revelado pelo WikiLeaks,[4] mas havia uma enorme resistência de políticos que foram processados por "terrorismo" durante a ditadura, tivessem ou não relação com a luta armada. "A gente criou um grupo e falou: vamos discutir terrorismo, vamos discutir a revogação da Lei de Segurança Nacional e vamos discutir a criação da Lei de Defesa do Estado Democrático de Direito. Mas eu achava que o melhor era que não saísse nada", me disse Pedro.

A reunião acontecia no Ministério todas as quartas-feiras, pela manhã. Juntavam-se representantes da AGU, da Casa Civil da Presidência, do Itamaraty e das três Forças. Entre sua equipe, Pedro a chamava de "reunião de 7 de setembro".

"Os militares nunca andam sozinhos, eles vêm, assim, em grupo. Então quando dava dez horas da manhã — em Brasília as pessoas são pouco pontuais, mas os militares não —, vinham uns doze, quatro de cada Força na minha sala de espera, parados assim, sempre elegantemente fardados. Aí eu ficava ali no cafezinho esperando os civis chegarem. Todo mundo chegava dez e meia."

Segundo Pedro, as reuniões eram bastante "tensas", em especial pelas diferenças de visão quanto aos debates constitucionais por parte do Exército. A Marinha e a Aeronáutica eram mais afeitas aos "debates constitucionais", diz ele. O problema, para o advogado, era uma profunda incompreensão dos generais do Exército sobre o funcionamento da democracia. "Havia uma preocupação clara, que eles traziam para a mesa: como a gente vai monitorar os movimentos sociais e as influências estrangeiras? E quando se falava em terrorismo, qual era a preocupação? O MST [Movimento dos Trabalhadores Rurais Sem Terra]", lembra Pedro. "Às vezes me dava vontade de falar: 'Mas vocês estão lendo a mesma Constituição que eu ou vocês trouxeram a de 67?'" Na visão de Abramovay, faltava uma compreensão de que os movimentos sociais, ativistas, opositores ao governo e o próprio embate, tudo isso faz parte da ordem constitucional em uma democracia. Uma iniciativa semelhante havia sido tentada pelo governo de Fernando Henrique Cardoso, também sem sucesso.[5]

Para alguns membros do governo, essa incompreensão do funcionamento da democracia poderia ser corrigida por maior conhecimento do que de fato aconteceu durante a ditadura. A Comissão Especial sobre Mortos e Desaparecidos Políticos foi criada durante a gestão de Jobim no Ministério da Justiça; a partir de então, passou-se a reconhecer as vítimas do Estado nos anos de chumbo, emitir documentos reconhecendo a responsabilidade do aparelho repressivo e a aprovar indenizações às famílias.[6] Jobim defendeu esse reconhecimento público, mas sempre foi frontalmente contra a revisão da Lei de Anistia. "Não pode mexer, não. Tem um aspecto jurídico etc. E tem um aspecto político. A transição foi um acordo político nesse sentido", explica.

"Quando os militares perceberam que eu estava agindo dessa forma, assumi uma liderança. Ou seja, eles perceberam que eu comprei a tese que interessava a eles, a tese que era fundamental para eles em relação ao encerramento daquele assunto." O encerramento de qualquer possibilidade de responsabilização jurídica interessava aos militares. Assim, quando foi convidado em 2007 por Lula para assumir a Defesa, Jobim reiterou sua oposição à revisão da Lei de Anistia. O assunto, entretanto, estaria — e ainda está — longe de ser encerrado. O passo seguinte, o projeto da Comissão Nacional da Verdade (CNV), foi costurado durante o governo Lula, inclusive com a participação de Jobim, e trazia outras questões que caberiam no que o ex-ministro da Defesa chama de "transição" de uma democracia que tardava em se consolidar.

Beto Vasconcelos, advogado mineiro que foi colega de Abramovay, acompanhou o desenrolar dessa história desde o começo. Sua atuação no governo federal esteve sempre colada à agenda de Dilma Rousseff — Beto foi subchefe da área jurídica da Casa Civil chefiada por ela a partir de 2005 no governo Lula e secretário executivo da mesma Casa durante os primeiros anos de governo da presidente. "Quando chega a Dilma na Casa Civil, obviamente um dos compromissos dela é com a questão do acesso aos documentos da ditadura, uma resposta à história dela", me disse.[7]

O primeiro grande lote de documentos eram os arquivos do Serviço Nacional de Informações, a agência de espionagem política da ditadura, detalhando atividades de alvos do regime. O acervo foi transferido em 21 de dezembro de 2005 com pompa e circunstância em um caminhão do Exército e entregue ao poder civil "com relativa tranquilidade", segundo Beto. Nesse mesmo dia, também foram recolhidos os documentos dos extintos Conselho de Segurança Nacional (CSN) e da Comissão Geral de Investigações do Ministério da Justiça (CGI). Ninguém chiou.

Por outro lado, os militares resistiam — e muito — à revisão de um decreto que definia as regras de confidencialidade de documentos oficiais e, para alguns, estabelecia sigilo eterno.[8] Alegando preocupações estratégicas, os militares queriam manter o sigilo eterno e tinham o apoio do Itamaraty. Ao mesmo tempo, discutia--se dentro da Controladoria-Geral da União (CGU), por conta de incorporação de regimes internacionais da ONU, a criação de uma Lei de Acesso à Informação (LAI), visando à transparência como regra do poder público no Brasil e o sigilo como exceção. Em 2007, o debate chegou à Casa Civil, que elaborou a chamada Lei de Acesso à Informação, acabando com a possibilidade desse interminável silêncio.

Ao sancionar a lei, em cerimônia no Palácio do Planalto em novembro de 2011, Dilma Rousseff fez questão de aliá-la a outro projeto, ainda mais espinhoso, que criava a Comissão Nacional da Verdade, órgão extraordinário no âmbito da Presidência da República. "O sigilo não oferecerá nunca mais guarida ao desrespeito aos direitos humanos no Brasil", afirmou.[9]

Também na construção da lei que criou a Comissão da Verdade, os comandantes militares atuaram. E nessa construção teve a mão de Jobim. Avesso a que a Comissão investigasse somente militares — excluindo os guerrilheiros —, ele antagonizava com Paulo Vannucchi, secretário dos Direitos Humanos. A mediação, bem-sucedida, coube ao jornalista Franklin Martins, ele mesmo um ex-guerrilheiro que participou do sequestro do embaixador americano, em 1969.[10] Encontraram uma fórmula, um linguajar na lei que permitia que se investigassem ambos os lados. "O fato é o seguinte: ambos se mataram, então tinha que ver quem matou e por que matou", argumenta Jobim.

Era um acordo raquítico, que caiu por terra logo no começo dos trabalhos. A lei assinada por Dilma Rousseff dizia que a Comissão teria como meta "identificar e tornar públicos as estruturas, os locais, as instituições e as circunstâncias relacionados à prática de violações de direitos humanos" e "suas eventuais ramificações nos diversos aparelhos estatais e na sociedade". Mencionava, ainda, nominalmente, que membros das Forças Armadas poderiam compor a Comissão; porém, nenhum militar foi convidado. Os sete membros eram majoritariamente juristas notórios pela atuação em defesa dos direitos humanos.[11] Já nos primeiros meses de atividade, em agosto de 2012, a Comissão adotou a resolução n. 2, determinando ser sua função "examinar e esclarecer as graves violações de direitos humanos" praticadas "por agentes públicos, pessoas a seu serviço, com apoio ou no interesse do Estado".[12] Excluíam-se assim os atos de oposicionistas ao regime.

Até o final daquele ano, a Comissão realizou onze audiências públicas em nove estados para ouvir vítimas da ditadura, advogados de presos políticos e agentes da repressão. Em poucos meses, conseguiram avanços, como a alteração do texto do atestado de óbito do jornalista Vladimir Herzog, que passou de "suicídio" para "a morte decorreu de lesões e maus-tratos sofridos em dependência do 2º Exército — SP (DOI-Codi)". Além disso, a CNV instou que governadores e assembleias legislativas criassem comissões em seus próprios estados. Deu resultado. Em 2014, havia mais de cem atuando em diversas assembleias legislativas e universidades, como a Universidade de Brasília (UnB), a Universidade Federal da Bahia (UFBA) e a Universidade Federal do Paraná (UFPR).

Os novos ventos trouxeram, ainda, muita notícia. Só os jornais *O Estado de S. Paulo* e *Folha de S.Paulo* publicaram, entre 2010 e 2015, mais de 3 mil matérias sobre a Comissão Nacional da Verdade. Foram poucos os dias em que não houve pelo menos uma nota em algum veículo da imprensa.[13] Dois anos e meio depois, o lançamento do relatório — enviado com dois dias de antecedência aos maiores veículos da imprensa — mereceu oito minutos no *Jornal Nacional*, da Rede Globo. Em 31 de agosto de

2013, o Grupo Globo, maior conglomerado de mídia do país, reconheceu que errou ao apoiar o golpe militar de 1964.[14]

A maior crise enfrentada pela Comissão da Verdade foi bastante noticiada também. No primeiro ano de investigação, um núcleo conhecido como "equipe ninja", encarregado de buscar documentos sobre o financiamento da repressão por empresários, acabou sendo desmobilizado. O grupo era liderado pela historiadora Heloísa Starling e foi suspenso em maio de 2013, segundo a *Folha de S.Paulo*.[15]

Pedro Dallari, que entrou na Comissão em setembro de 2013 e se tornou coordenador e relator do documento final no ano seguinte, avalia que o impacto da Comissão se deveu principalmente às dezenas de audiências realizadas no Rio, em São Paulo e em Brasília, tanto para ouvir agentes do regime quanto para apresentar documentos, filmes e relatórios parciais.[16]

De fato, uma das imagens duradouras sobre essas audiências aconteceu em meio à Comissão Estadual do Rio de Janeiro. A foto mostra o coronel reformado do Corpo de Bombeiros Valter da Costa Jacarandá, agente do Destacamento de Operações de Informação – Centro de Operações de Defesa Interna DOI-Codi do Rio, sentado, com os braços escondidos embaixo de uma mesa de madeira e usando óculos escuros, sendo encarado fixamente por José Carlos Tórtima, ex-militante do Partido Comunista Brasileiro Revolucionário (PCBR), que, de pé, se debruça com as mãos apoiadas sobre a mesa para exigir que o ex-torturador diga a verdade. "Nunca é tarde, major, para o senhor se conciliar com essa sociedade ultrajada por essas barbaridades que pessoas como o senhor cometeram."[17]

Outras audiências tiveram o efeito contrário. Antes de depor, em maio de 2013, o coronel Carlos Alberto Brilhante Ustra, que comandou o DOI-Codi entre setembro de 1970 e janeiro de 1974 e redigiu uma apostila que consolidou uma metodologia de interrogatórios com tortura, obteve uma decisão judicial que lhe garantia o direito de ficar calado. Mas falou. Negou ter ocultado corpos e afirmou que "o Exército brasileiro [...] assumiu, por ordem do presidente, a ordem de combater o terrorismo e sob as quais cumpri todas ordens legais, nenhuma ilegal, digo de passagem". E acusou Dilma Rousseff de ter integrado quatro grupos terroristas.

Em julho de 2014, três militares reformados do Exército, convocados para prestar depoimento, entraram e saíram calados na sessão que aconteceu no Arquivo Nacional, no Rio de Janeiro. Antes de se sentarem diante dos membros da CNV com seu eloquente silêncio, o general Nilton Cerqueira — que comandou a caça a Carlos Lamarca e a repressão à Guerrilha do Araguaia — pediu que os jornalistas presentes saíssem da sala porque "a imprensa distorce tudo". O advogado de Cerqueira e dos capitães Jacy e Jurandyr Ochsendorf orientou-os a não dizer uma palavra. Era Rodrigo Roca, que defenderia, dois anos depois, em brilhante sustentação oral, os dois soldados do Exército que mataram o adolescente Abraão Maximiano, de quinze anos, com um tiro de fuzil no Complexo do Alemão, na primeira grande operação GLO. Roca argumentou com os jornalistas que o silêncio dos seus clientes objetivava evitar "que erros históricos se repitam e acabem virando uma verdade".[18] Em junho de 2020, Roca assumiu a defesa de Flávio Bolsonaro, filho do presidente Jair Bolsonaro, em inquérito que apurava o desvio de salários pagos aos seus funcionários na Assembleia Legislativa do Rio de Janeiro, prática conhecida como "rachadinha".[19]

Pedro Dallari avalia que a cobertura da imprensa foi extremamente positiva, trazendo ao centro do debate público a tirania da ditadura que acabara havia trinta anos e cuja memória começava a esmorecer. "Isso foi tão impactante na sociedade que, em 31 de março de 2014, nos cinquenta anos do golpe, não houve eventos de celebração. O Clube Militar do Rio fez um evento fechado lá na Barra da Tijuca, mas não houve manifestação pública, não houve nada, porque não tinha clima para isso. O que houve foi essa socialização para a sociedade brasileira de um tipo de informação que era restrita a um grupo de iniciados."

Ao ouvir sua avaliação, considerei-a, no mínimo, otimista. Naquele mesmo dia, como já vimos, o ministro da Defesa Celso Amorim publicou um ofício anunciando a abertura de três processos administrativos — um em cada Força — para investigar se houve desvio de finalidade dos seus edifícios e equipamentos para a prática sistemática de tortura (o crime, administrativo, é imprescritível). Porém, em junho, os três comandos informaram ao ministro que as sindicâncias não tinham encontrado indícios de tortura nos quartéis.[20]

Em resposta, a Comissão Nacional da Verdade questionou o Ministério da Defesa se as Forças estavam em efeito negando a existência de tortura, já reconhecida oficialmente desde o governo de Fernando Herique Cardoso. "Nós trucamos um pouco eles", ironiza Pedro Dallari. A resposta foi ambígua. Em despachos oficiais, nenhum dos três comandantes assumiu a existência da tortura, mas nenhum deles negou.[21] "Foi a primeira vez que eles formalmente deixaram de negar que tinha ocorrido o que ocorreu", lembra Dallari.

No entanto, até isso foi demais para os generais aposentados. O ofício de Amorim levou a um protesto sem precedentes. Em 26 de setembro de 2014, 27 generais reformados, entre eles o próprio Leônidas Pires Gonçalves e diversas "estrelas" da Força, como os generais Augusto Heleno e Maynard Santa Rosa, além de outros ex-ministros militares,[22] publicaram um manifesto duro, no qual se negavam a pedir desculpas e criticavam Celso Amorim.

Diziam ainda que os episódios de tortura foram "casos pontuais" e que os militares não iniciaram, e nem queriam, o confronto.

> O que nós, militares, fizemos foi defender o Estado brasileiro de organizações que desejavam implantar regimes espúrios em nosso país. Temos orgulho do passado e do presente de nossas Forças Armadas. Se houver pedido de desculpas será por parte do ministro. Do Exército de Caxias não virão! Nós sempre externaremos a nossa convicção de que salvamos o Brasil!

Iam ainda mais longe, reclamando que

> a Comissão criou uma grei constituída de guerrilheiros, assaltantes, sequestradores e assassinos, como se fossem heroicos defensores de uma "democracia" que, comprovadamente, não constava dos ideais da luta armada, e que, até o presente, eles mesmos não conseguiram bem definir. Seria uma democracia cubana, albanesa ou maoísta? Ou, talvez, uma mais moderna como as bolivarianas?[23]

A Comissão agitou os velhos "milicos de pijama", mas representou bem mais do que isso. Ela selou a reaproximação dos generais com Jair Bolsonaro, até então repelido pelo Alto-Comando do Exército, embora fosse o mais notório representante dos interesses da classe no Congresso.

Isso porque, em 1987, durante o governo Sarney, Bolsonaro planejou instalar bombas em quartéis do Rio de Janeiro, em protesto por aumento de salários. O plano, revelado pela revista *Veja*, levou a uma sindicância da Escola de Aperfeiçoamento de Oficiais (EsAO), que ele então cursava. O escândalo impediu que Jair se formasse na EsAO — uma comissão interna do Exército, chamada Conselho de Justificação, considerou-o culpado por unanimidade.

Julgado no STM, foi absolvido por nove votos a quatro, mas foi para a reserva do Exército e passou a ganhar votos defendendo militares e policiais, além da tortura e da ditadura. Foi eleito vereador no Rio de Janeiro em 1988 e deputado federal dois anos depois.

Mesmo deputado, Bolsonaro era proibido de entrar em quartéis e de participar de festas militares. Chegou a ser expulso com a família quando tomava um banho de mar na praia do Forte do Imbuí, em Niterói, que sedia o 1º Grupo de Artilharia de Costa Mecanizado, "por ordem do comando". Em outubro de 1991, o Comando de Operações Terrestres (COTer) o proibiu formalmente de entrar em qualquer dependência militar no Rio de Janeiro. O caso mais notório veio em 1992, quando ele foi barrado na Academia Militar das Agulhas Negras (Aman), onde estudara, durante uma cerimônia de formatura. Negou-se a ir embora e estacionou seu Chevette azul diante da porta para bloquear a entrada. Sentado no capô, foi guinchado junto com o carro.[24] Seu filho Carlos Bolsonaro contou, em uma entrevista, que ele e os irmãos não estudaram em escolas militares porque o pai "não era bem-vindo" nas Forças Armadas e "os ministros da época dificultaram". "Mas, com o passar do tempo, graças a Deus, de uns dez anos para cá, as rusgas do passado foram superadas", concluiu.[25]

Na sua vida política, Bolsonaro sempre vicejou entre as viúvas da linha-dura e os órfãos da ditadura militar. Mas quando o governo Dilma anunciou a intenção de criar a Comissão Nacional da Verdade, ele passou a ser a voz ativa de um grupo maior de militares, que estavam contrariados. Comandante do Exército na época, Eduardo Villas Bôas diz que a CNV pegou o comando das Forças de surpresa, "despertando um sentimento de traição em relação ao governo. Foi uma facada nas costas, mesmo considerando que foi decorrência de antigos compromissos assumidos pela presidente Dilma".[26]

Entre 2010 e 2018, o deputado Bolsonaro usou a tribuna da Câmara para atacar a Comissão 56 vezes, em um em cada dez discursos, segundo notas taquigráficas analisadas pela *Folha de S.Paulo*. Para se referir aos sete membros da CNV, chegou a usar a alegoria de sete prostitutas que, chamadas para escrever sobre uma cafetina, concluíram "que ela tinha que ser canonizada".[27]

Nas eleições de 2014, no auge dos trabalhos da CNV, Bolsonaro foi eleito com 464 mil votos, tornando-se o deputado federal mais votado do Rio de Janeiro. Em novembro daquele ano, foi enfim convidado para falar na formatura de cadetes da Academia Militar das Agulhas Negras. Recebido aos gritos de "líder", anunciou sua candidatura a presidente: "Nós temos que mudar este Brasil, tá o.k.? Alguns vão morrer pelo caminho, mas estou disposto em 2018, seja o que Deus quiser, tentar jogar para a direita este país. O nosso compromisso é dar a vida pela pátria e vai ser assim até morrer. Nós amamos o Brasil, temos valores e vamos preservá-los".[28]

Não à toa, alguns dos aliados mais importantes para sua candidatura foram arregimentados entre os generais que haviam publicamente defendido a ditadura. Os principais exemplos são o general Heleno, que saiu do Exército sem louvar o regime militar, calado, a mando de Nelson Jobim, e o general Hamilton Mourão, que no seu discurso de despedida para a reserva, em 2018, elogiou o coronel Carlos Brilhante Ustra, que havia sido seu comandante: "Combateu o terrorismo e a guerrilha, por isso é um herói".[29] Houve ainda uma fatalidade que ajudou o ex-capitão. Quando ele decidiu candidatar-se a presidente, os colegas que se formaram com ele na Academia Militar das Agulhas Negras, em 1977, chegavam ao topo da carreira — muitos o conheciam como Cavalão, um excelente atleta no pentatlo militar[30] que chegou a ser convocado por quatro anos para a seleção das Forças Armadas.

É complicado entender o efeito que a CNV teve nas gerações mais jovens. Conversando com cabos e soldados temporários do Exército que atuaram em GLOs, nenhum deles defendeu a ditadura militar ou evitou, como fazem hoje os altos escalões, o uso da palavra "ditadura". William Carlos Teixeira, de 27 anos, saiu-se com esta: "Eu adoro a ideia de militares no governo. Se conseguirem implantar no Brasil a doutrina que implantaram em mim, um cara rebelde, que não ligava para nada, o Brasil melhora. Mas ditadura não. Até porque eu não sei o que foi a ditadura. Eu não posso desejar uma coisa que eu não sei o que é".

Pedro Dallari avalia que a nova geração de militares se sente "constrangida" com um passado ao qual não se relaciona. Foram poucos os momentos em que os membros da Comissão Nacional da Verdade entraram em contato direto com as tropas da ativa. Um deles foram as visitas realizadas para averiguar possíveis desvios de finalidade em instalações notórias por terem sido centros de tortura — entre elas, a Vila Militar do Rio de Janeiro, onde hoje ficam a sede da 1ª Divisão de Exército e o aeroporto do Galeão. "Era uma situação até meio constrangedora", diz Pedro. "Muitos que nos recebiam eram oficiais jovens, oficiais mulheres, constrangidos com aquela situação porque obviamente não tinham nada a ver com tortura, não concordam com a tortura."

Na academia, ainda há poucas respostas sobre como os jovens militares veem o seu papel na democracia e o legado da ditadura. A cientista social Vanusa Queiroz, em sua tese de doutorado, procurou esmiuçar as mais de 470 entrevistas com primeiros e segundos-tenentes realizadas pelo *survey* "O que pensa o oficial do Exército brasileiro", em 2013. Em primeiro lugar, eles acreditam ser essencial "profissionalismo no cumprimento das missões", seguido por "prática de ações sociais". Em terceiro lugar, aparece "isenção nas questões políticas da nação". A ampla maioria — mais de 75% —, incluindo os oficiais técnicos temporários, é favorável à utilização das Forças Armadas na manutenção da ordem social. Mais de 60% são favoráveis, por exemplo, à atuação no combate ao tráfico de armas e drogas, e quase 100% deles acreditam que a corporação deveria prestar ajuda humanitária. Segundo a autora, "estes dados podem estar associados ao fato de serem mais novos e, portanto, não serviram no período da ditadura militar e no período de redemocratização".[31]

Quando o relatório da CNV foi publicado, em 10 de dezembro de 2014, mesma data em que se celebravam 66 anos da Declaração Universal dos Direitos Humanos pela ONU, ele trazia algumas grandes revelações, como a estimativa de que 8 mil indígenas foram mortos pelo regime, e duas grandes recomendações: que as Forças Armadas reconhecessem sua responsabilidade institucional pelos abusos cometidos[32] e que os agentes do Estado envolvidos em episódios de tortura, assassinatos e outros abusos fossem investigados, processados e punidos.

O relatório trazia também uma lista com o nome de 377 agentes do Estado considerados responsáveis por crimes na época, classificando a atuação desses agentes como "crimes contra a humanidade", e reconhecia a morte de 434 vítimas. Houve diversas reações de militares da reserva, mas a mais marcante foi a de um militar da ativa: a de Sérgio Westphalen Etchegoyen.

O general de quatro estrelas foi uma das vozes mais proeminentes em tudo o que aconteceu na sequência do trabalho da Comissão. Seu tio, Ciro Etchegoyen, chegou a ser apontado como um dos comandantes da Casa da Morte, em Petrópolis; seu pai, Leo Etchegoyen, também figurou, ao lado do irmão, no relatório final escrito por Pedro Dallari.

Da sua residência em Novo Hamburgo, no Rio Grande do Sul, Sérgio Etchegoyen me deu uma longa entrevista por telefone, em junho de 2020, interrompida apenas para pedir à esposa que lhe preparasse um chimarrão — "estou seco por um chimarrão", me disse. E abriu-se com uma franqueza rara sobre os eventos que marcaram os capítulos finais do governo de Dilma Rousseff. "Tu não sabe o quanto isso incomodou jovens e velhos. Eu me impressionei com o incômodo da juventude militar", disse em seu sotaque gaúcho, explicando que não tinha contato com soldados temporários, mas "com jovens, com filhos de colegas meus, com tenentes que eu lidava, eu ia quase todos os dias praticar equitação no regimento de cavalaria, eu ouvia e sentia qual era o sentimento deles".

Para ele, a CNV foi um claríssima "retaliação". "Fazer o que fizeram, quarenta anos depois, sem que o país estivesse reclamando aquilo..." A Comissão teria sido montada com "juízes de um lado só", que "resolveram botar as Forças Armadas na berlinda, e saíram caçando bruxas pra tudo que é lado". O ponto crucial, diz ele, foi que "fizeram um índex dos grandes ofensores dos direitos humanos sem que as pessoas pudessem se defender ou apresentar sequer suas razões", entre eles, seu pai. "Teve gente que foi listada porque era ministro da Aeronáutica, como o brigadeiro Eduardo Gomes. Ele é o patrono da Força Aérea Brasileira."

O general manifestou algumas vezes que se os comandantes de hoje têm apreço à democracia, isso se deve aos generais que os antecederam.[33] Outros influentes oficiais da sua geração — entre eles Mourão, que foi comandado por Ustra, e Heleno, que foi ajudante de ordens de Sílvio Frota[34] — pensam igual.[35]

Junto com a família, Sérgio entrou com uma ação na Justiça contra a Comissão da Verdade por ter incluído seu pai e seu tio na lista de "responsáveis pela tortura". Pediu a retirada dos nomes. O pedido foi rejeitado em duas instâncias na Justiça Federal. A família publicou uma carta na qual dizia que:

[...] Ao investirem contra um cidadão já falecido, sem qualquer possibilidade de defesa, instituíram a covardia como norma e a perversidade como técnica acusatória.

No seu patético esforço para reescrever a história, a CNV apontou um culpado para um crime que não identifica, sem qualquer respeito aos princípios constitucionais do contraditório e da ampla defesa.[36]

Outro general, esse de duas estrelas e na reserva havia oito anos, fez o mesmo. Paulo Chagas reclamou a retirada da lista do nome de seu pai, Floriano Aguilar Chagas, adido do Exército na embaixada do Brasil em Buenos Aires.[37] Ex-presidente do grupo Terrorismo Nunca Mais (Ternuma), Chagas impetrou ainda uma ação popular em nome do grupo herdeiro dos porões da ditadura. Age, acima de tudo, em nome do pai. "A nossa geração viveu esse tempo. Não participou da revolução, não foi revolucionário, mas viveu o período revolucionário", me disse. "Além disso, eu sou filho de militar, o Etchegoyen é filho de militar. Mas nós tínhamos isso também, tínhamos inclusive essa fonte de conhecimento que eram nossos pais, de perguntar, de saber, de contestar também", diz. Para ele, "o passado do Exército, o passado das Forças Armadas, pertencem a todos. Nós somos eternamente responsáveis por tudo que já foi feito com a instituição".

O general Eduardo Villas Bôas, que fazia parte do Alto-Comando do Exército na época — como comandante da Amazônia e depois do COTer —, explicou anos depois que o grupo chegou à conclusão de que pedir desculpas seria contraproducente. "Nós estudamos detalhadamente o desenvolvimento dos processos em andamento na Argentina e no Chile. Deles extraímos duas conclusões relevantes. A sequência dos eventos no Brasil estava repetindo o que se cumpriu naqueles países, desde as indenizações até a revisão da Lei da Anistia, passando pela Comissão da Verdade. Em um e outro houve comandantes que apresentaram pedidos de desculpas, no pressuposto de que com essa atitude estariam colocando um ponto-final nos processos. Pelo contrário: esses pedidos foram considerados confissão de culpa, motivando a intensificação dos procedimentos de investigação. Internamente, nos respectivos Exércitos, isso afetou seriamente a autoestima institucional. Na Argentina, adotaram um critério por eles designado como 'portadores de *apellido*', segundo o qual os militares descendentes de alguém condenado por participar na repressão têm suas carreiras abreviadas, impedindo-os de exercer funções relevantes."[38] Sobrenomes como Etchegoyen, Ustra, Chagas corriam risco de ser manchados, segundo a lógica do general.

Por sua vez, o governo Dilma resolveu não enfrentar o general Etchegoyen; considerou que a carta não afrontou o governo e a presidente. Assim, Dilma seguia a linha adotada durante a cerimônia de entrega do relatório no Palácio do Planalto:

> Eu estou certa de que os trabalhos produzidos pela Comissão resultam do seu esforço para atingir seus três objetivos mais importantes: a procura da verdade factual, o respeito à memória histórica e o estímulo, por isso, à reconciliação do país consigo mesmo por meio da informação e do conhecimento. [...] Repito aqui o que disse quando do lançamento da Comissão da Verdade: nós reconquistamos a democracia à nossa maneira, por meio de lutas duras, por meio de sacrifícios humanos irreparáveis, mas também por meio de pactos e acordos nacionais, que estão muitos deles traduzidos na Constituição de 1988. Assim como respeitamos e reverenciamos, e sempre o faremos, todos os que lutaram pela democracia, todos que tombaram nessa luta de resistência enfrentando bravamente

a truculência ilegal do Estado e nós jamais poderemos deixar de enaltecer esses lutadores e lutadoras, também reconhecemos e valorizamos os pactos políticos que nos levaram à redemocratização.[39]

Seis dias após receber o relatório final da Comissão Nacional da Verdade, Dilma Rousseff participou de um almoço de confraternização com os oficiais generais das Forças Armadas no Clube da Aeronáutica e evitou fazer comentários sobre o documento. Condecorou militares promovidos e louvou o papel das Forças Armadas no "fortalecimento desse ciclo virtuoso [de] defesa, desenvolvimento e democracia".[40]

Outras preocupações já apareciam no horizonte de Dilma, recém-reeleita na até então mais conturbada eleição da história da democracia brasileira, derrotando o concorrente Aécio Neves, do PSDB, por apenas 3% dos votos (3,5 milhões).[41] Navegando nos mesmos ventos da radicalização política, o Congresso atuou deliberadamente para bloquear ações do seu governo.

Movimentos que ganharam corpo durante os protestos de 2013, como o Movimento Brasil Livre, passaram a pedir o impeachment de Dilma Rousseff, ao mesmo tempo que a Operação Lava Jato descortinava esquemas de corrupção majoritariamente durante os governos do PT, permitindo acesso à imprensa, em tempo real, a todos os documentos, depoimentos, alegações — e tornando o trabalho de acusação, e não a sentença, o marco da verdade.

Em abril de 2016, o processo de impeachment foi aberto por 367 votos a 137 na Câmara dos Deputados, em uma sessão que se descortinou uma verdadeira catarse pública, na qual os deputados usaram 65 vezes a palavra "corrupção", 59 vezes a palavra "Deus" e 136 vezes a palavra "família". Os ventos haviam virado em favor da visão de mundo do ex-capitão Jair Bolsonaro.

Ao tomar o microfone, exaltado, Bolsonaro deu seu voto pelo impedimento ao som de aplausos efusivos: "Perderam em 64. Perderam agora em 2016. Pela família e pela inocência das crianças em sala de aula, que o PT nunca teve. Contra o comunismo, pela nossa liberdade, contra o Foro de São Paulo, pela memória do coronel Carlos Alberto Brilhante Ustra, o pavor de Dilma Rousseff...".

Ustra foi o membro mais notório da Oban, Operação Bandeirante, centro de tortura em São Paulo ao qual Dilma foi levada diversas vezes durante a época em que foi presa política.[42] Também foi chefe do DOI-Codi em São Paulo, órgão de repressão política, e o primeiro militar condenado pela Justiça como torturador.

Aquele foi o único momento em que Dilma Rousseff, que acompanhava "serena", segundo relatos, a votação pela TV no Palácio da Alvorada, sobressaltou-se; apertou as mãos nos braços da cadeira em que estava sentada e saiu da sala, para um corredor, onde permaneceu sozinha por alguns minutos. Fez-se um longo silêncio no palácio.[43]

A conclusão do voto de Bolsonaro é ainda mais reveladora: "... pelo Exército de Caxias, pelas nossas Forças Armadas, pelo Brasil acima de tudo e por Deus acima de todos, o meu voto é sim!". "Brasil acima de tudo, Deus acima de todos" seria seu bordão na campanha presidencial de 2018 da qual sairia vitorioso. E Caxias, claro, o patrono do Exército rememorado por Leônidas Pires na votação do artigo 142 e relembrado sempre como um defensor da atuação interna dos militares.

Quando o entrevistei em 2020, Pedro Abramovay fez uma análise interessante sobre esse período sui generis na história da República. "Na hora que muda o governo, não tem um general que fale em defesa do governo. Isso para mim é muito impressionante. Que outro governo, em quinhentos anos de história, ficou treze anos no poder e não tem um general leal?"

Depois de um processo que durou 180 dias, a primeira presidente mulher do Brasil sofreria impeachment sem que tenha sido demonstrado que ela cometera qualquer crime — e menos ainda, qualquer ato de corrupção.[44]

Se havia alguma dúvida sobre o conteúdo misógino do impeachment de Dilma, ela se dissipou na nomeação do ministério de seu vice, Michel Temer. Nele, não havia nenhuma mulher. Também foram ficando mais patentes, com o passar do tempo, a presença do comando militar na costura do impeachment e o generoso respaldo dado ao novo governo — antes ainda da abertura do procedimento na Câmara dos Deputados, Temer manteve reuniões com o comandante do Exército Eduardo Villas Bôas e com o principal porta-voz do descontentamento em relação à CNV, o general Etchegoyen.

# 12. O governo Temer e os militares

Nos anos que se seguiram à entrega do relatório da Comissão da Verdade, nenhum general teve uma ascensão tão meteórica quanto Etchegoyen. Apenas quatro meses depois da sua carta de protesto à CNV, considerada por muitos um ato de quebra de hierarquia, ele se tornou chefe do Estado-Maior do Exército, responsável por elaborar a política militar, o planejamento estratégico, o preparo e o emprego da Força terrestre.

Foi indicado pelo seu amigo, o general Eduardo Villas Bôas, que assumira o comando do Exército em 5 de fevereiro de 2015, no começo do segundo mandato, escolhido por Dilma entre a lista tríplice enviada pela Força.[1] Nascidos ambos em Cruz Alta, no interior do Rio Grande do Sul — assim como outro general que foi fundamental para as relações cívico-militares, Leônidas Pires —, com três meses de diferença, herdaram a proximidade das mães, amigas desde meninas. Ambas casaram-se com militares que se tornaram altos oficiais do Exército. Já rapazes, os filhos foram para armas diferentes: Villas Bôas para a Infantaria e Etchegoyen para a Cavalaria; mas mantiveram-se grandes aliados. Em uma longa entrevista ao pesquisador Celso Castro,

Villas Bôas chamou-o de "primo por afinidade" com quem "guardamos uma grande identidade na maneira de pensar e agir" e disse que a amizade jamais foi abalada por discordâncias. "Se ocorresse, nossas mães nos colocariam embaixo do 'chuveiro gelado' novamente."[2]

Sérgio Etchegoyen esteve à frente do Estado-Maior do Exército durante toda a crise política que precedeu o impeachment de Dilma Rousseff. Do posto, só saiu em 12 de maio de 2016, um dia intenso em Brasília. Naquela manhã encerrou-se uma votação que já durava vinte horas no plenário do Senado. Às 6h33, por 55 votos a 22, os senadores decidiram dar abertura ao processo de impeachment e afastar a presidente eleita. Por volta das onze horas, Dilma recebeu a intimação no Palácio do Planalto e fez um curto pronunciamento chamando o processo de "golpe": "Chamo de golpe porque o impeachment sem crime de responsabilidade é um golpe".[3] Às 11h25, Michel Temer foi notificado no Palácio do Jaburu, onde vivia, de que assumiria o governo interinamente por 180 dias. Em seguida, rumou para o Palácio do Planalto, onde deu posse aos 24 novos ministros indicados por ele. Eram todos homens, e todos brancos.

Etchegoyen assumiu naquela mesma noite como ministro-chefe da Secretaria de Segurança Institucional, que em breve voltaria a se chamar Gabinete de Segurança Institucional (GSI), recriado por Temer no ato da posse. Era o fim de uma querela que durava alguns meses entre os militares e o convalescente governo Dilma, que extinguira o GSI numa canetada, em uma reforma ministerial em outubro de 2015, transferindo a Abin para a Secretaria de Governo da Presidência da República e submetendo de vez o serviço de inteligência brasileiro ao poder civil. "Foi o atestado de falta de visão de Estado. Essa senhora não tinha a menor ideia de onde ela estava", me disse Etchegoyen. "Isso foi uma forma de... diminuir o GSI, realmente essa senhora tá noutra, o problema dela é outro, é falta de visão de Estado, falta de tudo."

O problema, claro, não era bem esse. Com a decisão, Dilma extinguiu o único posto de primeiro escalão consistentemente ocupado por militares desde a redemocratização, efetivamente tirando os militares do governo. Pela primeira vez na história da República, as Forças Armadas perderam representação ministerial. Retirou-os ainda do comando do principal serviço de inteligência brasileiro, que passou a ser comandando pela Presidência, sob o novo secretário de governo, o petista Ricardo Berzoini. Atendia assim a uma demanda antiga dos oficiais de inteligência da Abin.[4]

Entretanto, Etchegoyen não considera esse o "ponto de não retorno" da relação entre o comando do Exército e o governo Dilma. Segundo ele, foram dois outros pontos. O primeiro foi a Comissão da Verdade, já tratado neste livro, e o segundo foi quando o Ministério da Defesa, liderado por Jaques Wagner, transferiu para si a atribuição de assinar atos relativos ao pessoal, incluindo promoções de oficiais e sua transferência para a reserva ou reforma,[5] "um decreto ilegal porque retirava a competência legal dos comandantes das Forças e levava pro Ministério. E que aí a gente sentiu o risco grande da bolivarianização", complementa o general.

O fantasma do bolivarianismo — proposta mais marqueteira do que ideológica capitaneada por Hugo Chávez na Venezuela como um "socialismo do século XXI" — já rondava a mente dos militares havia algum tempo, como atesta a nota dos 27 generais aposentados contra a Comissão Nacional da Verdade. Etchegoyen, apontado como um general moderado, alinha-se a essa visão e cita um documento de autocrítica publicado pelo Diretório Nacional do PT após o impeachment, que lamenta ter deixado de "modificar os currículos das academias militares [e de] promover oficiais com compromisso democrático e nacionalista".[6]

"Isso aí é a Venezuela!", diz Etchegoyen.

O decreto n. 8515 foi enfim revogado no começo de julho de 2016, um mês e meio depois da posse do presidente interino. O ato foi comemorado em publicações do meio militar, como a *Folha Militar*.[7]

Quando foi celebrado o "acordo de cavalheiros" entre Temer e a cúpula do Exército não se sabe. Mas segundo o livro *A escolha*, um compilado de entrevistas de Temer ao amigo Denis Rosenfield, ele afirma que jantou algumas vezes com Etchegoyen e Villas Bôas. "Tivemos uma conversa política muito agradável", diz, logo no começo do livro. Mais para a frente, Denis diz: "O senhor visitou o general Villas Bôas, inclusive na casa dele, ainda quando era vice-presidente. Acompanhei o senhor nessa janta e pude constatar o ambiente de concórdia e de defesa do país". O ex-presidente responde que, "neste jantar em particular, aceitei um convite muito gentil do general Villas Bôas, tivemos uma boa prosa".

Publicado em 2020, o livro registra um tremendo esforço de Temer, já presidente, para se manter próximo à cúpula militar. "Eu tenho recebido das Forças Armadas um apoio extraordinário", diz Temer, citando as operações GLO. "Foram mais de onze ou doze operações e, em alguns estados, até duas, três ou quatro vezes. [...] Eles têm dado um prestígio enorme ao governo", disse. "Visitei muitas vezes o general Villas Bôas, por exemplo, em seu aniversário, quando fui cumprimentá-lo em sua casa. Essas coisas fazem parte da boa convivência institucional."[8]

Não foi apenas com ele que a cúpula militar se relacionava. Depois da publicação do livro, o general Etchegoyen relembrou que os comandantes militares conversaram com diversas lideranças políticas.

Parece ser o que restou a alguns personagens no seu esforço vão de encontrar uma narrativa para esconder seus próprios erros e que eles isolaram os militares, desrespeitaram-nos, encenaram uma Comissão da Verdade claramente vingativa, afrontaram a lei para usurpar competências claras dos comandantes e, note bem, o governo nunca nos procurou, ao contrário de muitas outras lideranças da época, não só o então vice-presidente, inclusive parlamentares da base de apoio do governo.[9]

Um desses líderes foi Romero Jucá, aliado de Temer de longa data, que em uma comprometedora gravação publicada pelo jornalista Rubens Valente sugeriu ao ex-presidente da Transpetro, Sérgio Machado, que a retirada de Dilma resultaria em um pacto "com o Supremo, com tudo" para "estancar a sangria" representada pela Operação Lava Jato. Jucá afirmou estar conversando com comandantes militares, que prometiam apoio ao processo e garantiam estar monitorando o MST para evitar protestos. "Conversei ontem com alguns ministros do Supremo. Os caras dizem: 'Ó, só tem condições de [inaudível] sem ela [Dilma]. Enquanto ela estiver ali, a imprensa, os caras querem tirar ela, essa porra não vai parar nunca'. Entendeu? Então... Estou conversando com os generais, comandantes militares. Está tudo tranquilo, os caras dizem que vão garantir. Estão monitorando o MST, não sei o quê, para não perturbar."

Em outra entrevista, Eduardo Villas Bôas detalhou que foi pessoalmente sondado por Michel Temer às vésperas do impeachment sobre a reação do Exército.[10] "Falei ao presidente Temer dos três pilares." O primeiro seria o da legalidade, em que uma instituição de Estado não poderia nunca atuar fora desse preceito. Segundo ele, o Exército poderia ser empregado em consonância com a Constituição, conforme o artigo 142 (que diz que, a pedido do Executivo, Legislativo ou Judiciário, as Forças podem ser empregadas para assegurar a lei e a ordem). O segundo pilar é o da estabilidade — em momentos conturbados, "poderíamos agir para manter a estabilidade nacional para que as instituições funcionassem". E o terceiro é o da legitimidade, "um preceito construído pelo Exército ao longo de muitos anos". Se eventualmente o Exército for chamado, deve estar caracterizada sua imparcialidade como instituição que "jamais se submeteu a pressões políticas". "A minha resposta era que o Brasil hoje é um país de instituições já com seus espaços, seus limites de atuação definidos. Nós temos um sistema de pesos e contrapesos que dispensa a sociedade de ser tutelada", concluiu.

O general Etchegoyen deixou claro que Eduardo Villas Bôas estava de acordo com sua crucial participação no governo Temer. "Não significava um projeto pessoal. Participei porque achava — não só eu, mas o meu comandante achava — que aquilo era importante."[11] Villas Bôas foi consultado não apenas sobre a indicação do amigo, mas também sobre a indicação de Raul Jungmann para o Ministério da Defesa.[12]

Imediatamente notado como um "superministro" do novo governo, Etchegoyen foi discreto na cerimônia de posse do GSI. Não falou palavra e não disputou lugar perto do presidente em exercício recém-empossado. Dois anos depois, quando entregou a pasta, enormemente fortalecida, ao seu sucessor, o general Augusto Heleno, este mandou a discrição às favas. "Nossa missão [...] é basicamente tratar da segurança e das viagens do presidente da República e, mais ainda, cuidar do sistema de inteligência brasileiro. Esse sistema foi recuperado pelo [general] Etchegoyen. Ele foi derretido pela senhora Rousseff, que não acreditava em inteligência."[13] A plateia masculina do salão nobre do Palácio do Planalto riu.

Afora o estilo, a diferença de visão entre os dois ministros do GSI é de matiz, e não de substância. Ao contrário de Heleno, Etchegoyen nunca teve pretensões políticas — rejeitou ser candidato e tomar parte no governo Bolsonaro — e foi descrito por Temer como "um intelectual" que "ajudou o governo em diversas medidas, não só de sua área".[14] Sua atuação foi o projeto de um grupo militar que vislumbrava retomar o espaço perdido. E o foco central desse projeto centrava-se, inicialmente, na ampliação do sistema de inteligência brasileiro.

No comando do GSI, Etchegoyen tinha três objetivos claros, segundo me disse. O primeiro era dar uma assessoria de segurança nacional ao presidente. "O Brasil é uma das dez maiores economias do mundo há cinquenta anos. Há cinquenta anos o presidente da República não dispõe de um assessor de segurança nacional e de um sistema de inteligência de Estado."

Segundo: criar uma estrutura de inteligência do Estado "que pare com essa frescura, com o perdão da má palavra, de que 'ah, a Abin está me espionando'. Isso é uma bobagem. A Abin é uma agência de Estado que fornece para o presidente dados para as suas decisões. Então tu dá à agência de inteligência um papel de Estado, semelhante às Forças Armadas, à Polícia Federal, à diplomacia".

O terceiro era "trazer de volta os militares a fóruns de onde eles tinham saído". Para Etchegoyen, foi uma "visão torta" que levou os governos democráticos — desde Fernando Henrique Cardoso — a não consultar os militares antes de assinar, por exemplo, tratados que ele considera "predatórios" e "danosos" aos interesses nacionais, como o Tratado de Não Proliferação Nuclear,[15] o Tratado de Banimento de Minas Terrestres[16] e a Convenção n. 169 da Organização Internacional do Trabalho (OIT) sobre os povos indígenas e tribais em países independentes.[17] "Nós nunca fomos chamados", diz.

Isso aconteceu, na opinião do general reservista, por conta de uma visão de que os militares "são golpistas". "Vamos assinar um tratado de banimento de minas terrestres. Quem usa minas? As Forças Armadas. Ninguém nos perguntou", diz.

Mais uma vez, é nítida a articulação entre a visão de Etchegoyen e a de seu então superior. No livro *Conversas com o comandante*, Eduardo Villas Bôas explica detalhadamente que decidiu, nos quatro anos em que esteve no comando, acabar com "a postura do grande mudo" assumida pelo Exército com o fim da ditadura e a "volta aos quartéis". "Estabeleci como meta que o Exército voltasse a ser ouvido com naturalidade. Teríamos que romper um patrulhamento que agia toda vez que um militar se pronunciava, rotulando de imediato como quebra de disciplina ou ameaça de golpe."[18]

Entre as ações tomadas estão a criação de perfis em redes sociais, em que mensagens são cuidadosamente elaboradas pelo Comando de Comunicação (ccomsex), a atuação junto a âncoras de tv e jornalistas, e o estímulo aos generais do Exército para serem proativos e ocuparem espaços de comunicação, como colunas em jornais.

Villas Bôas foi o primeiro comandante do Exército em duas décadas a atuar politicamente de maneira explícita. Não apenas convidou todos os candidatos à sucessão de Michel Temer durante a campanha eleitoral para discutir temas de interesse das Forças Armadas — foram dois encontros com Jair Bolsonaro antes de ele ser eleito e um logo depois —,[19] como se posicionou firmemente contra a libertação de Lula da prisão, realizada após a condenação em segunda instância por lavagem de dinheiro e corrupção envolvendo um triplex no Guarujá.[20]

Antes da votação que referendou a manutenção de Lula atrás das grades e fora das eleições, em abril de 2018, o general tuitou que "resta perguntar às instituições e ao povo quem realmente está pensando no bem do país e das gerações futuras e quem está preocupado apenas com interesses pessoais?". Sua preocupação, explicaria mais tarde, era que "aqueles acontecimentos desencadeassem uma instabilidade de ordem pública", uma vez que a memória dos protestos de 2013 ainda estava vívida. "O tuíte teve um caráter preventivo", disse.[21]

Villas Bôas não estava só. Ele garante que texto foi discutido longamente com seu Estado-Maior — a quem ele chama de "meus cavaleiros da távola redonda"[22] —, além do general Silva e Luna, então ministro da Defesa, que atuou para atenuar qualquer tom de ameaça. Não consultou o amigo Etchegoyen. Ele diz que sabia que estava "no limite da responsabilidade institucional"[23] e que achou que até ficou barato,[24] mas sempre negou veementemente qualquer possibilidade de intervenção militar.

A preocupação do general Villas Bôas, inegavelmente política, era a de que tinham que voltar a ter voz. "Me dei conta de que a sociedade e as elites estavam se desacostumando a ouvir o Exército e as Forças Armadas. Havia até um patrulhamento em relação a isso. Mas considero que é legítimo as Forças Armadas se pronunciarem para participar da discussão em tudo que diz respeito a segurança e defesa", raciocinou.[25]

Como a história nos mostrou, a coisa não parou por aí. Em menos de dois anos os militares estariam atuando em todas as esferas da vida política brasileira, da Petrobras ao Sistema Único de Saúde.

Em 29 de junho de 2016, a recriação do GSI ganhou substância com a sanção da Política Nacional de Inteligência, a PNI. Sob sua guarda está uma variedade de temas. As principais ameaças listadas são a espionagem — inclusive industrial —, sabotagem, interferência externa, "ações contrárias à soberania nacional", ataques cibernéticos, terrorismo, crime organizado, corrupção e "ações contrárias ao Estado Democrático de Direito".[26]

Com escopo definido — e ampliado —, Etchegoyen mudou o modo de a Abin trabalhar, com foco crescente no exterior, a exemplo de outros serviços de espionagem estrangeiros. "A Abin saiu para o mundo para buscar as informações para um Estado que é uma das maiores economias do mundo", diz o general. No começo de 2017, abriram-se adidâncias para agentes da Abin na África do Sul, Estados Unidos, França e Paraguai — a Agência já estava estabelecida na Argentina, Colômbia e Venezuela. No ano seguinte, final da regência de Etchegoyen, as adidâncias chegaram a vinte, incluindo países como China, Japão, Itália e México.[27] Os adidos assessoram embaixadores e trocam informações com serviços de inteligência locais, acompanham casos de terrorismo, migração ilegal, segurança cibernética e tráfico de armas, drogas e pessoas.[28]

Nas mãos do general Heleno, durante o governo Bolsonaro, pelo menos uma nova atribuição coube aos agentes da Abin: monitorar ambientalistas brasileiros que atuaram durante as conferências do clima na ONU. O general defendeu o envio de quatro agentes da Abin à reunião de Madri, em 2019, e justificou pelo Twitter:

> Temas estratégicos devem ser acompanhados por servidores qualificados, sobretudo quando envolvem campanhas internacionais sórdidas e mentirosas, apoiadas por maus brasileiros, com objetivo de prejudicar o Brasil. A Abin é instituição de Estado e continuará cumprindo seu dever em eventos, no Brasil e no exterior.[29]

Em 2021, a ação de espionagem virou alvo de inquérito do MPF.

O papel de Etchegoyen foi bem além da remilitarização do Sistema de Inteligência, como bem notou o presidente Temer. Ele era o primeiro assessor com quem o emedebista conversava ao chegar ao Palácio do Planalto; aguardava-o, com pontualidade militar, na garagem, e durante o trajeto no elevador eles conversavam sobre a ordem do dia. O gabinete presidencial ficava no terceiro andar, e o GSI, no quarto. Etchegoyen também representou o governo em reuniões sensíveis, como junto a governantes estrangeiros e ministros do STF.

No aniversário de um ano desde que assumira como interino, foi a vez de Temer ser alvo de uma operação anticorrupção da PF. Foi flagrado em conversas a altas horas no Palácio do Jaburu, orientando o empresário Joesley Batista, da JBS, a entregar uma mala de dinheiro a um assessor. Joesley entrou na residência do presidente com um gravador colado à roupa, sem ser detectado pelo GSI. Havia fechado acordo de colaboração com a PGR, e a mala, que efetivamente foi entregue, tinha um chip rastreável; todo o Brasil acreditou que aquele seria o fim do curto governo. Mas Temer tinha Etchegoyen. Foi à televisão e disse: "Não renunciarei". Com a popularidade abaixo de 10%, o governo parou de pé.

Nos dias que se seguiram, houve manifestações contra o governo em pelo menos dezessete capitais. Numa noite tensa em Brasília, em 24 de maio, o presidente convocou as Forças Armadas, assinando um decreto de GLO para conter um movimento que exigia eleições diretas. Os manifestantes atearam fogo no Ministério da Agricultura; segundo Etchegoyen contou ao repórter Fabio Victor, da *piauí*:[30] "Ali só tinha duas opções: ou irmos para casa lamentando as vítimas que teriam morrido queimadas, mas politicamente satisfeitos por não termos empregado as Forças Armadas, ou não termos vítimas e irmos dormir aguentando a crítica de ter empregado as Forças Armadas".[31]

Essa foi apenas uma das muitas GLOs promulgadas pelo governo Temer: foram oito em 2017 e cinco em 2018.

"Somos treinados em cima de princípios, de conceitos, com alguns fundamentos, com muita flexibilidade para dar agilidade mental para poder resolver o problema. Então, se der pro militar um problema de segurança pública, ele vai se adaptar e vai fazer",[32] defendeu Etchegoyen durante um evento no Itamaraty em 23 de agosto de 2017. Falando para futuros diplomatas, ele justificou as repetidas ações do Exército na Segurança Pública: "Estamos vivendo tempos extraordinários. Precisamos de soluções extraordinárias".

Para o pesquisador Alexandre Fuccille, por ser um governo "absolutamente impopular", as Forças Armadas "foram empregadas para garantir o governo".[33] Em contrapartida, foram poupados dos cortes orçamentários que se seguiram. Um exemplo foi o aumento das despesas discricionárias, livres para investimentos, sem destino obrigatório, que subiram de 11,5 bilhões de reais em 2016 para 15,3 bilhões em 2017.[34]

De fato, as GLOs responderam a uma série de crises durante o curto governo de Temer. Uma greve da PM no Espírito Santo, rebeliões em presídios comandadas por facções criminosas no Rio Grande do Norte e no Amazonas, e uma greve de caminhoneiros que paralisou o país. Nessa, promulgou-se a mais vasta GLO até então — válida em todo o território nacional, durante dez dias, de 25 de maio a 4 de junho de 2018, com o emprego de 17 mil homens.

Mas nada se compara à intervenção federal no Rio de Janeiro, que duraria de 16 de fevereiro a 31 de dezembro de 2018. O estado do Rio já vivia sob um decreto de Garantia da Lei e da Ordem assinado por Temer seis meses antes, em 28 julho de 2017. Foi a Operação Furacão, que teve, no total, mais de duzentas fases, cada uma delas uma operação completa, com ação em um terreno ou comunidade em parceria com a Polícia Militar fluminense. Se contadas separadamente, os anos de 2017 e 2019 seriam recordistas na história em termos de emprego de militares como polícia. O Exército, entretanto, contabiliza todas as fases como se fosse apenas uma megaoperação.

A intervenção de 2018 foi a primeira vez que um governo federal aplicou o artigo 34 da Constituição de 1988, intervindo em um estado: os militares assumiram o comando também do palácio.

## 13. Um erro escusável

No começo de 2017, houve mais um corpo. Matheus Martins da Silva foi atingido por um tiro de fuzil dez meses depois de o general Etchegoyen assumir como ministro do governo interino. Durante nossa conversa, Etchegoyen ressaltou que Matheus foi uma das *poucas* vítimas da atuação interna do Exército: "Se tu olhares, a gente tem civis mortos em GLO, mas numa taxa muito pequena; se tu imaginares a quantidade de gente, de armas, de munição que tinha lá, a quantidade de força... Isso significa experiência de combate".

Em dezembro de 2016, pouco depois de completar dezessete anos, Matheus estava sentado na sala da casa de sua mãe em Vitória, capital do Espírito Santo. Ela, de pé, estranhou quando o filho disse: "Mãe, a gente vai ficar junto para sempre. Ninguém vai separar a gente". "Parecia um pressentimento", ela me disse.

Essa é a primeira coisa que conta quando indagada sobre a morte do filho. Para ela, esse é o começo da história que terminou dois meses depois, em 11 de fevereiro de 2017, com Matheus sendo assassinado pelo Exército brasileiro. Na madrugada daquele dia, uma bala de fuzil calibre 7,62 o acertou na cabeça. O menino morreu na hora.

Matheus era o filho caçula de Cristiane Martins da Silva, de 44 anos. Desde a sua morte, ela não "deixou" o filho um segundo. Além de cuidar dos detalhes práticos, encara a missão de limpar o seu nome. "Eles falaram que meu filho era vagabundo, criminoso", diz. "Foi uma covardia."[1]

A ordem de autorização da Operação Capixaba, assinada em 6 de fevereiro de 2017 por Temer, respondia a uma greve da Polícia Militar no estado, que levou a uma escalada de violência nas ruas — foram mais de cem mortos em cinco dias — e confrontos entre policiais civis e militares. Em resposta, mais de 3 mil homens,[2] a maior parte do Exército, permaneceriam patrulhando a área metropolitana da capital até 8 de março. Além de guardar locais de grande movimento, como avenidas e terminais rodoviários, e fazer *checkpoints* em vias de acesso, respondiam a chamadas de emergência para atuarem como policiais.

Foi o que aconteceu na noite de 11 de fevereiro. Por volta de uma da madrugada, uma patrulha do Exército foi chamada para o bairro de São João Batista, em Cariacica, município a doze quilômetros de Vitória, por funcionários da Unidade de Internação Provisória (Unip) no bairro, voltada para adolescentes em conflito com a lei. Durante a tarde, a unidade sofrera um ataque de cinco adolescentes armados que tentavam abrir um buraco no muro para ajudar os internos a fugir.

Quando o Exército chegou, não encontrou ninguém diante da Unip, então resolveu fazer uma patrulha dentro do bairro. A patrulha varou a madrugada de sexta para sábado.

Já era tarde quando Matheus deixou a casa dos primos, aonde fora jantar. Matheus morava ali desde criança, com o pai e os dois irmãos mais velhos. Após a separação, a mãe mudou-se para Vitória, e o filho permaneceu cuidando do pai, que tem esclerose múltipla. "O Matheus parecia enfermeiro: dava banho, comida, sonda. Em tudo o pai depende dos outros", me disse a mãe. Antes de adoecer, o pai vendia mel na feira, e desde pequeno Matheus o ajudava.

O tiro apanhou-o a um quarteirão de casa. O estampido foi ouvido pelos irmãos, por vizinhos e primos — toda a família mora na vizinhança.

"Quando ouvi os tiros, saí de casa e já encontrei minha prima gritando. Isso acabou com a minha vida. Ele era tudo pra gente", contou Tatiane, prima de Matheus, ao jornal *Notícia Agora*. Nas fotos da imprensa, os familiares exibiam algumas cápsulas de fuzil que recolheram no local. A prima descreveu-o como "um menino inocente, tinha vergonha de falar com as pessoas. A gente é pobre, mas não é bandido, não é cachorro". Ela contou ao site G1 que os militares subiram na viatura assim que perceberam que Matheus não estava armado e foram embora sem prestar socorro.

À imprensa, o Exército mentiu. Mais uma vez. A Força-Tarefa Conjunta Capixaba disse que Matheus era "transgressor" e morrera em confronto. "Durante a troca de tiros, foi constatado que um dos transgressores foi atingido e veio a óbito", diz a nota. Essa versão logo apareceu em um documento oficial do IPM, aberto na manhã seguinte ao ocorrido, e foi cabalmente desmentida pelas investigações da Polícia Civil sobre o crime.[3]

Já o inquérito conduzido pelo Exército foi encerrado um mês e meio depois e só ouviu os dez militares envolvidos na operação e quatro funcionários da Unip. Nenhum vizinho ou familiar foi procurado. O IPM concluiu que não houve crime porque os soldados agiram após serem alvejados, em "legítima defesa" e "em estrito cumprimento do dever legal", configurando assim um "excludente de ilicitude".

A versão é a seguinte: após a chegada do Exército, os jovens armados já não estavam diante da Unip, mas haviam entrado no bairro São João Batista. A patrulha decidiu, então, persegui-los. Dentro da comunidade, foram atacados pelos "Apop".

Mais uma vez, a roupa que Matheus usava — uma camiseta branca com uma estampa, bermuda e chinelos — é apontada como um indício de que ele seria um dos jovens que ameaçaram a Unip. Ele "vestia uma camisa clara muito parecida com a camisa de um dos marginais que apareceram nas gravações portando armas", afirma o inquérito.

Matheus jamais cometera crime algum, segundo mostram cristalinamente os registros de antecedentes criminais. Mesmo assim, o IPM reitera que ele foi "abordado em pelo menos duas ocasiões pela Polícia Militar, e em ambas as abordagens ele confessou ser usuário de drogas". Mas quem lê os registros na íntegra encontra uma história bem mais prosaica: houve de fato duas abordagens, feitas no mesmo quarteirão onde ele morava, e em ambos os casos Matheus, então com quinze anos, estava com amigos. Ninguém portava nenhuma droga. Questionados pelos policiais, confirmaram ter fumado maconha. Nas duas vezes, os PMs deram uma bronca nos adolescentes e foram embora.

O IPM descreve ainda que os disparos foram dados pelo capitão Thyago Moacyr Pinto da Silva, auxiliar da 3Q, seção do 38º Batalhão de Infantaria, uma base militar em Vila Velha, que liderava naquela noite a incursão pelo bairro. O capitão, quando realizava a segurança da praça, teria visto três Apop armados. Um deles, quando viu o militar, teria gritado: "Olha eles ali". Então "o outro Apop virou-se em direção à posição do pelotão e apontou uma arma em direção ao capitão. Neste momento, o capitão realizou dois disparos de FAL (fuzil automático) e não observou se havia ferido o Apop. Ouviu dois sons que julgou ser de disparos e realizou mais dois disparos".

Após o que "julgou" ser disparos, o capitão orientou os demais soldados a evacuarem o local, por considerar que não era seguro permanecer ali. Nenhum dos soldados foi ferido ou atingido e não há vestígio material de que tiros tenham sido disparados contra os militares.

Referendando a conclusão do IPM, no dia 17 de abril o comandante da Operação Capixaba escreveu que o capitão Moacyr "agiu em legítima defesa e de acordo com o previsto nas Regras de Engajamento da Operação Capixaba". A seguir, veio o papel vergonhoso do Ministério Público Militar, que concordou em gênero, número e grau com a versão do Exército, colocando em dúvida a autoria do crime. "Em que pese a Polícia Civil do Espírito Santo ter constatado que Matheus foi alvejado por um projétil do tipo 7,62 mm, de uso das Forças Armadas, não há como precisar de quem partiu o disparo que o atingiu. Se de militar do Exército, de pessoa não identificada, ou dos próprios comparsas do falecido, não se vislumbrando qualquer diligência capaz de elucidar tal ponto", escreveu o promotor Ednilson Pires ao pedir o arquivamento do caso. Elucidar esse ponto era simples: bastava cotejar a arma do capitão Moacyr com os projéteis recolhidos pela família. Isso não foi feito.[4]

A investigação da Polícia Civil foi bruscamente interrompida um mês depois do crime, justo quando o delegado da Civil, Franco Quedevez Malini, concluiu que os tiros partiram do Exército. "Logo, a investigação criminal não cabe à Polícia Civil", escreveu o delegado. Embora tenha durado aproximadamente um mês, a investigação da Polícia Civil capixaba jogou luz sobre algumas questões importantes. Primeiro, mostrou que por volta da uma da madrugada os serviços de emergência receberam diversas chamadas da São João Batista, mas em nenhuma delas há a descrição de troca de tiros. Uma delas, de um anônimo que ligou para o 190 à 1h14, descreve: "Indivíduo portando arma de fogo efetuou disparos contra um rapaz que já está caído na via. Ressalta que o indivíduo que efetuou os disparos está na pracinha e continua efetuando disparos, pede apoio".

Atendendo aos chamados, a Polícia Civil foi ao local — por volta de 1h50 já encontrou o bairro em polvorosa, com os vizinhos rodeando o corpo de Matheus, coberto com uma manta florida. Havia marcas de balas em um poste, a 3,5 metros de altura do chão, em um muro de chapisco e em um caminhão-baú.

"No local, quando chegamos, encontrava-se bastante aglomeração de populares que estavam exaltados com a situação dizendo que a vítima foi morta pelo Exército e observando que no momento da ação todos os componentes da equipe estavam com camuflagens de guerra", descreveram os policiais. Eles anotaram também que não encontraram "nenhum tipo de arma, drogas ou objetos de qualificação" próximo ao corpo. Mas receberam dos moradores "dois estojos de calibre 7,62 com uma marca verde em sua base".

Os policiais conseguiram registrar naquele momento o testemunho do irmão mais velho de Matheus. "Everton, irmão da vítima, estava muito alterado e nervoso, dizendo a todo momento que foi o Exército em patrulhamento que matou seu irmão, que, segundo ele, era um menino bom e não fazia nada de errado." Everton ainda completou que viu quatro soldados dispararem contra a vítima, "que, segundo ele, levantou a mão, mas houve mais disparos, então a vítima correu e foi atingida, vindo a óbito ali no local".

Quem decidiu, por fim, que a morte de Matheus não merecia mais atenção foi a juíza Maria Placidina de Azevedo Barbosa Araújo. Na sentença, ela menciona a falta do exame de balística — mas não comenta que o próprio Exército, ou o Ministério Público Militar, poderiam tê-lo providenciado. "Diante disso, pela falta de mínimos indícios de autoria, já haveria subsídios para acolher um pedido de arquivamento", escreveu em 16 de novembro de 2017.

A juíza, porém, vai mais longe na sua justificativa. *Mesmo se fosse culpa do Exército, seria apenas um erro desculpável.*

> E, ainda, caso a pretensa vítima fosse um inocente, pelo contexto fático, estaríamos diante de erro de fato (cpm, art. 36), eis que, repita-se, até um inocente vitimado nas referidas condições seria *um erro plenamente escusável*, fincado na admissível suposição de *existência de situação de fato que tornaria a ação legítima*, dando-se as justificantes (seja a legítima defesa ou o estrito cumprimento do dever legal) de forma putativa, o que leva à isenção de pena, por exclusão da culpabilidade.

E arquivou o processo.

Diante da impossibilidade de obter justiça pelas vias criminais, a família recorreu à Justiça Civil por uma reparação. Cristiane não se conforma que as Forças Armadas tenham dito que seu filho era um criminoso. "Eu tenho todas as provas de que ele não era." Sozinha, a mãe reuniu fotos, recortes de jornal, relatos, testemunhas. "A roupa do meu filho eu guardo até hoje", diz.

Enquanto o filho estava vivo, ela mantinha, além do restaurante na hora do almoço, um ponto de churrasquinho no centro da cidade à noite. Teve que fechar o restaurante. Emagreceu, foi diagnosticada com câncer, entrou em depressão. "Eu estava ficando paranoica, meu marido ia me buscar de madrugada lá dentro do cemitério. Eu endoidei", diz. "O Matheus era tudo pra mim."

Em 8 de março, a Grande Vitória voltou à normalidade com o fim da greve dos pms e a retirada das Forças Armadas. O general Etchegoyen, ministro do gsi, e Raul Jungmann, ministro da Defesa, saíram fortalecidos. Para o general, toda a querela na

Justiça Civil sobre "dolo" por parte do Exército é "uma bobagem". "Na realidade, é o seguinte: qual é o militar, em alguma guerra, que atira sem dolo? Isso não existe. Se o cara vai usar a estrutura militar e vai mandar o cara atirar, tem dolo. Não tem saída", concluiu na nossa entrevista. "Acho que a Justiça Militar não é ilegítima pra julgar isso, até porque quem está ali entende o que é uma atividade militar, muito diferente da Civil."

Exatamente um mês antes da decisão da juíza militar de arquivar o caso de Matheus, a posição do general tornara-se lei. Com uma assinatura, Temer enviou todos os crimes de militares, dolosos ou não, para a Justiça Militar, preparando o terreno para a ação que marcaria o ápice da influência de Etchegoyen sobre o governo.

# 14. A intervenção militar no Rio de Janeiro

Dez mil, setecentos e vinte e sete dias — quase trinta anos — transcorreram sem que as Forças Armadas liderassem uma intervenção em um estado depois de ser promulgada a Constituição de 1988. No dia 16 de fevereiro de 2018, o presidente Michel Temer enterrou essa tradição, autorizando uma intervenção federal "de natureza militar"[1] no estado do Rio de Janeiro sob o comando de generais estrelados. A segurança pública, tema crucial na cidade conhecida mundialmente pela violência urbana, ficaria a cargo dos militares, que responderiam diretamente a Temer, e não ao governador.

O governador em questão era Luiz Fernando Pezão, do mesmo partido de Temer, herdeiro político e vice de Sérgio Cabral, e que assumiu o governo quando este renunciou. Em 29 de novembro de 2018, um mês antes do fim da intervenção, Pezão foi preso preventivamente. Já o interventor era o general Walter Braga Netto, que, em 2020, seria alçado a ministro-chefe da Casa Civil do governo de Jair Bolsonaro e depois ministro da Defesa durante uma crise militar, tornando-se a nova versão de "superministro" militar que Etchegoyen inaugurara.

De início, Braga Netto não queria o fardo da interventoria de jeito nenhum. Nem ele nem o comandante do Exército, Eduardo Villas Bôas, que preferia um civil no comando. Porém, depois, indicou o Braga Netto, que na época comandava o CML.[2] Além disso, conversou com os Marinho, donos do Grupo Globo, para pedir apoio à intervenção.[3]

Ao ser indagado pela imprensa se a situação no Rio de Janeiro era mesmo tão grave, Braga Netto retrucou: "É grave, mas não está fora de controle". E concluiu dizendo que havia "muita mídia".[4]

De fato, havia. Era exatamente o tipo de mídia que precedera as maiores operações de GLO e era liderada, como de praxe, pelo Grupo Globo. Na segunda-feira de Carnaval, o *Jornal Nacional* destacou que a festa estava sendo marcada pela falta de policiamento. Cenas de saques a supermercados, arrastões e espancamentos apareceram no jornal televisivo mais popular do país nos dias seguintes. O governador estava fora do Rio, assim como o prefeito, o bispo Marcelo Crivella, sobrinho de Edir Macedo, fundador da Igreja Universal do Reino de Deus, que estava na Europa.

Na sexta-feira pós-Carnaval, 16 de fevereiro de 2018, Temer chamou Braga Netto ao Palácio do Planalto. O general já liderava desde julho do ano anterior uma GLO contínua, que permitira, até então, mais de quinze operações militares em favelas cariocas e no restante do estado, as Operações Furacão.

Quando o general de quatro estrelas chegou ao Planalto, o plano estava acertado. Fora desenhado por Temer e seus maiores escudeiros, o ex-governador do Rio Moreira Franco, ministro da Secretaria-Geral da Presidência, e o pernambucano Raul Jungmann, ministro da Defesa, além de Etchegoyen. Com uma popularidade que atingira 5% no ano anterior, e a completa impossibilidade de aprovar a reforma da Previdência, maior butim esperado pelos que apostaram as fichas no vice de Dilma, o núcleo duro do governo resolveu mudar o foco das atenções para a segurança. A lei proíbe emendas constitucionais enquanto um estado estiver sob intervenção federal. Não se tratava apenas de evitar uma derrota no Congresso, mas de demonstrar uma força que o governo, em si, não tinha — precisava do braço forte mais do que da mão amiga.

Assim, partiu do governo federal, e não do governo do Rio, a ideia da primeira intervenção federal no período democrático. No dia 15 de fevereiro, os ministros Jungmann e Moreira Franco viajaram para o Rio de Janeiro para acertar os detalhes com o governador carioca, que não tinha como se opor. Etchegoyen justificou que "ficou claro que estava esgotada a capacidade de gestão do Rio de Janeiro na área de segurança pública".[5]

Temer fez outro movimento. Em 26 de fevereiro, criou o Ministério Extraordinário da Segurança Pública e colocou Jungmann no volante. Abriu espaço para uma decisão impensável nas gestões anteriores: designou o general Joaquim Silva e Luna para o comando do Ministério da Defesa, colocando a pasta sob a liderança de um militar pela primeira vez desde sua criação e rompendo com um dos "marcos" mais preciosos do poder civil sobre os militares.

Silva e Luna, já na reserva, era o "número 2" do Ministério desde o governo de Dilma Rousseff. Mesmo assim, a mudança, simbolicamente importante, agradou o comando do Exército e foi defendida por Eduardo Villas Bôas, que minimizou qualquer preocupação sobre o avanço dos militares no governo. "Essa preocupação, eu diria, que é totalmente descabida. O controle civil sobre a estrutura militar continua, naturalmente", disse o general.[6]

Sérgio Etchegoyen apareceu ao lado de Jungmann e Braga Netto na sexta-feira, 16 de fevereiro, quando Temer promulgou o breve texto do decreto de intervenção, para encarar a entrevista coletiva à imprensa defendendo a "medida extrema". Mais que detalhar o plano, teve que fazer uma defesa da vocação democrática das Forças Armadas.

"Ameaça à democracia é a incapacidade das estruturas policiais que são de competência dos estados", declarou Etchegoyen durante a coletiva. "Não há nenhum risco para a democracia quando qualquer ação de governo ou de instituição se dá a partir da Constituição", reforçou Jungmann.[7]

Três dias depois, defendendo os seus, Villas Bôas detalhou o temor da caserna em uma reunião com o presidente e os conselhos da República e de Defesa Nacional. Disse ser necessário dar aos militares "garantia para agir sem o risco de surgir uma nova Comissão da Verdade" no futuro.[8] O comentário caiu mal e foi classificado pelos seus assessores como "infeliz".

Assim que assumiu, Braga Netto nomeou um secretário de Segurança Pública, o general de divisão Richard Fernandez Nunes, que comandara a ocupação da Maré.[9] Fernandez Nunes, por sua vez, trocou a chefia da Polícia Civil e da Militar e começou o que Etchegoyen chama de "choque de gestão".

A situação era de penúria. Depois da bonança da Copa de 2014 e das Olimpíadas de 2016, o Rio viu sua principal fonte de riqueza — a cadeia de exploração de petróleo — ser depauperada em meio à investigação da Lava Jato sobre a Petrobras, cuja sede fica no Rio, aliada à baixa do preço do petróleo. Dependente da economia do petróleo e responsável por 80% da produção nacional, o Rio fez água. De janeiro a julho de 2015, a capital fluminense fechou mais de 45 mil vagas de trabalho.[10] Com déficit estimado em 19 bilhões de reais em 2016, o estado decretou calamidade financeira às vésperas da Olimpíadas. Segundo levantamento do *Valor*, fechou o ano com a maior queda na receita total em pelo menos quinze anos: 19,5% em termos reais.[11] Uma geração de políticos influentes estava atrás das grades. Sobrou pouco para o povo e para a segurança pública — para se ter uma ideia, 50% da frota de carros da PM estava sem condições de rodar, segundo o próprio Richard Nunes. Os policiais estavam a pé e sem receber — o pagamento do décimo terceiro de 2017 só saiu no final de abril. Mil policiais que haviam sido chamados desde 2014 nunca tinham sido efetivamente incorporados.[12]

"A intervenção no Rio de Janeiro, isso eu vivi bem de perto, ela não foi uma ação policial nem uma ação militar", me explicou Etchegoyen. "O que o general Braga Netto fez no Rio de Janeiro foi um choque de gestão." Não era algo permanente, diz o general, mas "um melhoral". "O que eles fizeram? Receberam uma grana grande. O governo botou uma nota preta lá. Levaram pra lá TCU, CGU, montaram comissões de compra e passaram a fazer aquisições, gestão de material, regras, normas para gestão da carreira, para gestão do material, para aquisição. Então a polícia do Rio de Janeiro ganhou um banho de loja em tudo que tu imaginar. Eles deixaram lá um plano de carreira completo, o que interessava para as academias, para as escolas deles, fluxo de carreira, projeto de regulação de promoções, um choque de gestão que não havia há muito tempo."

O "banho de loja" custou cerca de 1,15 bilhão de reais, e quase um terço disso foi empenhado na aquisição de novos equipamentos. Compraram mais seiscentas viaturas, caminhões, vans, jipes, e até jet skis, além de computadores, fuzis, armas menos letais, submetralhadoras e munições, coletes balísticos, detectores de metais, entre outros.[13] O Tribunal de Contas da União (TCU) apontaria, depois, desvios de finalidade em 80% dos gastos, incluindo reformas em instalações militares, alimentos de luxo para o Gabinete da Intervenção e compra de equipamentos de uso exclusivo do Exército.[14]

A intervenção teve grande apoio popular: pesquisas mostravam que cerca de 80% da opinião pública era favorável.[15] Um dos motivos foi a quantidade de ações. Segundo as contas do Comando, foram feitas vinte operações por mês — mais de 230 no total. Foram retirados 1200 obstáculos, houve 242 armas apreendidas e 18 mil militares foram empregados. O combate ao roubo de cargas foi uma prioridade: diminuiu 20% em relação ao ano anterior. Os outros crimes caíram menos: roubos de rua (6%), a pedestres (7%) e de veículos (8%). Homicídios foram reduzidos em 6,2%.

Mas se houve queda de letalidade violenta na região metropolitana, o interior do estado registrou uma escalada de mortes, terminando a intervenção com 1648 óbitos, 15,8% a mais do que no ano anterior. O crime fugiu da capital e se aboletou no interior. Também houve piora em dois índices assustadores. O número de tiroteios cresceu 56% em dez meses; e as mortes decorrentes de ação policial aumentaram 36,3%, segundo o Observatório da Intervenção Federal, com o saldo de 201 mortos pelas mãos do Estado.[16]

Das mortes violentas ocorridas durante a intervenção, 22,7% foram cometidas por policiais e militares — quase uma em cada quatro. Segundo me explicou Daniel Lozoya, defensor público do estado do Rio de Janeiro que acompanhou, da perspectiva da população, toda a intervenção militar, "na maioria dos casos em que o Exército era usado indiretamente, quem fazia a linha de frente eram as polícias, e o Exército atuava mais como apoio em megaoperações". Outro legado, diz ele, é que a letalidade policial avançou no conjunto total de mortes violentas. Em algumas localidades do Rio de Janeiro, ela hoje chega a 40% do total de mortes. "Isso não existe em nenhum lugar do mundo", diz. "Mas nesse discurso de guerra, a gente tá matando mais do que tá morrendo, como se todas as mortes praticadas pela polícia fossem legítimas."[17]

Não foram só os PMs que mataram durante a intervenção. Em maio, mais um inocente foi morto pelo Exército.

Diego Augusto Roger Ferreira ia fazer um favor para o irmão de criação naquela noite de sábado, 12 de maio de 2018, e por isso foi até o posto de gasolina numa moto emprestada para comprar óleo de motor. A manhã seguinte era Dia das Mães, e algumas vizinhas iam usar o carro do irmão para entregar cestas de café da manhã. Ele já voltara do trabalho na Uruguaiana, onde era camelô, cortara o cabelo e dera o presentinho adiantado da avó, dona Vera, que o criou desde bebê. Diego tinha 25 anos.

O posto fica na esquina da rua Salustiano Silva com a avenida Duque de Caxias, na entrada da Vila Militar, em Deodoro, sede da 1ª Divisão de Exército. Todos os dias, a qualquer hora, há pelo menos dois jipes do Exército guardados por soldados portando fuzis. Em muitas noites, eles faziam bloqueio e abordagens de carros e motos. Fora isso, Magalhães Bastos é um lugar que tem casas simples e respira tranquilidade.

Diego estava acostumado com os soldados; morava ali, a exatos setecentos metros do bloqueio, desde que a avó o adotara, com nove meses de idade. Estava tão à vontade que saiu de casa sem capacete e de chinelo. E não voltou.

Na patrulha daquela noite, às 20h20, estava o soldado Vinícius de Almeida Castro, do 15º Regimento de Cavalaria Mecanizado, que morava em Duque de Caxias, na Baixada Fluminense. Aos 21, contava dois anos de Exército. Exceto por uma suspensão por dirigir viatura em alta velocidade no começo do ano, nunca teve nenhum problema disciplinar dentro da Força. Recebeu sempre o registro de "bom comportamento". No ano anterior, participou da Operação Capixaba no Espírito Santo.

Mas, naquela noite, Vinícius matou Diego. O homicídio foi chamado por todos os jornais de "primeira morte provocada por militar durante a intervenção". Revoltados, em protesto, alguns moradores de Magalhães Bastos atearam fogo a um ônibus.

Não há controvérsia, segundo o Inquérito Policial-Militar, de que Diego passava de moto pela rua Salustiano Silva, uma subida, e foi alvejado por Vinícius com uma pistola, caindo, já quase sem vida, em frente à paróquia São José, abaixo da via expressa Transolímpica. O tiro entrou na parte superior do tórax esquerdo e se alojou na região lombar. Morreu antes de ser atendido pelo Samu, que demorou cerca de dez minutos para chegar.

Mas a conclusão do IPM, essa sim, é questionada pela família do garoto e pela Defensoria Pública da União (DPU). A narrativa é que Diego tentou atropelar dois soldados, e um deles atirou em autodefesa, o que constitui uma situação em que existe o "excludente de ilicitude". O IPM foi enviado para o Ministério Público Militar, que arquivou a ação por não ver crime a ser investigado.

"Eu acredito que o IPM não reflete o que aconteceu de fato", diz o defensor público Thales Arcoverde Treiger, autor da ação cível que busca responsabilizar a União pela morte de Diego. "Eu acredito que houve excesso. Não houve motivo para dar o tiro, e, se houve o motivo, houve um excesso que é flagrante. Por que não um tiro no pneu, por que não um tiro na perna?"[18]

Aos setenta anos, Vera Lúcia Roger Marcelino, a avó de Diego, não se conforma. Ela tinha recebido um presente de Dia das Mães do neto no dia anterior; no dia da morte, recusou-se a ir ver a cena. "Limparam tudo rapidinho", lembra. "Aqui é tranquilo, mas os militares não têm essa ordem de estar atirando em ninguém, não", diz.

Vera foi casada com um militar e não guarda ódio da Força. Mas tem certeza de que as coisas poderiam ter sido diferentes. "O menino já tava vindo embora. Aí o soldado atirou. Acho que de repente pediu pra ele parar, e lá é muito barulho." O avô, seu José, emenda um lamento: "O garoto ajudava a gente; mesmo camelô, era um garoto trabalhador, tanto que quando foi o velório, lá foi milhares de gentes, todo mundo aqui da área ficou sentido. Eu não entendo como pode".

O IPM foi instaurado no dia 16 de maio de 2018, sob o comando de um capitão do mesmo 15º Regimento de Cavalaria Mecanizado. O soldado Vinícius foi ouvido no dia 29 de maio e contou que estava realizando abordagens a motoqueiros sem capacete e veículos suspeitos "devido a constantes xingamentos dirigidos aos militares da patrulha".

"De repente veio um motoqueiro suspeito, foi dada a ordem de parada, ele acelerou a moto em direção ao soldado Mariotini, em seguida o soldado Mariotini conseguiu desviar, e veio em minha direção, dei ordem para ele parar, ele recusou e acelerou a moto em minha direção, em seguida saquei a pistola e efetuei o carregamento, apontei para ele e disse mais uma vez para ele parar, eu olhei no rosto dele, ele estava rindo, percebi que ele não ia parar, então apontei a arma e realizei o disparo, pensei que ele iria me atropelar porque a moto estava em minha direção, quando olhei para trás ele continuou na moto e depois caiu", diz o depoimento. O soldado afirma que "tirou a perna" e por isso não foi atropelado. E diz que Diego era suspeito porque "ele estava sem capacete e [pelo] mau estado da moto, e a velocidade".

O IPM traz ainda a ficha criminal de Diego, mostrando que no passado ele foi acusado de furto. Não havia condenação.

O inquérito ouviu outros cinco militares que faziam o bloqueio e quatro civis que trabalham em estabelecimentos naquela rua. Todos os militares replicam a versão da tentativa de atropelamento. Nenhum civil ouvido diz ter presenciado o momento do tiro. Os familiares de Diego não foram ouvidos. Chama a atenção o depoimento do comandante do destacamento, o tenente Jeferson Cavalheiro Saenger, que afirma não ter visto o que ocorreu, mas detalha o estado de nervosismo do soldado, cuja função naquele dia era servir de seu motorista. "Fui em direção ao soldado Vinícius Castro e o interpelei sobre ele ter efetuado o disparo contra o motociclista, e este respondeu que sim, então pude perceber que o soldado Vinícius Castro estava muito nervoso, trêmulo, então decidi retirar a pistola do militar, ordenar que o mesmo retirasse o colete até a chegada da perícia", diz.

Ele encerra o seu depoimento reiterando que o local é perigoso: "Declaro que após o disparo e queda do motociclista, os populares ameaçaram os militares presentes dizendo estar gravando nossos rostos, evidenciando mais uma vez que o local é perigoso". O local em questão é a entrada da Vila Militar, um dos maiores complexos militares do continente.

"Possivelmente houve até um pânico desse soldado", avalia o defensor Thales. "O soldado se vê como um alvo também. Então ele reage desproporcionalmente a qualquer possibilidade de ameaça. O agente de segurança acha que está agindo em legítima defesa e aí age desproporcionalmente."

Junto com o crime que lhe levou a vida — e que para a Justiça nem existiu —, a ausência de Diego foi prontamente esquecida, exceto pelos avós, que ainda me ligam semanalmente para falar sobre o neto e perseguem de forma obstinada os defensores públicos da União que prometeram levar o Exército a assumir o homicídio, pelo menos na Justiça Civil, a título de reparação.

Outros dois homicídios não desbotaram da memória nem da cobertura noticiosa: a morte de Marielle Franco, vereadora pelo Psol carioca, e de seu motorista Anderson Gomes, em 14 de março de 2018, ocorrida apenas um mês depois do começo da intervenção. Virou seu maior legado.

Mais de mil dias depois do assassinato, os mandantes não tinham sido apontados pela Polícia Civil do Rio de Janeiro. Os executores, sim; eram ligados à milícia chamada Escritório do Crime, especializada em assassinatos por encomenda e com sede em Rio das Pedras, zona oeste da cidade.

Milícias são grupos paramilitares armados, herdeiros dos esquadrões da morte da ditadura, que estabelecem controle sobre determinados bairros e regiões pretensamente para "defender a população" contra traficantes. Formados por PMs, bombeiros, ex-militares, elas passam a controlar serviços e a cobrar todo tipo de taxa em contrapartida da "segurança" da população. Com o tempo, suas atividades econômicas se expandiram para abarcar desde extração ilegal de areia até construções ilícitas nos bairros dominados.[19]

Em 12 de março de 2019, a Polícia Civil prendeu o policial reformado Ronnie Lessa e o ex-militar Élcio Vieira de Queiroz pelo assassinato. A ligação da milícia com o assassinato foi tornada pública ainda nos primeiros meses de investigação pelo então secretário de Segurança, o general Richard Nunes. Ele disse que o crime "já estava sendo planejado desde o final de 2017, antes da intervenção". "O que leva ao assassinato da vereadora e do motorista é essa percepção de que ela colocaria em risco naquelas áreas os interesses desses grupos criminosos", explicou ao repórter Marcelo Godoy, do *Estadão*.[20]

Não houve, por parte do Exército, ações de que se tenha notícia contra o crescente poder da milícia durante a intervenção; pelo contrário, o poder dos milicianos continuou crescente e alcançou 41 bairros da capital fluminense, 25% do total, segundo o levantamento do Mapa dos Grupos Armados do Rio de Janeiro em 2020. Isso representa 57,5% do território da cidade e abarca mais de 2 milhões de pessoas, 33,1% dos habitantes do município.[21]

Ainda na entrevista a Marcelo Godoy, o general explicou por que acha que a intervenção foi bem-sucedida. "A sociedade chegou a um ponto de amadurecimento de entender que nossa maior crise era ética, muito mais do que econômica e social. E as Forças Armadas conseguiram atravessar todo esse processo mantendo alto grau de credibilidade. Elas conseguiram preservar-se pelos valores que encarnam. Outro aspecto inegável foi a intervenção, que sinalizou para o país que há condições de se enfrentar problemas gravíssimos por meio de uma correta percepção da realidade e encaminhamento de soluções que não sejam midiáticas e pirotécnicas e traduzam algo que pode ser colhido no futuro, que é próprio de quem não tem interesse político imediato. Nas figuras dos generais da reserva, identifica-se que eles não têm outro interesse que o da sociedade e construíram uma vida calcada em princípios e valores éticos sólidos."

A percepção do defensor público do estado do Rio de Janeiro, Daniel Lozoya, não poderia ser mais oposta. Ele lista as diferenças entre lidar com um secretário civil e um militar: hierarquia, relações verticais, falta de uma cultura de transparência, de prestação de contas. Durante os dez meses em que os militares comandaram a segurança pública do estado, não tiveram "nenhuma" abertura para diálogo, diz ele. "É como se a gente tivesse um governador somente para a segurança pública, que não foi eleito, não tem legitimidade democrática. E ele assumiu como general, como Forças Armadas, e nomeou como secretário um outro general, que ficou como supervisor das polícias Civil e Militar. Então, na prática, isso acelerou o processo de militarização da segurança pública."

Para ele, o grande legado da intervenção federal foi, além da morte da Marielle, a "injeção bilionária de recursos" em armamentos, sem qualquer consulta à sociedade civil. Enquanto foi aumentado o número de helicópteros — cuja gasolina, cara, foi paga pela intervenção e que passaram a atirar diretamente sobre favelas a partir de 2018 —, áreas como a da perícia criminal continuaram em "uma precariedade muito forte".

O pesquisador Alexandre Fuccille vê outros problemas: "A intervenção é muito mais perigosa que uma GLO, porque ela pode se desdobrar para outros campos. Quando você começa a colocar militar em tudo, eles podem tomar gosto pela coisa, e amanhã não vão querer voltar para casa". Sob esse prisma, quando a intervenção se encerrou, o presidente ainda era Michel Temer, que conseguiu concluir seu triste mandato com apenas 7% da população considerando seu governo bom ou ótimo. Mesmo sendo esse percentual o dobro do alcançado meses antes, ainda era um dos mais baixos entre os presidentes na história do Brasil.[22] Mas os militares não voltaram para casa — pelo menos não nos anos que se seguiram. E Temer seguiu recebendo elogios de generais como Etchegoyen e Villas Bôas pela "fidalguia" e "cavalheirismo".[23]

Mas, em outubro, Bolsonaro e seu vice, o general Mourão, capitalizaram a intervenção federal mais do que Temer: Bolsonaro teve 68% dos votos no Rio, catapultou a candidatura do ex-juiz federal Wilson Witzel a governador, e seu filho Flávio tornou-se senador com mais de 4 milhões de votos.

Durante todo o ano da intervenção, fiz inúmeras entrevistas no Rio de Janeiro, onde estava morando. Foi a intervenção, afinal, que me levou a começar a investigar os casos de dano colateral das operações GLO. Conversei com todo tipo de gente: vítimas, soldados, policiais, jornalistas, estudantes, camelôs. Os índices de alguns crimes caíram, mas a verdade é que houve pouca mudança no dia a dia das pessoas em relação ao que mais importa, os tiroteios. Lidavam com eles cotidianamente, como se falassem de um temporal, um evento climático sobre o qual não tinham controle: pela manhã, abriam a janela para ver se o céu estava "tranquilo" e se podiam ir trabalhar.

Na única pequisa de opinião realizada pelo Datafolha, em março de 2018, embora a aprovação pela intervenção tenha sido alta, 69% dos respondentes disseram que a presença do Exército não fez diferença alguma na segurança da cidade. A ameaça do "remédio militar" equiparava-se à doença: 92% dos respondentes disseram ter medo de bala perdida, 92% disseram ter medo de ser mortos em um assalto, e 92% disseram ter medo de ficar no meio de um tiroteio entre policiais e criminosos.[24]

O ano de 2018 foi tremendamente conflituoso, com cerca de vinte operações por dia, o que parece ter ajudado a ampliar a quantidade de tiroteios. Para os moradores das favelas, havia pouca diferença entre uma operação policial e uma operação policial apoiada pelo Exército. Na verdade, o que houve foi uma enorme demonstração de força dos "militares", como muitos dos meus entrevistados se referiam a eles, fossem do Exército, fossem PMs.

Porém essa amalgamação entre Forças Armadas e PMs não aconteceu apenas aos olhos da população. Ao longo de um ano de apuração, ficou claro que a realização de mais de duzentas operações nas favelas cariocas trouxe outro efeito colateral, perfeitamente visível: o comportamento da tropa mudou. O Exército virou "meganha", como veremos a seguir.

# 15. O terror

Numa madrugada de 11 de novembro de 2017, um mês depois de o presidente Michel Temer assinar a lei que transferiu os julgamentos de homicídios contra civis para a Justiça Militar, um jovem padeiro de dezenove anos, morador do Complexo do Salgueiro, viveu uma noite de terror. Aconteceu de repente, sob a forma de uma luzinha vermelha e seis homens de uniforme negro.

O rapaz voltava de moto para casa, depois de sair da casa da namorada. Trazia na garupa um amigo que havia saído do trabalho por volta da meia-noite: vendia balas e pipoca no terminal de ônibus de Niterói. Ao entrarem na favela onde moravam, ambos ouviram rojões, uma sinalização de que havia uma operação policial em curso. Mas avaliaram que não havia perigo no seu caminho e seguiram pela estrada das Palmeiras.

Negro, tímido, franzino, de fala baixa e frases econômicas, Fábio[1] era desde os treze anos um padeiro talentoso, conhecido da freguesia pela qualidade do seu trabalho. Tinha "mão" boa para fazer pães doces e de sal, do tipo francês, e também pudim, quindão, sonhos, empadões. E foi justamente nas mãos que sentiu os primeiros impactos. "Comecei a sentir os tiros batendo na minha mão. Na minha mão e na minha perna. Eu e meu colega caímos da moto", ele me disse.[2]

Os impactos vinham das balas de fuzil que cortavam um trecho da estrada onde, de um lado, há casas térreas e, de outro, um morro coberto de mato. Também atingido, o amigo tentou pedir socorro batendo nos portões das residências, mas ninguém atendeu. Fábio se arrastou até uma vala de escoamento de esgoto e ali sentiu uma poça de sangue se formar debaixo de si. Até então, não tinha visto os atiradores. Sabia apenas que os tiros vinham da mata. "Eu só pensava que ia morrer."

Depois de uns dez minutos, seis homens saíram da mata em sua direção — "pegaram meu telefone e falaram que iam voltar para me matar". Essa foi a primeira ameaça de morte daquela noite. "Eles estavam de roupa preta, escura, só dava para ver os olhos. Estavam com fuzis. Tinham mira a laser e parece que tinha um flash, uma luz também no capacete deles", lembra. Os homens não perceberam que seu amigo também estava vivo, então não falaram com ele. Nas aproximadamente duas horas em que o padeiro ficou no chão antes de ser resgatado por familiares, ouviu outras pessoas agonizando ao redor.

Um deles era o mototaxista Luiz Otávio Rosa dos Santos, de 27 anos, que deu um testemunho semelhante ao Ministério Público Estadual antes de morrer em decorrência dos tiros. Segundo seu depoimento, ele havia saído por volta da uma da manhã de sábado para buscar um passageiro próximo à Guarita da Marinha, e quando estava chegando ao local ouviu tiros típicos de fuzil. O tiros vinham da mata, na direção das casas que ficam do outro lado da estrada das Palmeiras. Foi quando sentiu uma dor nas costas, saiu da moto e pediu ajuda a um morador, que ligou para sua esposa. Luiz Otávio viu uma luz vermelha e fogo saindo das armas de quem atirava da mata. Moradores do local deram depoimentos semelhantes sobre o que aconteceu naquela noite ao *El País*.

Fábio não recebeu nenhum tipo de socorro dos homens uniformizados, que voltaram a se recolher no matagal. Só foi socorrido duas horas depois. Já no hospital, foi novamente ameaçado, dessa vez por policiais civis. Teve a perna transfixada — o tiro de fuzil rompeu o tendão e atrofiou o nervo, além de quebrar seu pé. Quatro dedos em uma mão e um dedo na outra foram esmagados. Um ano depois, quando o entrevistei, ainda não tinha força para voltar a trabalhar a massa do pão. Vivia, junto à irmã e à mãe, com o dinheiro do Bolsa Família, que, na época, era de 180 reais. Também apanhavam restos da feira ou as cestas básicas distribuídas por uma igreja do bairro. "A gente podia até pedir ajuda dos traficantes, mas é melhor não pedir", disse a mãe.

O amigo de Fábio demorou ainda mais para se recuperar. O tiro de fuzil pegou no lado esquerdo do rosto, abriu sua bochecha e o deixou sem fala durante um ano.

Esse caso é cercado de mistério, mas soldados das Forças Especiais do Exército são os principais suspeitos de serem os autores do que ficou conhecido como a Chacina do Salgueiro.

O fato é que naquele sábado, 11 de novembro de 2017, pouco depois da meia-noite, homens vestidos com uniformes pretos, capacetes, gorros passa-montanhas, escondidos no morro do Itaúna, atiraram com fuzis com mira a laser em pelo menos onze pessoas que transitavam na estrada das Palmeiras. Foram desferidos 35 tiros de fuzil. Oito pessoas morreram.[3]

Nessa mesma hora, havia uma operação conjunta da Coordenadoria de Recursos Especiais (Core), força especial da Polícia Civil, e do Exército. O comboio era formado por dois veículos blindados do Exército e um "caveirão"[4] da Core, carregando mais de trinta homens, e tinha o objetivo de "aprofundar o mapeamento do local", apontado como reduto do Comando Vermelho na segunda maior cidade do estado. O fato de a operação ter sido realizada em São Gonçalo tem a ver com a política de implantação das UPPs, que empurrou os líderes do tráfico para outras cidades da área metropolitana.

Foi nesse trajeto que se depararam com "indivíduos baleados caídos ao chão, tendo sido arrecadados junto a estes farto material bélico e entorpecentes", segundo o delegado e coordenador da Core. Militares e policiais afirmam que não dispararam, mas "ouviram intensos tiroteios" e que apreenderam um fuzil, sete pistolas, munições e drogas junto aos corpos.

A perícia feita pela Delegacia de Homicídios horas após as mortes colheu relato de moradores, que "davam conta de disparos vindos do interior da mata". Segundo os peritos, os elementos da cena do crime apontam "verossimilhança em tais relatos".

A descrição detalhada dos "homens de preto" feita pelos sobreviventes aponta para a autoria dos militares porque, como me explicou o então defensor público do estado do Rio de Janeiro, Daniel Lozoya, "a arma de mira a laser tanto a Core tem como o Exército. Mas só o Exército tem capacete com visão noturna e visão térmica".

A versão dada pelo Exército mudou com o passar das horas. Na primeira declaração oficial conjunta, dada no dia 11 mesmo, a Polícia Civil e o Exército afirmaram que era possível "perceber", no local, que houvera resistência armada por parte de criminosos. Dois dias depois, o Comando Militar do Leste afirmou que os soldados apenas ouviram "intensos tiroteios" e que "não houve confronto entre militares e integrantes de facções criminosas".[5]

Ao mesmo tempo, a equipe do aplicativo DefeZap, que recebe denúncias do público e as encaminha aos órgãos competentes, recebeu informações dizendo que os disparos partiram de homens escondidos na mata, e que esses homens teriam descido de rapel de um helicóptero que sobrevoara o morro com as luzes apagadas por volta das 23 horas do dia anterior. A cena, que parece ter saído de um filme americano, não era nem de longe fantasiosa.

O repórter Rafael Soares, do jornal *Extra*, descobriu que de treze a 32 integrantes das Forças Especiais do Exército haviam sido empregados na operação que resultou na chacina. Também há indícios de que Forças Especiais do Exército haviam tomado parte em uma megaoperação que acontecera naquele mesmo local apenas dias antes, em 7 de novembro, e que contou com 3,5 mil homens, além de integrantes das polícias Civil, Militar, Federal e Rodoviária Federal.

Em uma reunião na manhã no dia 6 de novembro no Centro Integrado de Comando e Controle, representantes da Secretaria de Segurança, do Exército, da Marinha, da Polícia Federal, da Polícia Rodoviária Federal e da Polícia Civil haviam decidido infiltrar homens do Exército na mata. O plano era surpreender os traficantes, forçando-os a tomar uma rota de fuga já identificada pela Polícia Civil, justamente na estrada das Palmeiras — o mesmo caminho que Fábio usava para voltar para casa. Mas naquele dia os traficantes teriam sido avisados e saído da favela antes da chegada dos blindados.

Os militares que participaram da nova operação com a Core dias depois — e que afirmaram que apenas "ouviram intensos tiroteios" e encontraram os corpos já no chão — faziam parte do 1º Batalhão de Forças Especiais do Exército, localizado em Goiânia. Conhecidos como "fantasmas", são considerados a elite operacional do Exército. O Batalhão possui cerca de 2 mil membros selecionados entre os melhores quadros profissionais da Força — temporários não são aceitos. Eles passam, então, por um treinamento de cerca de cinco anos em Goiânia e recebem instrução em paraquedismo, mergulho, técnicas de uso de explosivos, combate e infiltração. Sua missão foco, segundo o site oficial, é "realizar operações contra forças irregulares, contraterrorismo e de reconhecimento especial" e inclui "ações diretas", "ações indiretas" e "infiltrações".

Em fevereiro de 2018 — três meses depois da chacina —, a atuação desses "fantasmas" tornou-se pública em uma reportagem do jornal *O Globo*,[6] claramente feita em acordo com o comando da intervenção federal. Ela afirmava que eles haviam chegado ao Rio para uma incursão na Vila Kennedy no dia 16. O esquema era parecido ao que acontecera no Salgueiro meses antes: eles se infiltraram na mata antes de uma operação com 3 mil militares.

Mas os "fantasmas" parecem ter sido onipresentes em operações de GLO na última década. Segundo a Secretaria de Comunicação do Exército admitiu ao *Globo*, eles fizeram operações nas Forças de Pacificação dos complexos do Alemão e da Maré, nos Jogos Pan-Americanos, durante a visita do papa, na Rio+20, na reunião da cúpula do Mercosul, na Copa das Confederações, na Copa do Mundo e durante os Jogos Olímpicos — além do Haiti.

Um ex-membro da força de elite explicou ao *Globo* que no Rio "há grandes extensões de mata nos morros" e que a polícia não tinha a capacidade dos "fantasmas" para atuar nessas áreas. "As Forças Especiais têm preparo e equipamentos para isso, como óculos que detectam movimentos em meio à escuridão. Especialistas em helicópteros, eles também têm a habilidade de um *sniper* para atirar de uma aeronave."[7] A reportagem inclui ainda uma ilustração de um soldado paramentado, com o uniforme todo preto, e dos equipamentos usados por ele — incluindo óculos com visão noturna e térmica, explosivos, metralhadora Browning e três tipos de fuzis.[8]

Por conta da lei n. 13.491/2017, a chacina do Salgueiro foi investigada por dois ministérios públicos diferentes, o Estadual — que investigou os policiais da Core — e o Militar — que investigou o Exército. Como em outros casos, o relacionamento entre os órgãos judiciais não foi dos melhores. Representantes da Defensoria Pública e do MP estadual reclamaram diversas vezes que o Comando do Exército não liberava a autorização para que os militares fossem interrogados.

Já a procuradora militar Maria de Lourdes Souza Gouveia, durante a apuração do caso, viajou com três auxiliares até Goiânia, onde entrevistou os homens do 1º Batalhão de Forças Especiais, conforme revelou o jornal *Extra*.[9]

Os resultados, em ambos os casos, foram pouco esclarecedores. Os promotores do Ministério Público Estadual concluíram que os policiais civis não atiraram naquela madrugada. Consta no pedido de arquivamento: "Não há indícios mínimos" de que "o Complexo do Salgueiro tenha sofrido uma tentativa de invasão por parte de alguma facção criminosa justamente no horário em que as forças de segurança ali ingressavam".[10] A procuradoria destacou que a hipótese de guerra entre facções "é irreal e passível de ser aventada apenas por quem desconhece por completo o terreno".[11]

A promotoria militar, por sua vez, aventou a hipótese de que os homens uniformizados e armados com equipamento de ponta eram traficantes, e não militares do Exército. "Talvez não seja uma ilação absurda a de que criminosos da própria facção ou de uma rival tenham sido os autores dos disparos", escreveu a promotora.[12]

Maria de Lourdes Gouveia pôs em dúvida as declarações do padeiro porque, em seus depoimentos à Polícia Civil e ao MP Estadual, ele primeiro disse que os uniformes eram pretos, depois que eram camuflados; num terceiro depoimento, o rapaz afirmou ter reconhecido o uniforme dos "fantasmas". No entanto, ao longo dos quinze meses de investigação, a promotora não ouviu nem ele nem o outro sobrevivente ou as testemunhas civis do caso — muitas delas facilmente encontradas por jornalistas ali mesmo, na estrada das Palmeiras.

Ambas as investigações foram arquivadas sem denunciar ninguém pela chacina. Ficou assim o caso dos oito mortos que ninguém matou e da chacina que ninguém cometeu.

Três anos depois, o repórter Rafael Soares comprovou com base em um documento ignorado pela MPM que os "fantasmas" engajados naquela noite possuíam todos os equipamentos descritos pelas vítimas, inclusive os óculos de visão noturna. Também revelou que havia mais "fantasmas" do que o CML admitiu, e pelo menos 21 agentes citados nominalmente em um documento do Exército por terem sido empregados na área no dia da chacina nunca foram ouvidos pelos promotores da investigação.[13]

A chacina no Salgueiro foi um ponto fora da curva. Nenhum evento semelhante voltou a acontecer, porém relatos de brutalidade por parte dos soldados do Exército começaram a se acumular de tal maneira que ficou impossível os parcos e mal financiados órgãos de controle ignorá-los. Por isso — e pela abrangência da atuação militar em todo o estado —, a Defensoria Pública estadual e outras 35 organizações decidiram percorrer trinta favelas da região metropolitana do Rio ao longo de 2018 para realizar o que chamaram de "escuta" dos moradores durante a intervenção federal, dentro do projeto Circuito de Favelas por Direitos. Sessenta pessoas entre defensores públicos, advogadas, estudantes, professores, pesquisadores, ativistas, moradores das favelas e acadêmicos recolheram mais de quinhentos relatos de violações de direitos nesse notável trabalho de registro histórico.[14]

O resultado é estarrecedor. Embora os policiais fluminenses sejam de longe os perpetradores da vasta maioria dos abusos relatados,[15] os soldados do Exército aparecem com frequência em situações diametralmente opostas à lisura e ao profissionalismo que supostamente baseiam o estamento militar.

Diversos donos de estabelecimentos relataram roubos de alimentos, bebidas e até dinheiro por membros do Exército. "O Exército entrou aqui no bar e roubou o Xbox do meu filho, comeu nossa mercadoria, levou uma bebida, foram mais de 4 mil de prejuízo. A gente trabalha pra esse pouco e eles fazem isso", disse um homem.[16]

Outros relatos incluem agressões a mulheres e crianças. Uma moradora relatou que teve a casa invadida, recebeu xingamentos e chutes quando tentou barrar a entrada dos soldados, e seus móveis foram quebrados. Outra vítima, mãe de uma criança de quatro anos, relata que estava chegando em casa com a filha, à noite, a rua deserta, quando um militar "jogou spray de pimenta na minha cara".[17]

Talvez o relato mais chocante seja o de uma jovem que afirmou ter sido assediada em plena luz do dia. Um militar do Exército a revistou na frente do namorado, passando a mão em seu corpo de forma abusiva. Quando a jovem questionou a prática, ouviu a seguinte resposta: "Se você fizer alguma coisa, vai presa por desacato, mas pra mim não pega nada porque eu sou autoridade".[18]

A mesma sensação de impotência veio de uma senhora ouvida pela equipe: "Meu marido sai de casa por volta de 5h, 5h20 da manhã. E hoje, quando desceu pra trabalhar, foi abordado, assaltado e humilhado pelo Exército. Jogaram todas as coisas dele na rua, e o único dinheiro que tinha pra poder almoçar hoje os mesmos levaram. E quando falaram pra ele pegar as coisas dele que estavam no chão, o agrediram com tapas, socos e chutes. Lembrando que meu marido é trabalhador e estava uniformizado e com documento que comprova tudo isso".[19]

O relatório aponta como, ao longo dos meses, os relatos de agressões vindas de membros do Exército foram se tornando mais comuns. Em especial, eles dizem respeito a invasões de casa, revistas violentas e soldados sem a devida identificação. "O Exército está barbarizando", resumiu, em agosto de 2018, uma servidora pública que participou da pesquisa.

Nesses relatos, repete-se um velho padrão das forças policiais: os que foram parados para averiguação eram, em sua maior parte, jovens e negros, reunidos em grupo. "Aqui eles tratam todo mundo como se fosse bandido, ou é mãe e pai de vagabundo; se é mulher nova, é mulher de vagabundo; se é criança, é filha de vagabundo. Tem 99% de morador, de trabalhador, mas eles acham que todo mundo é bandido", desabafou uma moradora

Durante muito tempo o racismo foi entendido apenas no âmbito do comportamento individual. Mas trabalhos como os do jurista e filósofo Silvio Almeida, entre outros, desnudaram que ele é institucional. Portanto, o racismo "constitui as relações no seu padrão de normalidade" e impera inclusive na dimensão da subjetividade. Pelo racismo estrutural, "os indivíduos são constrangidos", pois "ele faz parte da própria dinâmica com que eles vivem cotidianamente", diz Almeida.[20] No Brasil, instituições como a polícia — e, à medida que se investe de poder policial, o Exército — apenas perpetuam essa base racista e refletem, de certa forma, a sociedade.

Afinal, as estruturas que solidificam a ordem jurídica, política e econômica validam a atitude racista na esfera cotidiana e permitem que um soldado cometa os mais variados abusos contra quem é negro e pobre. De outro lado, pessoas como as que foram entrevistadas pela defensoria, ou Dayana Horrara, viúva de Luciano, vivem o outro lado desse racismo e são constrangidas a aceitar a normalidade dele — seja no âmbito econômico, político ou subjetivo, são sempre suspeitas.

Ao longo da intervenção federal, as Forças Armadas atuaram ora conjuntamente, ora de modo independente das forças policiais. Na maior ação realizada pelas Forças Armadas, mais de 4,2 mil militares foram deslocados, de novo, para os complexos da Maré, do Alemão e da Penha no dia 20 de agosto de 2018, onde permaneceram até o dia 24 (havia também setenta policiais civis). Retiraram barricadas armadas pelo tráfico e apreenderam quinze fuzis, 27 pistolas, onze granadas de mão e 1,5 tonelada de droga. O alvo era claramente a liderança do Comando Vermelho.

Além das apreensões, a operação terminou com o maior número de militares brasileiros mortos em confronto desde a Segunda Guerra Mundial; os soldados Marcus Vinícius Viana Ribeiro e João Viktor da Silva, e o cabo Fabiano Oliveira dos Santos.

Ao todo, foram presas 86 pessoas, segundo balanço do Comando Militar do Leste. Foram mortos cinco civis apontados como "suspeitos" pelos militares. "É preciso fazer essas operações para tirar esses criminosos da zona de conforto. Não houve nenhum efeito colateral contra inocentes", destacou o coronel Carlos Cinelli durante pronunciamento do CML.[21]

Na cabeça do cabo Alan Chaves, que falou comigo dois anos depois, havia pouca diferença entre a intervenção e a Força de Pacificação na Maré de 2014. As operações eram planejadas "na hora ali": "Uma vez a gente ficou lá em cima do Complexo do Alemão dormindo no meio do mato, escondido. Aí depois a gente começou a espalhar a equipe, o pessoal viu que a gente estava lá realmente, aí começou a fazer uma operação lá. A gente fazia muito isso", explicou.

Assim, táticas similares às descritas na chacina do Salgueiro também foram adotadas no Alemão. Os detalhes dessa operação, muitos dos quais vieram a público mais uma vez graças ao trabalho do repórter Rafael Soares, do jornal *Extra*, retiraram de vez alguns esqueletos que estavam no armário desde o final da ditadura militar.

Onze civis, muitos dos quais sem qualquer relação com a estrutura do tráfico na Penha e no Alemão, foram sistematicamente torturados por membros do Exército. E parte dessas torturas aconteceu em uma sala dedicada especialmente para isso, conhecida como "sala vermelha" na Vila Militar, na 1ª Divisão de Exército — a poucos quilômetros do local onde Evaldo Rosa e Luciano Macedo seriam baleados no ano seguinte.

Na madrugada do dia 20 de agosto de 2018, quando começou a operação militar no Complexo da Penha, o morro da Chatuba estava cheio de gente. Era dia de baile funk, o conhecido Baile do Campo do Ordem. Os traficantes monitoravam a movimentação e faziam negócios, instalados em uma mata que fica no fundo da comunidade. Foi por ali que os militares entraram, após cercarem a comunidade com um veículo blindado, antes do amanhecer.

O mototaxista Jefferson Luiz Rangel Marconi diz que estava em um pagode no Campo do Ordem quando começou a operação, o que levou os clientes a procurar sair rápido dali. Depois de levar uma jovem para casa, próximo à área da mata onde os militares estavam, deparou-se com um tanque do Exército e, com medo de ser flagrado sem capacete, se escondeu no mato. A movimentação chamou a atenção dos soldados, que o capturaram e o mantiveram em seu poder por mais de quinze horas. Os militares detiveram outros dois homens — que Jefferson diz nunca ter visto na vida —, e os três foram acusados conjuntamente de tráfico de drogas e porte ilegal de arma de fogo. Passaram, ao todo, 467 dias presos no Complexo Penitenciário de Gericinó, até serem absolvidos por falta de provas.

"Logo que me encontraram, colocaram um lacre de plástico nas minhas mãos e passaram a perguntar 'cadê a pistola?'", disse ele em entrevista ao *Extra*. Quando não encontraram pistola, começou a sessão de tortura, com socos e chutes. "Não sei quantos eram. Me colocaram deitado com a cara para o chão molhado, perto de uma caixa-d'água. Tentei olhar para o alto e deram um tiro com bala de borracha na minha testa." Roubaram o seu relógio, um cordão e um celular. A seguir, os militares "plantaram" uma mochila com drogas e munição junto ao grupo.[22]

Nessa hora, Jefferson relatou ter visto uma adolescente, que presenciava toda a cena; também avistada pelos militares, a menina fugiu. Na cadeia, o mototaxista implorou à mãe que localizasse a menina. A jovem testemunhou no processo e confirmou ter visto quinze militares espancando os três jovens, que, ajoelhados, sangravam. Ela disse ainda que os militares os mandaram olhar para a igreja da Penha e rezar. Foi quando a viram.

Outro grupo, de oito homens, relatou às justiças Criminal e Militar situação semelhante de torturas antes e depois de estarem sob custódia dos militares. O que revela, no mínimo, premeditação por parte do Exército, por terem sido realizadas com método, e dentro de uma instalação oficial de triste memória, a Vila Militar. O local tem um passado inglório, e por isso recebeu a visita da Comissão da Verdade. Ali, em 1969, oficiais do Exército deram uma aula de tortura ao vivo, usando dez presos como cobaias para a prática diante de uma plateia de oficiais.[23]

Voltando a 2018, uma das vítimas, Carlos Lucas da Silva, chegou a ser baleado. As torturas começaram ainda no morro, depois que ele se entregou: "Bateram, mijaram no rosto dele", me disse sua mãe. Foi atingido por um tiro de fuzil do lado direito do corpo, abaixo do intestino. Mesmo assim "deram chute no nariz dele, pegaram ele, mais um outro menino e mais um morto e botaram dentro da viatura do Exército". Enquanto a viatura rodava, um soldado jogava água e spray de pimenta nos detidos e "o morto em cima das costas dele, com o sangue do morto caindo em cima do corpo dele".

Carlos foi levado ao Hospital Getúlio Vargas, onde recebeu os primeiros cuidados. Dali, foi levado para a Vila Militar junto com os outros presos e examinado por um médico do Exército. Durante o exame, quando o médico perguntou se ele havia sofrido violência, o rapaz preferiu ficar calado, pois o mesmo militar que o agredira antes acompanhava a consulta, segundo me contou a mãe.

Por sua vez, Jefferson e os outros dois "suspeitos" chegaram à Vila Militar às oito horas da noite do dia 20 de agosto. Seu relato merece ser lido na íntegra:

> Fomos levados, um por um, para sermos torturados. Eu fui o último. Me conduziram para uma sala no alto de uma rampa. Quando entrei, tinha uma luz vermelha ligada. Ali, tinham seis militares à paisana. Todos eram mais velhos, cabelo grisalho, tinha um já careca. Não eram os mesmos que me prenderam. Um ficava no computador, com um mapa da favela aberto. Fui colocado numa cadeira, algemado. Começaram perguntando onde o tráfico esconde os fuzis. Diziam que queriam me ajudar, que se eu apontasse podiam me ajudar. Cada vez que eu dizia que não sabia, me batiam. Na primeira pancada, no peito, já desmaiei e me deram água para acordar. Usavam um taco de beisebol, de madeira lisa, grossa, e uma vara, mais fina. Dois me batiam, os outros faziam perguntas, me provocavam, diziam para baterem mais. Fiquei duas horas lá dentro.[24]

Outros rapazes que denunciaram sessões semelhantes de torturas no quartel foram ouvidos por uma comissão de defensores públicos um mês depois da operação de GLO. Felipe Rodrigues, de 27 anos, disse que, depois de chegar à 1ª Divisão de Exército, na Vila Militar, foi encaminhado para uma "sala vermelha", onde havia quatro militares, todos encapuzados, um dos quais digitava no computador. Os outros três agrediram Rodrigues na tentativa de obter informações, ele sempre com as mãos amarradas. Segundo o depoimento do jovem, exigiam que ele delatasse chefes do tráfico. "As perguntas eram seguidas de madeiradas e chicotadas com fios elétricos", contou.[25] Outro jovem relatou ter sido "ameaçado de ser sufocado com um saco plástico" e que "chegaram a colocar um preservativo num cabo de vassoura para assustá-lo".[26]

Durante a sessão de tortura, os militares mostravam fotos de pessoas na tela de um computador e pediam que os reconhecessem.

Exames de integridade física foram feitos por uma médica durante a audiência de custódia e corroboraram a versão dos jovens. Ela atestou que havia "vestígios de lesão à integridade corporal ou à saúde da pessoa examinada com possíveis nexos causal e temporal ao evento alegado".[27] O exame detectou machucados no rosto, nas pernas, nos lábios, na nuca e nas costas. Fotografias feitas no mesmo dia e publicadas depois pela imprensa mostram lacerações na nuca, pernas e braços arroxeados, marcas enegrecidas de balas de borracha atiradas a pouca distância.

Felipe Rodrigues não era traficante. Era cliente do tráfico do Complexo da Penha — e escravo do vício. Consumidor de crack desde os catorze anos, vivia desempregado. Entre seus altos e baixos, a mãe acorria, tentando livrá-lo do vício. Luciana da Fonseca Rodrigues chegou a interná-lo em uma clínica, da qual ele fugiu, e levá-lo a um pastor. Não funcionou. "Meu filho não é criminoso, meu filho é doente e devia ser tratado como doente", me disse no quintal da sua casa, no sopé de um morro no Complexo da Penha. O filho estava sentado na porta de casa quando começou a operação militar. Assustado por ser dependente químico, correu. Mas foi preso e levado para o alto do mesmo morro que víamos daquele quintal. "Ele já saiu daqui sendo torturado, ele já tinha apanhado bastante aqui", disse Luciana. Essa foi a primeira vez que o filho foi preso.

Depois da sessão de tortura na "sala vermelha", apenas por volta de uma da manhã do dia 21 de agosto Felipe foi levado à Cidade da Polícia, complexo de delegacias da Polícia Civil na zona norte do Rio. Foi quando Luciana soube que o filho tinha sido torturado. "No dia seguinte, um advogado amigo da minha irmã conseguiu achar ele na Cidade da Polícia. Aí o delegado tirou a foto dele todo machucado e mandou para o zap da minha irmã. O meu amigo lá da Cidade da Polícia falou que eles massacraram os meninos."

Na Cidade da Polícia, às quatro da tarde do dia 21, 32 horas depois de os autos de prisão terem sido emitidos pelos militares, Felipe e os demais foram autuados novamente, também em flagrante, pelo crime de tráfico de drogas.

Ali começava o segundo ciclo do inferno. Felipe Rodrigues entrou em uma espécie de limbo jurídico: ele e mais seis jovens foram acusados por crimes diferentes em duas justiças — a Estadual e a Militar — pelos eventos daquele domingo, 19 de agosto de 2018. Embora uma pessoa não possa responder pelo mesmo crime em duas cortes criminais diferentes, o processo na Justiça Militar foi mantido porque os crimes imputados eram diferentes: na Justiça Militar eles eram acusados de tentativa de homicídio, e na civil, por associação ao tráfico. Uma esquizofrenia penal.

Depois de mais de um ano atrás das grades, em dezembro de 2019 os sete jovens foram inocentados pela Justiça Estadual das acusações de associação para tráfico de drogas, por ausência de provas. Mas eles não puderam sair da prisão porque ainda respondiam por crimes militares. E a Justiça Militar fez pesar a mão da lei. O MPM denunciou cada um deles por tentativa de homicídio de dez militares do Exército, ou seja, cada um poderia pegar mais de trezentos anos de sentença.

A prisão deles acabou sendo alvo de uma disputa jurídica incomum. Inicialmente, a juíza Marilena da Silva Bittencourt, da 4ª Auditoria da 1ª Circunscrição Judiciária Militar — a mesma que inocentou o cabo que deixou Vitor Santiago paraplégico por "legítima defesa imaginária" —, havia decidido não acatar a denúncia por não haver "indícios seguros de que foram os denunciados a praticar o fato". Porém o Ministério Público Militar recorreu e, em maio de 2019, o Superior Tribunal Militar decidiu acatar a denúncia. A juíza Marilena alegou que não poderia julgar o caso, pois fora contra seu prosseguimento, mas o STM decidiu que ela deveria ser a julgadora. O julgamento militar, que deveria acontecer no dia 19 de março de 2020, foi postergado por conta da pandemia do novo coronavírus. Até fevereiro de 2021, não havia ocorrido.

Felipe passara de um condenado ao vício a um condenado de fato. A mãe Luciana desesperava-se com a precariedade do Complexo Penitenciário de Gericinó, ex-Complexo de Bangu, onde o vírus podia alastrar-se rapidamente: "Ele tá preso há quase dois anos", ela me disse. "E quando teve chuva, teve enchente na cela dele. Quando nós chegamos lá, falaram que a água estava vindo no joelho, que eles passaram a noite em claro. E ali do lado do presídio tem um valão enorme, de água negra. Eu creio que aquele valão transbordou e foi parar lá dentro. Tem dia que ele tá muito nervoso, que a gente chega na visita e ele não quer conversa. Ele fica o tempo inteiro de cabeça baixa, não quer muito assunto.

Tem dia que ele tá bem mentalmente, mas tem dia que ele tem crise de abstinência."

Depois de 858 dias, a juíza Marilena Bittencourt relaxou a prisão provisória dos jovens, em março de 2020, por conta da suspensão dos prazos legais causados pela pandemia. Para ela, "em nenhuma hipótese, a prisão cautelar pode revestir-se de pena antecipada". Em novembro, a corte mais antiga do país — o Superior Tribunal Militar — reverteu a decisão, e os rapazes passaram a ser procurados pela Justiça Militar.

Os casos de tortura, talvez os mais escandalosos de toda a intervenção federal, só foram investigados depois da repercussão na imprensa, quando o Grupo Globo abraçou a pauta que já estava sendo apurada pelo jornalista Rafael Soares ao longo de alguns meses. A primeira reportagem dele saiu em 26 de outubro de 2018, e o Exército abriu um Inquérito Policial-Militar três dias depois.

E não foi por falta de aviso. Um adolescente de dezesseis anos relatou ao juiz da Vara da Infância e da Juventude no dia 21 de outubro ter recebido, na favela, choques nos testículos, no peito, spray de pimenta no rosto, coronhadas de revólver e chutes. O juiz então determinou que o Ministério Público Federal e o Comando Militar do Leste investigassem. Dois dias depois, diante dos relatos da "sala vermelha", a juíza federal Amanda Azevedo Ribeiro Alves reiterou o pedido. "A conduta dos militares é totalmente reprovável e absurda, devendo ser investigados e punidos, caso haja comprovação do abuso de poder", escreveu a magistrada.[28] Procurado pelo *Extra*, o CML afirmou que "seria inadequada a instauração de um IPM para investigar alegações que não apresentem suporte probatório mínimo de verossimilhança".[29]

Os demais canais do Grupo Globo repercutiram a informação. A investigação de Rafael Soares ganhou capa da *Época*, semanário do grupo, em 15 de novembro, feriado da Proclamação da República, por coincidência o primeiro golpe militar da história do Brasil. *O Globo*, por sua vez, publicou um vídeo com trechos dos depoimentos dos detentos, denunciando a tortura na audiência de custódia na Justiça Militar.

Antes da exposição, não foi fácil para os jovens contarem sua história para o MPM. Durante a audiência de custódia no tribunal militar de 24 de agosto, o promotor Mário Porto ameaçou-os abertamente: "Você confirma essas agressões? Porque, veja bem, nós vamos investigar essas agressões e, caso [...] não sejam confirmadas, você comete crime e o MP vai processá-lo por denunciação caluniosa. Você mantém?", perguntou a um dos detentos. A resposta foi cabal: "Sim, senhor".[30]

No final da audiência, o juiz Marco Aurélio Petra de Mello pediu esclarecimentos ao CML para que não restassem dúvidas "quanto à questão". Já o promotor defendeu que não havia motivo para abrir um inquérito para apurar as torturas,

> considerando que foram anexados autos de exame de integridade física dos custodiados, nos quais nada ficou evidenciado, esclarecendo, por seu turno, que o que temos são apenas as declarações hoje prestadas, ressaltando que devemos considerar, no presente caso, a presunção da veracidade dos atos administrativos, aliado aos exames médicos à época realizados.[31]

Sem qualquer surpresa, o IPM do Exército concluiu que não houve nenhum crime cometido pelos militares; a tortura não existiu. Em janeiro de 2021, o Ministério Público Militar continuava apurando o caso em dois inquéritos separados. Até então não havia previsão para o encerramento das investigações.

O Comando do Exército, por sua vez, tinha plena confiança na prova que compartilhara extensamente com a Justiça Militar: o mesmo laudo que demonstrava que os jovens não tinham lesões ao serem apresentados ao médico militar — segundo os seus depoimentos, antes de serem enviados até a "sala vermelha" da Vila Militar. Em resposta ao juiz Marco Aurélio Petra de Mello, o Exército respondeu através do Comando Conjunto da Intervenção.

> Cumpre esclarecer que os presos foram submetidos neste Comando a exame de constatação de integridade física tão logo adentraram a sede deste Comando. Igualmente, é importante destacar que o flagranteado de nome Carlos Lucas da Silva somente fora conduzido a este Comando após receber alta do Hospital Getúlio Vargas. Não obstante, todos os flagranteados foram mantidos em local adequado, ao abrigo do sol e sentados, não sendo recolhidos ao xadrez, tendo em vista que por tratar-se de presos civis não ficam presos em Organizações Militares. Ademais, fora franqueada a utilização de sanitários e fornecido [sic] água e alimentação durante a estadia neste Comando.

Quem assinou o documento foi o general de divisão Antônio Manoel de Barros, general de três estrelas, comandante do Comando Conjunto de operações da intervenção militar. Por coincidência, eu o conhecera cinco anos antes, quando estive em São Gabriel da Cachoeira, no Amazonas, para uma reportagem sobre o surto de suicídios indígenas na região.[32] Ele fora franco e aberto comigo, e por isso tentei entrevistá-lo novamente, sem sucesso, porque descobri que ele foi uma peça-chave nos eventos que levaram à morte de Evaldo e Luciano Macedo em 2020, apenas meses depois do ofício em que negava a tortura.

# Parte IV

# Reescrevendo a história

# 16. Desastrosa operação

A intervenção federal no Rio de Janeiro terminou, pelo menos no papel,[1] no dia 31 de dezembro de 2018. De lá pra cá, o Brasil mudou.

No primeiro dia de 2019, Michel Temer passou a faixa presidencial para Jair Bolsonaro. O ex-capitão tomou posse com o respaldo dos votos de 57 milhões de brasileiros, a promessa de levar generais para o governo, e o juramento, ao lado do vice-presidente, o general de quatro estrelas Hamilton Mourão, de que a "nossa bandeira jamais será vermelha".

Pouco mais de um ano após a posse, o general Walter Souza Braga Netto, ex-interventor federal, assumiria a Casa Civil para virar uma espécie de superministro; ao mesmo tempo, o governo seria lotado de militares, que superavam os 6 mil.[2] O general Richard Nunes, por sua vez, asumiu o estratégico posto de chefe do Centro de Comunicação Social do Exército.

Autor do documento que negava tortura na Vila Militar, o general Antônio Manoel de Barros saiu do Comando Conjunto da Intervenção, que encerrara suas atividades, mas seguiu à frente da 1ª Divisão de Exército. O encerramento foi marcado com uma grande cerimônia, ali mesmo na Vila Militar, na qual 3 mil homens da Marinha, Exército e Aeronáutica enfileiraram-se em formação com seus fuzis; havia também convidados do Ministério Público Militar. Ao fundo, a bandeira do Brasil.

A Ordem de Operações n. 001, assinada pelo general Barros, autorizando a Operação Muquiço entre os meses de fevereiro e junho de 2019 nos arredores da Vila Militar, é a principal chave para entender o porquê de um experiente pelotão do Exército ter decidido fuzilar o carro da família de Evaldo Rosa naquele dia 7 de abril. Ela está envolta em um histórico de caçada ao tráfico no qual os militares foram se metendo cada vez mais durante a intervenção; no esgarçamento das regras de conduta do Exército ao longo do mesmo processo; em um governo recém-empossado que provavelmente respaldaria qualquer ação militar contra o crime; e também em um complexo caldo cultural que vigora nas cercanias da Vila Militar.

A Operação Muquiço previa praticamente uma ocupação da favela e mantinha outras semelhanças com ações realizadas durante a intervenção, como patrulhamento motorizado em pontos de controle estratégicos para o tráfico, incluindo cinco "bocas de fumo" e o local onde ficava a casa do traficante Bruno da Silva Loureiro, que, como já vimos, era alvo de uma caçada por parte das polícias estaduais. A ordem de operação determinava que, naqueles pontos, os blindados do Exército fariam paradas de pelo menos quinze minutos a cada quatro horas. Os militares não deveriam desembarcar. Outros pontos fortes — a velha estratégia usada em operações GLO desde o Haiti — seriam estabelecidos ao redor dos prédios do Próprio Nacional Residencial, na praça da Jaqueira, no limite da comunidade.

Com um comando de operações montado dentro da 1ª DE, foram empregados ao longo desses meses pelotões da 9ª Brigada de Infantaria Motorizada, que fica na Vila Militar, incluindo o 1º Batalhão de Infantaria Motorizado (Escola) — ao qual pertenciam os doze réus pelo fuzilamento dos civis — e o 2º e o 57º Batalhões de Infantaria Motorizados, em revezamento.

No documento, o general Barros argumentou que a ação era necessária porque havia "constantes ameaças a moradores caracterizadas pela ostensividade armada dos traficantes da região". O objetivo da missão era "retirar a ostensividade dos Apop" para "preservar a integridade física da população e da família militar" na região do PNR Guadalupe. Para ele, o "estado final desejado" era o "término das atividades criminosas dos Apop". Ou seja: foi uma ação militar contra os traficantes da favela.

Durante a operação, deveriam ser seguidas as "normas de conduta para as operações de GLO e emprego de armas não letais" do Comando de Operações Terrestres do Exército. As normas preconizam que os militares somente devem utilizar arma letal em última hipótese, apenas em legítima defesa de si e de terceiros, e devem sempre atirar para ferir, e não matar, mirando nos membros inferiores. "Em caso de Apop ferido, prestar socorro imediato e acionar o Samu", diz o documento. Além disso, as viaturas deveriam estar sincronizadas com o Pacificador — um software que acompanha as operações ao vivo e envia informações em tempo real para o Comando. "Os procedimentos de abordagens e revistas por parte das patrulhas devem ser sempre pautados pelo profissionalismo e sereno rigor, não sendo admitido o trato desrespeitoso da população por parte da tropa. Atenção, cautela e cuidado com excessos", conclui o documento.

A Operação Muquiço tinha razão de ser e alvo claro: era uma resposta à invasão liderada pelo traficante Bruno da Silva Loureiro, vulgo Coronel, afiliado ao Terceiro Comando Puro e que comandava o crime na favela do Muquiço. Ele era acusado pelos militares de ter invadido o conjunto de prédios chamado PNR em 7 de fevereiro de 2019. Ali, nos PNRs, vivem famílias de militares que trabalham na Vila Militar, em Guadalupe.

Embora esse evento tenha sido apontado como o motivador da ação, nos quatro meses anteriores, as polícias Civil e Militar já buscavam capturar Coronel, cuja prisão preventiva fora pedida pelo Ministério Público em setembro de 2018. A PM fluminense conseguira, no fim de novembro, prender o braço direito de Coronel, mas o chefão continuava foragido. No meio disso tudo, entraram os homens do Exército.

"A convivência dos moradores do PNR de Guadalupe com a facção criminosa que controla a comunidade é repleta de fatos de violência e ameaças", diz a ordem de operações. Esse histórico de violência e medo teria atingido seu ápice no dia 7, quando um grupo de homens armados e moradores da comunidade invadiram o bloco 4 do PNR com o intuito de ocupar os apartamentos vazios. Cerca de vinte traficantes entraram nos prédios ameaçando os moradores com pistolas Glock e fuzis AK-47 e AR-15.

Mas essa invasão não foi a primeira em que Coronel, chefe da favela havia mais de uma década, afrontou os militares da 1ª Divisão de Exército. Bruno da Silva Loureiro já mostrara sua ousadia em 2007, quando resolveu invadir outro prédio próximo aos PNRs para matar o terceiro-sargento Derquis Martins de Aguiar. Cerca de dez homens armados participaram da ação, que aconteceu por volta das dez horas da noite de 5 de abril de 2007. Segundo testemunhas, uma Kombi com os criminosos saiu da favela do Muquiço e parou na porta do prédio. Pularam o muro, subiram as escadas e atiraram contra a porta. O sargento escapou dos mais de cinquenta tiros pulando pela janela e se escondendo no pátio do prédio, de onde saiu escoltado pela Polícia do Exército. Depois do ocorrido, cerca de trinta soldados da Brigada Paraquedista foram colocados de prontidão na entrada do conjunto habitacional. O atentado ocorreu a cerca de quinhentos metros do local onde o carro de Evaldo Rosa seria fuzilado doze anos depois.

O evento causou um frisson na imprensa, e o delegado Átila Mesquita, da 33ª Delegacia de Polícia, em Realengo, encarregado de investigar o caso, falou à beça para os jornais. Contou que moradores do prédio relataram um cenário de possível atentado ao pudor: recém-divorciado e morando sozinho no apartamento, o sargento gostava de se exibir. "Duas adolescentes que moram no mesmo prédio disseram que ele costumava ficar nu na janela, enquanto crianças e jovens brincavam no térreo."[3] Outro inspetor de polícia disse à imprensa[4] que o sargento reconheceu que o motivo do ataque fora seu exibicionismo, e, segundo ele, um vizinho o teria visto nu ao tomar banho e reclamara com traficantes da favela. As acusações de atentado ao pudor jamais foram investigadas. O sargento mudou-se logo depois, e o Exército o proibiu de dar entrevistas. Em 2013, recebeu Medalha Militar de Ouro com Passador de Ouro por ter completado trinta anos de bons serviços e foi para a reserva.[5]

O Comando Militar do Leste, por sua vez, decidiu reagir ao atentado contra seu sargento. Daquela vez, realizou uma operação dentro da lei e com um autorização da Justiça Militar. Às seis da manhã do dia 2 de maio de 2007, o Exército ocupou a favela do Muquiço com cerca de 350 homens da Brigada de Infantaria de Paraquedista, três blindados Urutus, um helicóptero Pantera e outros 25 carros. Os soldados cumpriam três mandados de prisão, um deles contra Coronel. Ao longo de quatro horas, entraram em diversas casas, fizeram revistas em moradores, apreenderam uma moto e cinco carros roubados e não desferiram nenhum tiro. Não encontraram Coronel. O comandante, o general Marco Aurélio

Costa Vieira, fez questão de explicar que aquela não era uma GLO. Disse aos jornais que "a nossa intenção foi fazer as buscas sem incomodar a vida da população. Não é uma operação de violência, de Garantia da Lei e da Ordem. O Exército está atuando como polícia judiciária, cumprindo os mandados".[6]

Doze anos depois, quando ocuparam a favela do Muquiço atrás do mesmo traficante, os militares não tinham mandado judicial nem respaldo legal. Não havia autorização para agirem em prol da segurança pública nem assinatura do presidente da República, conforme manda o artigo 142 da Constituição. Segundo o manual do Ministério da Defesa assinado em 2014 por Celso Amorim, as GLOs devem ser conduzidas "de forma episódica, em área previamente estabelecida e por tempo limitado" e só podem acontecer quando se esgotam outros recursos — ou seja, quando as polícias militares, civis e federal não dão conta do recado.

A Operação Muquiço era, em forma e conteúdo, ilegal. Assinada por um general que havia sido comandante durante toda a intervenção — e, portanto, conhecia os limites legais da atuação do Exército —, a cúpula militar atuou posteriormente para dar um verniz de legalidade à operação, conforme descobri depois de meses investigando as circunstâncias das mortes de Evaldo e Luciano. Algo não batia: por que aqueles jovens soldados estavam ali portando fuzis em pleno domingo de sol, se não havia nenhuma GLO?

Aquela foi a sua primeira missão desde o fim da intervenção, segundo contaram durante uma audiência na Justiça Militar sobre o caso, em 16 e 17 de dezembro de 2019, na qual eu estava, junto com um punhado de jornalistas. "Era para agir como aconteceu em toda a intervenção", explicou o tenente Ítalo Nunes, que comandava o pelotão. "O que aconteceu durante toda a intervenção? A gente acabava numa comunidade e eles se escondiam. O pessoal que dirigia aquela comunidade já avisava: 'O pessoal deles tá subindo.'" Quando perguntado pelas promotoras sobre como deveriam responder em caso de enfrentamento, ele resumiu que "quando tem um enfrentamento, se possível, a gente reage".[7]

Em horários predefinidos pela segurança do Batalhão, os soldados deveriam fazer uma patrulha, passando por quatro pontos dessa comunidade por quinze minutos. O objetivo da patrulha era levantar possíveis locais "quentes" — ou seja, onde tinha barricada, boca de fumo, onde era mais provável o trânsito de traficantes armados.

Eles também faziam o que chamam de "operação de inteligência", acompanhando a comunicação dos traficantes por um radiotransmissor. Nunes explicou que "de missões anteriores, o pessoal conseguiu apreender um radinho que é deles, [...] então a gente consegue ouvir o que eles tão falando".[8]

Foi através do "radinho", segundo o depoimento dos réus, que a figura de Coronel voltou a assombrar os soldados. Eles disseram que conseguiram escutar os traficantes dizendo que o Coronel dera ordens para executar todo mundo do Exército que estava entrando na comunidade. Vale dizer que esse detalhe do "radinho" apareceu pela primeira vez nessa audiência, não tendo sido mencionado pelos soldados quando foram detidos após o fuzilamento de Evaldo, mais de seis meses antes.

Em juízo, o tenente Ítalo descreveu como a Operação Muquiço começou a desandar naquela manhã, horas antes de seu terrível desfecho. Durante a patrulha, quando chegaram a uma rua de que ele não lembra o nome, reconheceram que era ali que Coronel morava. É uma rua estreita, e um carro teria entrado na frente deles. Pelo rádio, que estava em outra viatura, ouviram alguém dizer "Chegaram!". Os soldados então avistaram cerca de trinta pessoas sobre as lajes das casas e em becos, que atiraram contra a tropa. O motorista subiu na calçada, chegando a destruir uns "bloquinhos" que estavam ali, e conseguiu sair rumo ao asfalto, na praça da Jaqueira, na avenida Brasil, onde estavam montados os pontos fortes. Ali, outra patrulha estava sob intenso tiroteio. Ítalo e seus homens se meteram nele e só conseguiram sair de lá duas horas depois, resgatados por um "caveirão" da PM.

Quando chegaram à base, na Vila Militar, os doze homens estavam apavorados. Tanto que o comandante da companhia prometeu que teriam folga naquela mesma tarde. "Vocês vão ser substituídos, mas eu não tenho previsão para isso, que é domingo, tá todo mundo em casa", afirmou o capitão, segundo o depoimento do tenente Ítalo Nunes. Mas a promessa não foi cumprida. Pouco depois, os soldados retornaram para a região próxima à favela do Muquiço com a missão de levar "quentinhas" para outros colegas. Nessa hora, diz o tenente, "o pessoal tava bem assustado porque sabiam que a gente tava indo para um local onde queriam matar a gente".[9]

O risco era maior porque, como já vimos, dessa vez eles partiram na viatura Marruá, sem proteção, já que as viaturas Lince haviam sido danificadas durante a troca de tiros daquela manhã. Estavam voltando para a cena do tiroteio na traseira de um caminhão, a céu aberto. Foi quando se depararam com o assalto em andamento na estrada do Camboatá e dizem ter atirado contra o carro branco que estava sendo roubado — como sabemos, atiraram pouco depois contra o carro branco que trazia a família de Evaldo, duzentos metros adiante. Mataram Evaldo e atiraram em sua família por engano. Mataram Luciano por acharem que tinha pinta de bandido.

Na audiência de dezembro de 2019, o advogado dos soldados, Paulo Henrique Pinto de Mello, repetiu diversas vezes que não era possível separar o fuzilamento dos civis do confronto com os traficantes durante a manhã. Em outras palavras, não havia como ignorar a Operação Muquiço e os generais que permitiram que ela ocorresse. E por mais que essa operação tenha sido desastrosa, o sistema de Justiça Militar negou-se a investigá-la.

A falta de respaldo legal chegou a ser mencionada brevemente, apenas uma vez, no julgamento do pedido de habeas corpus dos soldados no Superior Tribunal Militar. A ministra Elizabeth Rocha, sempre ela, disse que a ação dos militares que atiraram no carro de Evaldo foi injustificável,

> sobretudo, porque os acusados não estavam em exercício da Garantia da Lei e da Ordem, faziam apenas segurança na área que tinham [sic] PNR de militares. Dessa forma, não se encontrando sob a égide da lei complementar n. 97/99 e pelo decreto 3897/2001. Só poderiam ter atuado se o quartel ou eles próprios tivessem sido ameaçados, o que não ocorreu. Nesse norte, investirem-se eles no papel de polícia sem respaldo legal, para atuar em suposto crime patrimonial, é ilegal e inconstitucional.

As incongruências da operação também geraram uma "notícia de fato"[10] dentro do Ministério Público Militar, igualmente abafada. As promotoras militares Najla Nassif Palma e Andréa Helena Blumm Ferreira questionaram a legalidade da Operação Muquiço, observando que os termos da operação foram além da "segurança das instalações militares e de pessoal militar" e, por conseguinte, avançaram "em ações de Garantia da Lei e da Ordem". Na própria descrição da missão, eram utilizadas expressões típicas das GLOs, tais como "retirar a ostensividade dos Apop". Além disso, para elas, ações como o patrulhamento motorizado e pontos de controle em bocas de fumo "podem se confundir com ações de segurança pública". A ordem seria "desproporcional". Pediam ainda para averiguar se haveria "eventual responsabilidade criminal de oficial general", o general Antônio Barros. Como se tratava de um alto oficial do Exército, caberia ao procurador-geral da Justiça Militar, Jaime de Cassio Miranda, abrir uma investigação formal.

Outra coisa que chamou a atenção das promotoras foi o fato de que, após a morte de Evaldo e Luciano, a Operação Muquiço continuou, mas sem fazer incursões na favela. Essa informação foi dada pelo general Otávio Rodrigues de Miranda Filho, comandante da 9ª Brigada de Infantaria Motorizada, durante o processo. "Foi encerrado o patrulhamento que era feito na comunidade", disse ele, e, com isso, "não houve outros confrontos", escreveram as promotoras.

Diante de tantos questionamentos, o procurador-geral Jaime de Cassio Miranda requereu informações ao Exército. Recebeu uma resposta do general de divisão William Georges Felippe Abrahão, o novo comandante da 1ª Divisão de Exército[11] depois de Barros. O general justificou a tensão com os traficantes para a deflagração da Operação Muquiço e argumentou que jamais houve ilegalidade, uma vez que a favela se encontra dentro de área sob administração do Exército, segundo uma lei da era Vargas. E de mais a mais, restringir as ações de policiamento por parte do Exército em determinados locais, ainda que sob a justificativa de se evitar confronto, seria reconhecer o poder dos traficantes e instituir zonas onde "o Estado não entra", alegou. O objetivo da missão jamais foi entrar em conflito com os traficantes. Tentar acabar com as atividades criminosas que ameaçavam a "família militar" dos PNRs não significa que queriam "alcançar tais objetivos a partir da fricção entre a tropa e esses agentes perturbadores". Segundo ele, "ações de inteligência operacional e patrulhamento ostensivo" conseguiriam "atingir o efeito desejado". E, no documento, concluiu: "A intenção que balizou a Operação Muquiço foi indiscutivelmente de caráter puramente dissuasório e ostensivo".

A resposta, escrita e assinada no Rio de Janeiro em 12 de agosto de 2019, omitia os confrontos e o fuzilamento que levaram à morte de Evaldo e Luciano, como se jamais tivessem acontecido.

Mas o general William não apostou apenas na retórica; ele tinha uma carta na manga. Anexou um parecer da Advocacia-Geral da União, datado de 5 de julho de 2019 (ou seja, depois do fim da Operação Muquiço), que respaldava o principal argumento do Exército de que a área estava sob administração militar e ainda dizia que, dentro de um raio de 1320 metros, os militares podiam promover "ações típicas de polícia administrativa, incidentes sobre bens, direitos ou atividades", dando como exemplos "patrulhamento, fiscalização de trânsito no perímetro da OM [Organização Militar], com estabelecimento temporário de posições estáticas ao longo do seu itinerário, junto aos limites das instalações militares, bem como o bloqueio dos acessos ao quartel".[12]

O parecer da AGU demonstra como o governo federal — ao qual o órgão é subordinado — se empenhou para abafar a operação que levou à morte de civis. A tese da AGU não sobrevive a um mero exercício de lógica, segundo me explicou o defensor do estado do Rio de Janeiro, Daniel Lozoya. Entrar em favelas e em bocas de fumo, diz ele, "são atividades que transbordam para o policiamento, seja ostensivo e até mesmo repressivo". O policiamento militar pode ser, e é feito, no sentido de "guarda" nos arredores da Vila Militar. Mas, se a defesa da AGU valesse, os militares teriam efetivo controle sobre quase toda a cidade. Além disso, o decreto citado trata apenas de questões de segurança imobiliária. "Tem muitas unidades militares no Rio de Janeiro. Se essa regra fosse aplicada de forma isonômica, uma boa parte do Rio de Janeiro seria policiada pelo Exército", conclui. É o caso, por exemplo, da Central do Brasil, que fica a menos de mil metros do antigo Ministério da Guerra. "O que se viu foi um pretexto pra ter uma ação de repressão ao tráfico."

Para Lozoya, houve um excesso. Pela Constituição, esse excesso foi ilegal, pois não foi requerido por um dos "poderes constitucionais", segundo o artigo 142.

O procurador-geral de Justiça Militar, no entanto, acatou todos os argumentos do Exército. Na sua decisão, afirmou que não lhe parecia possível garantir a segurança da família militar sem o patrulhamento no interior da comunidade. De mãos atadas, as promotoras seguiram seu trabalho no caso. Não existe recurso.

Pior: como a Operação Muquiço e seu comandante não foram investigados pela Procuradoria-Geral Militar, uma das informações mais sugestivas recolhidas ao longo do "Inquérito dos 80 tiros", como ficou conhecido, ficou relegada às frias páginas digitais do processo, bem longe da opinião pública. Ela poderia, entretanto, explicar melhor por que um pelotão de soldados bem treinados decidiu fuzilar com tamanho ímpeto um carro branco com uma dupla de ladrões em plena tarde de domingo.

Existem dois curtos relatos anônimos enviados ao Disque-Denúncia, e que podem ser encontrados no Banco de Dados da Polícia Civil, bem esclarecedores. O primeiro, enviado em 10 de abril de 2019, às 20h05, relata que Coronel "possui um carro com as mesmas características do carro do músico que morreu" e que "costuma transitar num auto BMW branco, possui dois jipes Renegade e um auto Renault branco, placas ignoradas, os quais foram comprados recentemente".

O segundo, enviado em 14 de maio de 2019, às 21h18, diz que, naquele dia, Bruno da Silva Loureiro "havia roubado um carro idêntico e junto com vulgo Branquinha disparou diversos tiros de fuzis em direção ao blindado do Exército"; informa ainda que "Coronel circula pela comunidade em um auto BMW de cor branca, dois Renegade, um Renault de cor branca e os carros que são roubados por eles sempre são com estas características".

Assim, a coincidência entre o carro que recebeu 62 tiros e os veículos usados por Coronel permaneceu sendo, oficialmente, apenas uma coincidência.

Afora a Justiça Militar, não interessava mesmo ao Exército que a Operação Muquiço fosse detalhada com mais atenção diante da opinião pública. Isso ficou claro quando pedi a ordem de operações via Lei de Acesso à Informação; o Comando do Exército argumentou que

> o acesso a documento que busca pormenorizar a atuação de tropa, descrevendo atividades, tarefas, missões que formalizam o modus operandi de uma força pública que atua na segurança e na defesa da sociedade, vai de encontro aos objetivos da LAI, ao passo que expõe informações que prejudicariam futuras atuações da tropa, contrariando o interesse público.

Os comandantes alegaram ainda que não haveria "consequências positivas para o interesse público a exposição de tais informações". E consideraram o pedido "desarrazoado".

Pedi, então, que a Força me enviasse o grau de classificação — os documentos oficiais podem, segundo a LAI, ser classificados como reservados (cinco anos de sigilo), secretos (quinze anos de sigilo) ou ultrassecretos (25 anos), todos podendo ser prorrogados por igual período. O ultrassecretos só podem ser autorizados pelo presidente da República, vice-presidente, ministros e comandantes das Forças Armadas.

A resposta do Exército foi surpreendente: a ordem de operações n. 001 jamais fora classificada. Tratava-se apenas de "um documento de acesso restrito", totalmente à margem da legislação vigente. O próprio documento, portanto, revestia-se de ilegalidade. Uma vez que não foi classificada, a ordem de operações estaria sujeita ao sigilo eterno que sequer existe na legislação atual.

Tentei recorrer da decisão três vezes: ao Estado-Maior do Exército, ao comandante do Exército e, finalmente, à Controladoria-Geral da União. Em junho de 2020, o órgão máximo que rege o acesso à informação deu razão ao comandante do Exército:

> Diante da alegação do recorrido, entende-se que seria desarrazoado publicar a ordem de serviço da Operação Muquiço, visto que sua exposição poderia prejudicar novas operações ao expor o modo de atuação do Exército brasileiro.

Nenhuma das respostas explicou como, oito anos depois da aprovação da Lei de Acesso à Informação, o Exército pode seguir expedindo documentos sigilosos, sem data para vir a público.

# 17. No tribunal

Durante a audiência de oitiva dos doze réus que citei no capítulo anterior, nos dias 16 e 17 de dezembro de 2019, na 1ª Auditoria da 1ª Circunscrição Judiciária Militar da Ilha do Governador, à revelia de todos os contorcionismos legais adotados pelo Exército, os detalhes mais reveladores da Operação Muquiço foram abertamente relatados pelos próprios soldados.

 O procedimento ocorreu publicamente e foi acompanhado por alguns jornalistas, eu entre eles. Apenas três meses depois, a pandemia mundial do novo coronavírus tomaria o país de assalto, obrigando todo mundo a ficar em casa, em isolamento social, emperrando as diligências e suspendendo os prazos da Justiça. Mas naquele 16 de dezembro, a audiência começou normalmente com uma pequena plateia que ocupava cerca de quatro filas de cadeiras. Era proibido gravar, mas podíamos escrever.

 O primeiro a ser ouvido pelo Conselho formado por quatro membros do Exército e a juíza Mariana Queiroz Aquino Campos, única civil, com sua toga preta, foi o tenente Ítalo Nunes, comandante da patrulha. Depois de nove meses num silêncio sepulcral imposto pelo comando do Exército, ele surpreendeu os jornalistas.

O tenente — e depois todos os cabos e soldados que o seguiram — manteve que o Ford Ka que fuzilaram era o mesmo carro que participara do assalto. Afirmou ainda acreditar que o veículo era conduzido por Luciano — portanto, pela lógica, a família de Evaldo mentia. A presença dos civis logo após os tiros de fuzil seria uma estratégia dos criminosos: "O tráfico manda a população da favela descer", explicou Ítalo.

"Geralmente vem sempre gente, vem senhora falar que é esposa, que é mãe...", respaldou o soldado Matheus Sant'Anna sobre a família de Evaldo. Ele reiterou, categoricamente, que Luciano estava armado — e disse ter percebido, quando viu o vídeo gravado por um morador do prédio, que Dayana escondeu a arma após o companheiro ser alvejado. "Depois eu vi no vídeo que a mulher procurava algo dele, depois achou algo e foi pra dentro do Minhocão."

Ao seu depoimento se seguiu o do soldado Marlon Conceição: "Tinha uma senhora que estava rodando ao redor dele, depois que a gente viu que tinha uma pistola". Perguntado sobre quais foram as características que o fizeram julgar ser Luciano o mesmo assaltante que tinham perseguido antes, ele disse: "Dava pra ver que era a mesma característica que eu falei para a senhora, o mesmo short". A juíza perguntou se ele viu o rosto. "Sim, senhora. Por eu estar na torre, eu tinha uma visão melhor e eu foquei mais nele. Eu também disparei contra ele."

"O Apop estava saindo da frente do carro e atirando contra a gente", completou o soldado João Lucas. "Foi imediatamente depois que ele realizou uns dois, três disparos; parecia que ele tava com uma submetralhadora ou com uma pistola que atirava bem rápido. Ele se agachou [atrás do carro], começou a levantar a pistola contra a gente."

Conduzindo os depoimentos dos réus, o advogado de defesa Paulo Henrique Pinto de Mello seguia sempre o mesmo roteiro de perguntas a respeito da abordagem a Luciano:

"Se esse Apop levanta as mãos e se rende ao Exército brasileiro, o senhor atiraria?"

"Se ele se rendesse, não atiraria. Se essas pessoas estivessem perto, não atiraria."

"Se tivesse apenas o automóvel parado ali, o senhor atiraria?"

"Se não tivesse nada que trouxesse risco à nossa tropa."

A versão da defesa chocou tanto os membros do Ministério Público que a jovem advogada Alice Mac Dowell, assistente de acusação, pediu a palavra e fez a seguinte pergunta ao soldado Gabriel da Silva de Barros Lins:

"Um esclarecimento. Ele informou que se tivesse criança, ele não teria efetuado o disparo. Mas as pessoas, duas senhoras que vieram em juízo e afirmaram que estavam no carro, iam para um chá de bebê com uma criança que estava no carro, atrás do sr. Evaldo. Eu queria saber então se o soldado afirma que essas pessoas estão mentindo."

A pergunta foi indeferida pela juíza.

"Querem transformar a vítima em agressor", disse a jornalistas, durante o intervalo, a normalmente hermética promotora Najla Nassif Palma.

As contradições dos depoimentos também chamaram a atenção da imprensa, pois eram muitas. O tenente Ítalo Nunes, por exemplo, disse sem pestanejar que Luciano atirou contra a tropa assim que eles chegaram ao ponto da avenida diante do Minhocão.

"Quando a gente se aproxima do carro, a cerca de cinquenta metros, a gente avista o assaltante saindo do banco do motorista, ele abandona o veículo atirando na gente e se esconde rapidamente no capô do carro. A gente já atira nele para neutralizar a ameaça."

Porém, no seu depoimento no IPM, ele dissera que não tinha visto Luciano atirar — sequer sabia precisar se Luciano portava uma arma. Havia dito também que atirara em direção ao carro, e não em Luciano.

A audiência representou uma verdadeira reviravolta no caso, porque foram incluídos elementos que jamais haviam sido citados ao longo das investigações. Um deles foi a menção aos tiros que teriam ocorrido assim que o suposto carro dos assaltantes saiu do ponto onde foi confrontado pelos militares. Os depoimentos, nesse caso, foram contraditórios entre si. O tenente Nunes afirmou que os assaltantes "durante algum tempo, durante a fuga, continuam atirando"; já o sargento Fabio Henrique Souza Braz afirmou que "só deram um disparo para trás"; e os soldados Matheus Sant'Anna e Willian Patrick Nascimento negaram que tivesse havido disparos durante a fuga. Por sua vez, o soldado João Lucas contradisse todos os demais colegas ao afirmar, pela primeira vez, e diferentemente do que havia dito no primeiro depoimento, que ordenou que Luciano ficasse parado quando ainda estava na torre.

"Quando eu vi ele, eu gritei, pedi pra ele ficar parado, porque eu não sabia se era um Apop ou não, foi quando ele virou e realizou disparos contra a gente. Antes eu pedi pra ele parar e ficar onde estava." E resumiu: "Minha intenção foi sempre neutralizar".

Surgiu ainda, apenas naquela manhã de dezembro, uma nova rajada de balas que teria partido de cima do Minhocão — do mesmo prédio onde um morador filmou toda a cena e dezenas de pessoas, minutos depois, se aglomeraram para ver o que se passava. Os tiros teriam ocorrido depois que a PM saiu do local e o vídeo foi desligado. "Deu pra identificar que tinha gente armada em cima do Minhocão, não deu pra fazer nada porque tinha muita gente à paisana ali", afirmou João Lucas, completando que, por causa dessa segunda rajada, os soldados tiveram que se abrigar na viatura, atrasando o socorro às vítimas. O soldado Vitor Borges corroborou essa versão, dizendo que ouviu esses disparos. "Sim, veio de cima do Minhocão", afirmou.

João Lucas trouxe ainda um novo elemento: um ou mais criminosos, de moto e usando tornozeleiras eletrônicas, teriam ameaçado os soldados. "Muita gente de tornozeleira eletrônica portando munição dizendo que ia atirar contra a gente", disse. "Um monte de gente em cima, talvez se eu tivesse com spray de pimenta..." O homem da tornozeleira "veio na intenção de me intimidar e veio com mais de dez. Ele veio xingando, falando que se a gente fosse entrar lá dentro ia levar tiro". Vitor Borges foi além na descrição da cena: "Eles não deixaram colocar a fita zebrada, eles foram pra cima da viatura, tentaram até tomar o fuzil dos meus companheiros, entendeu?".

"É comum nessas comunidades, o senhor que tem muito tempo que pratica isso aí, toda vez que ocorre uma prisão ou um ferimento de um Apop, que venham dez pais, quinze tios, ou dois irmãos pra dizer que é estudante, que é isso, que é aquilo?", perguntou o advogado Paulo Henrique.

"Isso, eles vêm falando que é inocente, que não têm nada a ver, que não têm nada a ver com crime.... Inventam essas coisas."

Os relatos ficam especialmente dramáticos quando eles dizem que, durante a troca de tiros daquela manhã, os traficantes teriam usado civis como "escudos humanos". A cena, jamais relatada em nenhuma reportagem policial sobre a criminalidade carioca, ganhava cores e vida nas palavras dos soldados, com o incentivo da defesa.

"O senhor viu os traficantes usando a população?"

"Positivo. Inclusive durante a troca de tiros eles colocavam pessoas como escudos para a gente não poder atirar neles."

"Um traficante colocava um transeunte entre vocês e o senhor parava de atirar?"

"No momento que eles colocavam as pessoas como escudo, as tropas do Exército paravam imediatamente de atirar."

Outra novidade foi o radiotransmissor que teria sido confiscado pelos militares em missões anteriores, que permitiu ao soldado Gabriel ter ouvido claramente a ordem do traficante Coronel de executar todo mundo do Exército que entrasse na favela.

Ao ouvir o depoimento de Gabriel, a promotora Andréa Helena Blumm Ferreira lembrou que, ao ser questionado sobre os eventos daquela manhã durante o IPM, nunca mencionara o tal rádio. O advogado Henrique protestou, explicando que aquilo não fora perguntado anteriormente aos soldados. Ao que a promotora respondeu que "trata-se de um depoimento prestado no dia 17 de maio de 2019. E uma das perguntas feitas era se tinha algo mais a dizer".

Visivelmente irritada, Andréa apontou ainda outra contradição no depoimento de Gabriel, sempre sob os protestos da defesa. Gabriel havia dito no auto de prisão ter visto o assaltante do carro sem camisa, de bermuda branca e portando uma arma. Porém Luciano usava uma bermuda escura. O soldado justificou: "O depoimento que eu dei lá eu não tava muito bem, não tava raciocinando bem, não tava lembrando o que aconteceu, mas passado o tempo consigo agora precisar a resposta correta".

Perguntado se confirmava seu depoimento anterior, ele respondeu: "Que ele estava sem camisa, sim, a bermuda não posso precisar".

Além dele, outros três militares — os soldados Vitor Borges e João Lucas Gonçalo, e o cabo Leonardo Oliveira — haviam dito que a bermuda do catador era de "cor clara" ou branca. Mas, naquela audiência, todos mudaram suas versões afirmando que não se lembravam da cor.

A linha de perguntas suscitou reação da defesa, pedindo que a juíza descartasse por completo os depoimentos iniciais dados pelos soldados. "A prova que tem que valer é a produzida em juízo", afirmou Paulo Henrique. Não foi a primeira altercação entre o MPM e o advogado de defesa. O clima de tensão era difícil de esconder — e resvalou não só nas promotoras, mas na própria juíza.

A audiência e o processo eram conduzidos pela juíza Mariana Aquino, civil, de fala baixa. A juíza ficava na posição central, ladeada por um tenente-coronel, dois primeiros-tenentes e uma única militar mulher, a tenente-coronel Sandra Fernandes de Oliveira Monteiro — que, visivelmente entediada, cochilou algumas vezes durante a audiência — à sua esquerda.

No banco da acusação, de onde partiam as perguntas sempre feitas para a juíza, que então decidia como reformulá-las, havia três mulheres: as promotoras Najla Palma e Andréa Blumm, ambas trajando longas becas negras, compenetradas, tomando notas sobre um calhamaço de folhas bancas, e a advogada Alice Mac Dowell.

A seriedade das acusadoras não abalou em nenhum momento a empáfia do advogado de acusação, que insinuou algumas vezes que elas não sabiam do que estavam falando. Em determinado momento, o dr. Paulo Henrique descreveu que a acusação foi "feita com base em notícias de jornal", e a promotora Najla intercedeu na hora junto à juíza:

"Doutora, pela ordem. Eu acabei de ouvir do advogado que a denúncia foi feita com base em notícia de jornal? Se ele está falando da denúncia do MP, nesse caso ele não leu direito; só pra registrar, ela é toda embasada em laudos e toda embasada em depoimentos. A atividade do ministerial não pode ser contestada aqui, há formas de fazer isso judicialmente, não jogando assim. Isso é desrespeito."

Por sua vez, a juíza Mariana Aquino teve que intervir muitas vezes para garantir que seria respeitada pelo advogado de defesa — e suas perguntas, respondidas pelos réus. Em mais de uma ocasião, um soldado elevou o tom às perguntas da magistrada, dizendo "já respondi a isso" ou "já expliquei". É o caso de uma pergunta sobre se não há um relatório que registre o uso das balas deflagradas pelos soldados. O advogado interrompeu, começando a responder. A juíza o interpelou, elevando o tom de voz: "A pergunta foi dirigida ao acusado, se ele quiser responder. O senhor não vai ficar fazendo conjecturas".

Paulo Henrique, contrariado, sugeriu mais de uma vez que as representantes do MPM não conheciam o regulamento do Exército. Perguntou para o soldado como é o procedimento de relatoria, interrompeu mais de uma vez as promotoras militares. Em determinado momento, a juíza repassou a pergunta a um soldado sobre onde estariam as viaturas Guarani para as quais eles levavam as "quentinhas". O advogado disparou: "Excelência, pela ordem, só para um esclarecimento, uma coisa é a entrada na comunidade do Muquiço, outra coisa é onde eles iam entregar a quentinha, que é na porta do PNR, que é na praça da Jaqueira".

"O senhor está colocando palavras na boca dele. Agora acabou de falar que tá na porta do PNR", respondeu a promotora Andréa.

"A defesa pode orientar o seu réu."

"Não pode! Não pode colocar conteúdo!"

"Pode sim, é direito da defesa."

A discussão prosseguiu, e o advogado impediu que o réu respondesse.

"Então deixa ele falar. Não precisa o senhor responder", reclamou a promotora.

"A defesa pode chamar a atenção do juízo por ser uma questão impertinente", retrucou Paulo Henrique. E protestou: "Aí já está ficando irônico em relação aos meus clientes. A ironia não pode ser parte desse processo".

A juíza teve que respirar fundo.

"Daqui a pouco vou ter que fazer um intervalo para vocês se acalmarem, que desse jeito a gente não pode progredir", disse a juíza para a acusação.

Mais tarde, dirigiu-se ao advogado: "O senhor também não pode ficar interferindo. É meramente uma pergunta, ele pode responder. O senhor tá falando como o MP tem que fazer as perguntas?".

Por fim, deu uma bronca em ambos: "Será que eu vou ter que explicar como é que se faz uma audiência, como é que as partes se comportam, como o acusado fala? Isso é um absurdo. Peço, por favor, que vocês se acalmem".

No intervalo da audiência, a promotora Najla Palma desabafou com os jornalistas:

"O que a gente viu foi uma construção que a defesa orientou. Todos dizendo basicamente a mesma coisa no intuito de tentar justificar esses disparos deflagrados sem que tenha acontecido uma agressão no momento."

Mas retomou a placidez quando a interpelei, buscando encontrar um meio-termo plausível entre os detalhes narrados ali: "Veja bem, a defesa tem o direito de mentir".

Ao final da audiência, por volta das 4 horas da tarde do dia 17 de dezembro, o advogado foi dar as mãos às promotoras, desculpando-se por "qualquer coisa". "Faz parte", respondeu Najla. E completou: "Seu time hoje ganhou de 3 a 1". O Flamengo batera o time saudita Al Hilal na semifinal do Campeonato Mundial de Clubes; mas não ficou claro se era a isso que ela referia.

Oito meses depois do assassinato, quando a entrevistei na casa nova, Luciana Nogueira ainda "conversava" com Evaldo Rosa quase todos os dias. Quando acontecia alguma coisa no trabalho. Quando precisava de conselhos. Para perguntar "Por que você me deixou?". Eles ficaram juntos durante 27 anos. A falta do marido era tão intensa que estava em quase tudo: no modo de se referir a ele ainda no presente, nas fotos penduradas na parede. Com uma sinceridade brutal, ela me disse que preferia ter morrido junto. "Pra ser sincera? Eu preferia ter ido, de verdade. Sabe, meus familiares falam assim: 'Ah, mas é muito injusto você falar isso'. Eu preferia. Eu preferia."

Respondi a ela com uma frase feita, da qual me arrependi depois: "Mas você é tão jovem!". Ela tinha 41 anos. "Eu sei, eu sei que sou jovem. E aí as pessoas falam: 'Ah, mas você vai ser muito feliz'. Vou nada. Acho que a minha felicidade, ela já passou. Eu fui toda a vida dele, e ele foi toda minha história", disse.

Aquela foi a última audiência presencial do caso antes do veredicto. Em março do ano seguinte, a pandemia do novo coronavírus chegou ao Brasil e obrigou todos os tribunais a suspenderem os prazos processuais. O plano de julgar os militares um ano após o fuzilamento, que eu soube que a juíza tinha, foi por água abaixo.

Os procedimentos só foram retomados no final de outubro de 2020, mas, assim que o prazo para as alegações finais foi aberto pela juíza, o advogado Paulo Henrique protocolou um habeas corpus para anulação do prazo e retorno para a fase de colhimento de provas, alegando que a decisão não fora publicada num diário oficial e que ele não poderia participar de atos presenciais, como a vistoria do Ford Ka — que ele pedira dois anos após a morte —, "até que haja garantia no tocante à segurança sanitária em face ao covid-19, uma vez que é integrante do grupo de risco por ser portador de comorbidade (diabetes)".

O expediente logrou suspender o andamento do processo por alguns meses e empurrar o julgamento para 2021. Mas foi derrotado por unanimidade no STM, que considerou que era "incabível o reconhecimento da nulidade pleiteada" e ainda deu uma bronca no advogado: "Observa-se que a Defesa foi corretamente intimada [...] para manifestação sobre todos os atos processuais que agora ataca, inclusive com renovação de prazos, tendo, deliberadamente, permanecido inerte, sem qualquer manifestação".

A advogada Alice Mac Dowell acompanhou o caso até o fim. "O advogado de defesa joga muito com isso. Ele tenta de todo modo ampliar o prazo processual", me disse ela. "Eu acho que ele almeja o esfriamento do caso; quanto mais tempo se passar, como é um caso que teve repercussão na mídia, para ele é melhor."

Quando o processo voltou a andar, o Ministério Público Militar pediu absolvição de todos os doze soldados da acusação de omissão de socorro. Também evitou acusá-los de crime durante a reação ao assalto, mas notou que "foi possível constatar a inexistência de um controle rigoroso de munição pelo Exército brasileiro naquela operação". Isso porque, no total, os militares atiraram 257 vezes naquele dia. Porém alguns alegaram que não estavam com os estojos de balas completos. "Embora não pareça razoável, ou mesmo crível, que os militares que trocaram tiros na parte da manhã com criminosos em missão que usava viaturas blindadas do Exército brasileiro voltariam para o mesmo local, na parte da tarde, numa viatura Marruá (sem blindagem), sem suas armas estarem plenamente municiadas, sendo essa a praxe, a instrução criminal levantou dúvidas quanto ao pleno remuniciamento dos fuzis e pistolas no quartel na hora do almoço", escreveram os promotores.

Mas o MPM pediu a condenação de nove militares, em especial do tenente Ítalo Nunes, por homicídio qualificado de Luciano e de Evaldo, e por tentativa de homicídio de Sérgio — todos causados pela segunda rajada, quando o carro da família já estava parado, e eles, desarmados e indefesos, diante do Minhocão.

Quando o fuzilamento completou dois anos, em 7 de abril de 2021, a juíza responsável pelo caso chegou a decidir que seria realizado o julgamento com audiência presencial. O filho de Evaldo, com dez anos, decidiu que iria assistir. Luciana, sua mãe, me explicou que tem "trabalhado a mente" do menino para uma possível injustiça, com a absolvição dos réus. Um pensamento a aterrorizava: que o caso de seu marido caísse no esquecimento.[1] Entretanto, o julgamento foi suspenso pelo agravamento das infecções de covid-19 no Rio de Janeiro, e acabou sendo remarcado apenas para julho de 2021.

# 18. Ecos do passado

Como já vimos, o artigo 142 da Constituição permitiu que os militares expandissem gradualmente seu papel na segurança pública e uma consequência disso foi a intervenção federal no Rio de Janeiro. Depois, no primeiro governo de um ex-militar, todos os fantasmas que rondavam as negociações da Constituinte de 1988 reapareceram e tomaram o país de assalto. O ápice ocorreu em 2020, durante tensões entre o Executivo e o STF, em meio à pandemia do novo coronavírus, que já matou mais de 470 mil brasileiros e foi considerada pelo presidente e ex-capitão do Exército Jair Bolsonaro uma "gripezinha".

    Preocupado com o inevitável desastre econômico que roeria sua popularidade, Bolsonaro desdenhou da doença, contrariou pessoalmente a quarentena decretada por governos estaduais e mobilizou aliados de diferentes estados que estavam empenhados em criar um partido próprio, o Aliança pelo Brasil, capitaneando protestos — carreatas — contra o isolamento social, única medida protetiva eficaz segundo a Organização Mundial da Saúde (OMS), até que houvesse uma vacina.[1] O STF, portanto, decidiu que os estados tinham o direito de decretar isolamento social, para desgosto do presidente.

Foi nesse contexto que apoiadores de Bolsonaro passaram a fazer protestos e marchas em Brasília com um discurso cada vez mais antidemocrático, pedindo abertamente a intervenção militar e o fechamento do STF. Tais protestos já aconteciam desde o ano do impeachment de Dilma e incluíam, desde então, cartazes que exortavam o Exército a usar o artigo 142 para "restabelecer a ordem". O próprio Bolsonaro, em meio à pandemia, frequentou diversas vezes esses atos. Ao mesmo tempo, a guerrilha virtual de Bolsonaro — conhecida como "gabinete do ódio" e comandada por seu filho Carlos Bolsonaro, contando ainda com o apoio de parlamentares como os deputados federais Bia Kicis (PSL-DF), Paulo Eduardo Martins (PSC-PR) e Marcel Van Hattem (Novo-RS) para a disseminação de mensagens desinformativas — passou a espalhar nas redes sociais Facebook, Twitter, Instagram e WhatsApp notícias falsas e sensacionalistas sobre como o STF não deixava o presidente trabalhar, ajudando a acirrar os ânimos golpistas.

O STF, que já liderava um polêmico inquérito sobre a máquina de fake news que mirava apoiadores próximos ao presidente, determinou à Procuradoria-Geral da República (PGR) a abertura de um inquérito para investigar os atos antidemocráticos. Um acampamento que protestava contra o STF na Esplanada dos Ministérios foi desmontado pela PF, e manifestantes bolsonaristas lançaram fogos de artifício contra o prédio do STF. Seu presidente, Dias Toffoli, afirmou que a corte não se sujeitaria a nenhum tipo de ameaça, "seja velada, indireta ou direta".

Esse é apenas o contexto daquele momento. Até então, Bolsonaro já falara algumas vezes em usar o artigo 142 para colocar os militares nas ruas. Em outubro de 2019, disse que enxergava um perigo de protestos generalizados no país, após manifestações estudantis tomarem as ruas do Chile: "A gente se prepara para usar o artigo 142, que é pela manutenção da lei e da ordem".[2]

Um mês depois, ele apresentou um projeto de lei (PL) ao Congresso que ampliava enormemente o excludente de ilicitude, associando o projeto ao combate a protestos violentos, chamando--os de "terroristas".

> Vai tocar fogo em ônibus, pode morrer inocente, vai incendiar bancos, vai invadir ministério, isso aí não é protesto. E se tiver GLO já sabe que, se o Congresso nos der o que a gente está pedindo, esse protesto vai ser simplesmente impedido de ser feito. O Parlamento é quem vai dizer se quer que a gente venha a combater esses atos terroristas ou não.[3]

Em abril de 2020, durante uma deselegante reunião ministerial cujo teor foi publicado na íntegra, Bolsonaro afirmou de novo que

> nós queremos cumprir o artigo 142, todo mundo quer cumprir o artigo 142. E havendo necessidade, qualquer dos Poderes pode, né? Pedir às Forças Armadas que intervenham para restabelecer a ordem no Brasil, naquele local, sem problema nenhum.[4]

Os fantasmas ressurgiram de vez quando a crise com o STF atingiu o ápice, em maio de 2020. Nos últimos dias de abril, o ministro Alexandre de Moraes proibira a posse do delegado Alexandre Ramagem, amigo da família Bolsonaro, como diretor-geral da Polícia Federal, afirmando que houve "desvio de finalidade do ato presidencial" na nomeação de Ramagem "em inobservância aos princípios constitucionais da "impessoalidade, da moralidade e do interesse público". A decisão veio depois de o juiz Sergio Moro, famoso pela sua atuação na Lava Jato contra esquemas de corrupção, desembarcar do governo afirmando que sofreu pressão política de Bolsonaro para trocar o diretor do órgão a fim de proteger seus filhos, que eram investigados pela PF no Rio de Janeiro. A denúncia de Moro virou uma nova investigação no STF.

A decisão de não permitir ao presidente nomear o diretor da PF irritou todos os generais do governo, que a consideraram uma extrapolação do poder da STF sobre o chefe do Executivo. Bolsonaro atacou: "Não engoli".[5]

No final do mês, a crise explodiu. Em 22 de maio, o decano da corte consultou a Procuradoria-Geral da República sobre a possibilidade de apreender o celular do presidente e de seu filho Carlos Bolsonaro para o inquérito sobre a nomeação de Ramagem. À tarde, o general Heleno, chefe do GSI, publicou uma nota que lembrava em tudo o já finado Leônidas Pires:

> O pedido de apreensão do celular do presidente da República é inconcebível e, até certo ponto, inacreditável. Caso se efetivasse, seria uma afronta à autoridade máxima do Poder Executivo e uma interferência inadmissível de outro Poder na privacidade do presidente da República e na segurança institucional do país. O Gabinete de Segurança Institucional da Presidência da República alerta as autoridades constituídas que tal atitude é uma evidente tentativa de comprometer a harmonia entre os poderes e poderá ter consequências imprevisíveis para a estabilidade nacional.[6]

As reações foram imediatas. O então decano do Supremo, Celso de Mello, escreveu que a "novilíngua bolsonarista" pretendia a instauração "de uma desprezível e abjeta ditadura militar".[7] Os chefes de todos os demais poderes também criticaram o tom de

Heleno. De seu lado, um grupo de noventa oficiais assinou uma nota em apoio ao ministro do GSI, citando risco de "guerra civil".[8]

Dias depois, o jurista Ives Gandra da Silva Martins atualizou o vaticínio de Leônidas Pires em um artigo no qual defendia que cabe às Forças Armadas moderar os conflitos entre os poderes. Para ele, o artigo 142 da Constituição permite que qualquer dos Três Poderes, caso se sinta "atropelado" por outro, peça que as Forças Armadas "ajam como poder moderador", com o objetivo de restabelecer "a lei e a ordem".[9]

Se fosse vivo, o general Leônidas Pires aplaudiria. Sua voz ainda pode ser ouvida nas páginas do livro *1988: Os segredos da Constituinte*, de Maklouf: "Como diz com muito acerto o jurista Ives Gandra, 'o art. 142 coloca as Forças Armadas como um poder moderador da nação'".[10]

A interpretação de uma versão repaginada do "direito ao golpe" de Ives Gandra foi rechaçada por seis ex-ministros da Defesa — Aldo Rebelo, Celso Amorim, Jaques Wagner, José Viegas Filho, Nelson Jobim e Raul Jungmann —, que assinaram um manifesto esclarecendo que qualquer apelo às instituições armadas para a quebra da legalidade democrática merece a mais veemente condenação. Tais atos, segundo a nota, "constituem afronta inaceitável ao papel constitucional da Marinha, do Exército e da Aeronáutica, sob a coordenação do Ministério da Defesa".[11]

Pouco depois, em junho, o PDT resolveu levar a questão para o STF. Impetrou uma Ação Direta de Inconstitucionalidade (ADI) pedindo à Suprema Corte que limitasse o poder de ação das Forças Armadas descrita no artigo 142 aos procedimentos de intervenção federal, estado de defesa e estado de sítio.

O ministro Luiz Fux aceitou a ação, afirmando que a missão constitucional das Forças Armadas não "acomoda" o exercício do poder moderador. Decidiu liminarmente que a prerrogativa do presidente da República de autorizar o emprego das Forças Armadas não pode ser exercida contra os outros dois poderes.

Mas antes mesmo de ser acionada, a Advocacia-Geral da União enviou, em nome do presidente, um parecer exortando pelo desconhecimento da ADI[12] e pedido que a corte não restrinja o papel das Forças Armadas. A interpretação colocaria o Estado "sob ameaça".

"Não há lugar para quarto poder", afirmou na época o presidente da corte, Dias Toffoli. "As Forças Armadas sabem muito bem que o artigo 142 não lhes dá poder moderador. Tenho certeza de que as Forças Armadas são instituições de Estado, que servem o povo brasileiro, não instituições de governo."[13]

Diversos militares assopraram pela imprensa que a ideia era impensada. Enquanto Bolsonaro mandava mensagens dúbias sobre o artigo 142 e o papel das Forças Armadas, o comando do Exército se afastava das movimentações do presidente. O comandante general Edson Leal Pujol afirmou que a crise sanitária "talvez seja a missão mais importante de nossa geração" e recusou-se a apertar a mão do presidente em um evento oficial, oferecendo o cotovelo, segundo as orientações da Organização Mundial da Saúde.[14] Em novembro do mesmo ano, encerrou a polêmica sobre o artigo 142:

> Não somos instituição de governo, não temos partido. Nosso partido é o Brasil. Independente de mudanças ou permanências em determinado governo por um período longo, as Forças Armadas cuidam do país, da nação. Elas são instituições de Estado, permanentes. Não mudamos a cada quatro anos a nossa maneira de pensar e como cumprir nossas missões.[15]

Teve o apoio vocal do vice-presidente, o general Hamilton Mourão.[16]

Dois dias depois, os comandantes militares das três Forças publicaram uma nota reforçando que as Forças Armadas são "necessariamente apartadas da política partidária".[17]

Se valeu para algo, a crise de meados de 2020 funcionou para demonstrar que bastam alguns homens exaltados no Planalto para esgarçar uma peça legislativa que é, deliberadamente, vaga. Os reflexos da linguagem imposta aos constituintes de 1988 pelo general Leônidas foram desnudados em uma escandalosa reportagem da revista *piauí*, de Monica Gugliano.[18]

No dia 22 de maio, dia em que a nota do GSI seria publicada, uma reunião começou no gabinete de Bolsonaro às nove da manhã. E, de acordo com a *piauí*, teve início com um anúncio de Bolsonaro: "Vou intervir!". Ele falava diante de três generais, o ministro-chefe da Casa Civil, Walter Braga Netto, o ministro-chefe da Secretaria de Governo, Luiz Eduardo Ramos, e o ministro do GSI, o general Augusto Heleno.

Segundo quatro fontes ouvidas pela jornalista Monica Gugliano, o presidente havia decidido enviar tropas para o Supremo. Os militares destituiriam os onze ministros e dariam posse a novos membros indicados por ele. Segundo os relatos, o secretário de Governo, general Luiz Eduardo Ramos, amigo de Bolsonaro há mais de quatro décadas, recebeu bem a ideia. Os generais Braga Netto e Augusto Heleno questionaram como aquilo poderia ser feito. Segundo a reportagem, outro general se juntou à reunião, Fernando Azevedo, ministro da Defesa, além do ministro da Justiça André Mendonça e José Levi, advogado-geral da União. Discutiram como dar legalidade a uma eventual intervenção, tratando, claro, do artigo 142.

A certa altura, Heleno interveio:

"Não é o momento para isso."

E sugeriu publicar a nota que arrepiou a República.

Em termos de estratégia, a nota teve o efeito esperado: voltou-se a falar de golpe e a temer a atuação decisiva da caserna na política. Em seguida, de maneira previsível, os generais que rodeavam o presidente Jair Bolsonaro rejeitaram as especulações sobre um golpe militar. Em 12 de junho, o general mais próximo do chefe, Luiz Eduardo Ramos, disse em entrevista à *Veja* que falar em golpe militar era "ultrajante e ofensivo" aos comandantes de tropas das Forças Armadas e que "o próprio presidente nunca pregou o golpe".[19] Mas encerrou: "Agora, o outro lado tem de entender também o seguinte: não estica a corda".

O general Luiz Eduardo Ramos é talvez o maior expoente dos generais de topo de carreira que abraçaram Jair Bolsonaro. É amigo de "Cavalão" desde quando entraram na Escola Preparatória de Cadetes do Exército em Campinas, no começo dos anos 1970. Serviram juntos, ainda, na Brigada Paraquedista. Ramos foi um dos primeiros a apoiar a empreitada presidenciável — até mesmo o general Heleno teve que ser convencido, mas depois conseguiu arregimentar mais apoios de peso dentro da caserna. Durante a campanha presidencial, em maio de 2018, Bolsonaro esteve presente na posse de Ramos no Comando Militar do Sudeste, em São Paulo, um dos mais importantes, com assento do Alto-Comando do Exército. Ramos também acompanhou Bolsonaro no Hospital Albert Einstein após o atentado a faca que mudou o cenário da corrida eleitoral em setembro, visitando-o dia sim, dia não. Além disso, enviou o genro para ajudar o grupo de trabalho formado por dois generais, Augusto Heleno e Oswaldo Ferreira, a elaborar um plano de governo.[20]

Quando assumiu a Secretaria de Governo, Ramos tornou-se a tábua de salvação de Bolsonaro ao convencê-lo a aliar-se ao Centrão para conseguir desmobilizar a resistência que havia à sua pauta ultraconservadora no Congresso. Na época, os pedidos de impeachment se avolumavam — Bolsonaro se tornaria o presidente brasileiro com mais pedidos de impeachment da história. E pagou o preço: pressionado por colegas das armas, teve que ir para a reserva na tentativa de "isolar" as ações do governo da reputação do Exército.

No dia do fuzilamento de Evaldo, Ramos deu o tom do que pensava o Alto-Comando do Exército. "Houve uma fatalidade. O pessoal tem colocado assassinato, não é", afirmou o general, ainda à frente do Comando Militar do Sudeste e antes de embarcar no governo. "Os soldados que estavam em missão na parte da manhã tinham sido emboscados. Quem, como eu, já esteve em uma situação dessas, de muita tensão... A gente, para julgar o que aconteceu, tem que esperar as investigações", disse.[21]

O governo Bolsonaro teve em tudo as bênçãos do comandante do Exército Eduardo Villas Bôas. Foi ele quem indicou que Heleno não deveria estar na Defesa, mas no GSI. "O Heleno era um nome excelente para a Defesa, mas eu avaliava que seria mais proveitoso ele ocupar um cargo que proporcionasse a convivência diária com o presidente." Indicou então o general Fernando Azevedo para a Defesa.

No final de novembro daquele ano, realizou um sonho de Bolsonaro ao conseguir organizar a formatura do ex-capitão na ESAO, que fora interrompida pela investigação sobre o plano de atentado a bomba. "[Bolsonaro] concluiu o ano letivo, o que constatei quando no comando da ESAO; ele me pediu para verificar o que constava a respeito", explicou.[22] "Depois de eleito presidente, solicitou que recebesse o diploma, o que foi feito em uma cerimônia simples." O próprio Villas Bôas, já numa cadeira de rodas por uma doença degenerativa e respirando por aparelhos, entregou o diploma. Bolsonaro, presidente eleito, discursou emocionado:

O senhor pode ter certeza, muita coisa que nós aprendemos na vida militar, levaremos para o Planalto. Nós temos uma chance ímpar de mudar o destino do Brasil. E não será eu sozinho, será com mais pessoas, em grande parte militares das Forças Armadas que estão ao nosso lado.

Juntos, prezado comandante, o senhor tem história, nós pretendemos também fazer a nossa história, a guinada do nosso país ao rumo daquilo que não devia ter saído, naquele período de vinte e poucos anos atrás.[23]

Um levantamento do TCU demonstrou que havia, em julho de 2020, 6157 militares exercendo funções civis na administração federal, mais que o dobro do ano final do governo Dilma. O maior aumento foi em cargos comissionados e no Ministério da Saúde[24] — neste, eram 1249, ou 37% a mais que no ano anterior.

Já no final daquele ano, os militares representavam mais de um terço do gabinete de Bolsonaro. Nove dos 23 ministros eram egressos da caserna, incluindo o ministro da Saúde, o general Eduardo Pazuello, que, diferentemente de Ramos, continuou sendo da ativa, uma demonstração clara de que quem estava no comando do enfrentamento à maior pandemia em um século era o Exército. Eles assumiram, ainda, estatais estratégicas, como Correios, Itaipu e Petrobras.

Esteio principal da administração Bolsonaro, o grupo que passou a ser chamado de "núcleo militar" demonstrou mais de uma vez ser o principal, ou talvez o único que importava no governo. Sua agenda foi prioritária desde o começo. No primeiro ano, o peso da Defesa no investimento federal teve um aumento de 33%.[25] Diferentemente dos demais funcionários públicos, os militares foram praticamente excluídos da reforma da Previdência, tendo apenas ampliado em cinco anos o tempo de serviço e sofrido um pequeno aumento de alíquota de contribuição.[26] Saíram, ainda, com um aumento de salários, de 45% para os oficiais e 4% para as carreiras de baixa patente. Em 2021, a Escola Superior de Guerra (ESG) ganhou um novo campus em Brasília, em um complexo 421 mil metros quadrados.[27]

Por outro lado, recaíram sobre o núcleo militar alguns dos mais relevantes desafios.

Os militares funcionaram como "posto Ipiranga" no combate ao novo coronavírus, distribuindo cestas básicas, fazendo ações de operações de descontaminação nos pontos de acesso a países vizinhos. Mas entraram de cabeça na principal estratégia do governo no combate ao vírus, a produção e distribuição de cloroquina. O general Pazuello foi nomeado ministro interino quando dois ministros se negaram a aprovar um protocolo de distribuição da droga, que não tinha eficácia comprovada contra a covid-19. O comandante do Exército, general Pujol, chegou a dizer que a cloroquina salvou a vida de vários militares.[28] Resultado: o Laboratório Químico e Farmacêutico do Exército produziu mais de 3 milhões de comprimidos de cloroquina em 2020,[29] para, segundo descreveu ao TCU, "produziu esperança a milhões de corações aflitos".[30] Após dez meses à frente da pasta, durante os quais o número de mortes saltou de 15 mil para quase 280 mil, Pazuello foi exonerado em março de 2021.

Na Amazônia ocorreu a mais longa GLO do governo Bolsonaro, as operações Verde Brasil 1 e 2, observadas de perto pelo vice. Hamilton Mourão passou a presidir o recém-criado Conselho Nacional da Amazônia Legal (CNAL), responsável por coordenar a atuação de ministérios na área ambiental em nove estados. Mais de 7 mil militares foram mobilizados entre agosto de 2020 e abril de 2021 para o combate às queimadas na Amazônia, primeiro grande escândalo internacional do governo.[31]

Mesmo assim, a relação de Bolsonaro com os militares levou a uma crise sem precedentes em março de 2021, quando a postura crescentemente independente do comandante do Exército, Edson Pujol, levou o presidente a demitir o ministro da Defesa Fernando Azevedo e Silva, seu principal fiador. Azevedo e Silva deixou o cargo reafirmando que havia preservado "as Forças Armadas como instituições de Estado",[32] enviando assim um claro sinal de que a cúpula militar queria afastar sua imagem da do presidente, à época com popularidade em queda e recorde de pedidos de impeachment no Congresso. Bolsonaro, por sua vez, sugeria cada vez mais ter o apoio e o controle da Força, ao usar reiteradamente a expressão "Meu Exército" em seus discursos. Em protesto contra a intervenção e a iminente demissão de Pujol, os comandantes da Marinha e da Aeronáutica, respectivamente o almirante de esquadra Ilques Barbosa Junior e tenente-brigadeiro do ar Antonio Carlos Moretti Bermudez, entregaram seus cargos. Foi a primeira vez que o comando das três Forças se demitia em protesto contra o comandante supremo.

Fernando Azevedo foi substituído por Braga Netto, mais alinhado ao presidente, que, no entanto, aceitou manter a regra da antiguidade ao selecionar os novos chefes das três Forças. Assim, o general Luiz Eduardo Ramos assumiu o poderoso posto de ministro-chefe da Casa Civil, deixando a articulação com o Congresso.

Como era de prever, a crise não significou o "desembarque" dos militares do governo, mas sim um distanciamento público às ideias antidemocráticas de Bolsonaro. Seguiram ocupando cargos nas autarquias federais e, com pequenos gestos, demonstrando que houve um rearranjo com o comandante supremo. Por exemplo, sob o comando de Braga Netto, os militares voltaram a dar vigorosos apertos de mão no presidente durante eventos oficiais, em vez de oferecer o cotovelo.[33]

Mas nada expressa melhor o fato de que o governo Bolsonaro é um governo de militares do que a sua postura com relação às GLOs. Diferentemente do que esperavam alguns desavisados, as GLOs caíram bruscamente em 2019 e 2020. Segundo a contagem do Exército, Bolsonaro autorizou sete GLOs em dois anos, enquanto Dilma autorizou catorze no mesmo período, e Temer, doze.[34]

Porém, longe de significar o fim da participação dos militares na segurança pública, o que esse número expressa é um acordo para que seja superado de vez o impasse legal e saciada a maior reclamação de todos os comandantes militares na última década. Bolsonaro sempre foi um entusiasta das GLOs para combater criminosos, e não esconde isso. "Praticamente não tivemos GLO no corrente ano. E eu pretendo usar a GLO, se tiver que usar, com excludente de ilicitude", explicou em uma live.[35]

O projeto de lei enviado pelo seu governo sete meses depois do fuzilamento de Evaldo Rosa e Luciano Macedo parece ter sido feito sob medida para evitar até mesmo a prisão temporária de soldados em casos como aquele. Ele estabelece que, em GLOs, haverá excludente de ilicitude, ou seja, será presumida legítima defesa — e, portanto, não será crime —, quando um militar matar ou ferir uma pessoa que esteja praticando ou na "na iminência" de praticar atos terroristas, condutas capazes de gerar morte ou lesão corporal, restrição de liberdade de alguém mediante violência ou grave ameaça, ou portando ostensivamente arma de fogo.

O militar apenas responderá se houver excesso, e a proposta ainda garante que o juiz pode atenuar a pena. Fica proibida, ainda, a prisão em flagrante do militar. Bolsonaro resumiu: "O que é o excludente de ilicitude? Em operação, você responde, mas não tem punição", explicou. "Será uma grande guinada no combate à violência no Brasil", afirmou ao anunciar o projeto.[36]

O projeto de lei n.6125/2019 também determina que a Advocacia-Geral da União deve ser responsável pela defesa dos militares, ampliando a função crescente desse órgão como defensor desbragado da caserna. Como já vimos, a AGU ajudou a acobertar a Operação Muquiço, que avançou pela Garantia da Lei e da Ordem de maneira ilegal, sem a autorização do presidente. Depois disso, a AGU emitiu um parecer a pedido do Ministério da Defesa autorizando que membros das Forças Armadas possam fugir do teto do funcionalismo público, de 39 mil reais. Os militares ganhariam com isso uma regalia que não é permitida nem a juízes nem a legisladores.[37] E a cereja do bolo vale ser relembrada. Em maio de 2020, a AGU determinou que tudo bem que os militares digam que jamais houve ditadura militar no Brasil. O parecer é uma resposta a uma ação na Justiça que pedia a remoção de postagens da Secretaria de Comunicação da Presidência homenageando o major Curió, que torturou e executou guerrilheiros do Araguaia.[38]

Nesse sentido, é revelador o que disse, logo depois da eleição do ex-capitão, o influente general Villas Bôas. Em entrevista ao UOL, ele afirmou que não há como os militares se afastarem da segurança pública:

> O chamamento de militares para ocupar cargos em outras áreas é uma volta à normalidade. Havia um certo preconceito, um patrulhamento. "Ah, está militarizando", diziam, falavam em fascismo. Eu vejo de forma positiva.
>
> Agora, o nível de gravidade está tão alto que deixou de ser segurança pública e já se transformou numa questão de segurança nacional. Mais de 60 mil pessoas assassinadas por ano, todos os indicadores, o narcotráfico, o crescimento das organizações criminosas, isso tem de ser tratado com abrangência.

Naturalmente, de acordo com o que a Constituição prevê, os militares inexoravelmente terão de participar desse esforço nacional. Quer como protagonistas, quer como coadjuvantes. Vai ter de participar.

Poucas coisas mudaram desde então, ainda mais se considerarmos as convicções solidificadas ao longo de décadas dentro do esteio militar e partilhadas, com algumas nuances, pelos principais pensadores do Exército como instituição de Estado.[39] Resta a certeza: o próximo capítulo dessa história ainda está por ser escrito.

# Epílogo

Este livro começou a ser concebido em um Brasil totalmente diferente deste em que é publicado. Em fevereiro de 2018, quando o governo de Michel Temer anunciou a intervenção federal no Rio de Janeiro, deixando claro que as amplas GLOs dos governos de Lula e Dilma haviam tido consequências maiores do que se previa, decidi buscar resposta a uma simples questão: ao longo de todas essas operações militares, teria morrido algum civil?

As Forças Armadas e o Ministério da Defesa, logo descobri, não guardavam um único registro nem faziam um acompanhamento das mortes de civis durante GLOs. Os dados que recebi são incompletos e contêm erros factuais. O comando do Exército me enviou dezenas de tabelas desencontradas. A primeira delas listava oitenta GLOs até 2018 e contabilizava cinco mortos, sendo nenhum da "Força" e cinco "oponentes".

Estava claro que havia corpos, mas ninguém sabia exatamente quantos eram. Começou assim uma batalha de pedidos pela Lei de Acesso à Informação que durou mais de dois anos. Fiz dezenas de pedidos a respeito de diferentes operações e casos específicos aos comandos do Exército, da Marinha e da Aeronáutica.

Algumas vezes, como o da instauração da Operação Muquiço, tive que exaurir todas as possibilidades de recurso, chegando até a Controladoria-Geral da União. Usei ainda, para a pesquisa, o acervo do jornalista Marcelo Godoy, do *Estadão*, que publicou dezenas de documentos que obteve pela LAI.

Foi por meio dessa documentação que conheci o termo Apop, ou agentes perturbadores da ordem pública. Questionado através da LAI, o Comando do Exército enviou depois um documento em que afirmava ter havido oito Apop mortos na Maré. Mas, depois de conversar com moradores do Complexo, localizei pelo menos outras seis mortes com envolvimento do Exército que não constam dos registros oficiais, como o caso de Raimunda Cláudia Rocha Silva, de 47 anos, que morreu dentro da sua casa no dia 14 de abril de 2015. O fato foi noticiado pelos principais jornais, mas o CML afirmou que só ficou sabendo três anos depois.

Também não constavam nos registros do Exército — embora tenham sido investigadas pela corporação — as mortes do adolescente Abraão da Silva Maximiano, de quinze anos, durante a Operação Arcanjo, em 26 de dezembro de 2011, e do jovem Matheus Martins da Silva, de dezessete anos, com um tiro na cabeça no município de Cariacica, no Espírito Santo, durante a Operação Capixaba, em 11 de fevereiro de 2017. Os oito mortos que ninguém matou, na estrada das Palmeiras, no Complexo do Salgueiro, em 11 de novembro de 2017, tampouco constavam nos registros oficiais.

Como jornalista, resolvi seguir esse rastro.

Os 35 casos levantados na pesquisa incluem alguns ocorridos em GLOs "informais", digamos assim, caso da operação militar que levou à morte de Evaldo e Luciano, e que o Exército tentou a todo custo esconder do público, por ser ilegal. O trabalho meticuloso de levantamento dessas histórias contou com a ajuda do controle civil da Justiça Militar: os servidores e servidoras que trabalham na 1ª, 2ª, 3ª e 4ª Auditorias Militares sempre foram receptivos e me franquearam amplo acesso aos processos judiciais, me avisaram sobre as datas dos julgamentos e me permitiram comparecer a audiências, por mais diminutas — e espantosamente quentes — que fossem as salas. Da mesma forma, a assessoria de imprensa do STM, em especial o louvável assessor de imprensa Dinomar Miranda, ajudou não só a mim, mas dezenas de jornalistas, a melhor conhecer a dinâmica da Justiça Militar. Mais de uma vez os assessores dessa Justiça que talvez nem devesse existir numa democracia elogiaram a profundidade das reportagens que publiquei na Agência Pública.

Da mesma forma, o Centro de Comunicação Social do Exército sempre foi amplamente responsivo e me forneceu muitas infomações que foram essenciais ao longo de todo o trabalho de investigação. Foi por isso que me surpreendi quando o Exército negou o pedido de uma visita às instalações do 28º Batalhão de Infantaria Leve em Campinas, centro especializado em treinamento para operações de Garantia da Lei e da Ordem, e negou peremptoriamente uma entrevista com o coordenador de Comunicação — e ex-secretário de Segurança Pública no Rio de Janeiro — Richard Fernandez Nunes. Era 2020, e estava claro que algo havia mudado.

Partindo do estudo dos casos de assassinatos cometidos por militares das Forças Armadas, comecei a puxar o fio da meada para compreender uma realidade que já era aparente no Rio de Janeiro — e em Brasília — desde a intervenção: os militares estavam saindo dos quartéis e começando a dar as cartas em outras áreas da vida pública brasileira. Dentre as dezenas de especialistas, políticos e generais que entrevistei, o que me ofereceu uma análise mais perspicaz dos eventos que levaram a isso foi

Francisco Carlos Teixeira da Silva, da Universidade Federal Rural do Rio de Janeiro (UFRRJ). Talvez porque ele tenha trabalhado diretamente com os militares durante o governo Lula, quando presidia o Instituto Pandiá Calógeras de Estratégia Internacional do Ministério da Defesa, ou por ter mantido os vínculos com a caserna, sendo ainda hoje professor emérito do Programa de Pós-Graduação em Ciências Militares da Escola de Comando e Estado-Maior do Exército (Eceme) e colaborador da Escola Superior de Guerra. Ou talvez porque ele aborde os militares sem os preconceitos e clichês daqueles que veem nas Forças Armadas a encarnação de todo o mal.

Para Francisco, a estratégia de levar os militares ao Haiti representava uma tentativa do governo Lula de dar às Forças Armadas um novo papel — externo —, alinhada com uma visão de projeção internacional do Brasil, usando a reputação como garantidora da paz internacional para justificar um assento permanente no Conselho de Segurança da ONU. Isso daria uma "nova dignidade" às Forças Armadas brasileiras. "Elas ficariam tão envolvidas nessa questão de Força de Paz, na missão como novas parceiras da ONU no mundo inteiro, que deixariam para trás essa ideia de se envolver ou desempenhar qualquer papel na política brasileira", avalia. Ao mesmo tempo, essa nova "função" contribuiria com a modernização das Forças Armadas, inclusive com investimentos internacionais para reverter a ausência de fundos das últimas décadas.

O governo Dilma, a meu ver, deu um passo além: reforçou o papel dos militares em GLOs, enquanto prosseguia com uma Comissão Nacional da Verdade que pretendia fazer uma reparação histórica sem romper os acordos feitos no passado (palavra usada pela ex-presidente).

Mas o tiro saiu pela culatra. "Nesse movimento, quase 30 mil tropas brasileiras rodaram pelo mundo, e oficiais brasileiros tiveram comandos muito grandes e importantes", diz Chico Teixeira. "E foram operações de manutenção da lei e da ordem, era como se fossem imensas GLOs. Esses comandantes acabaram imaginando que eles estavam aptos para, daí em diante, fazer a mesma coisa no Brasil, que eles podiam subir comunidades no Rio, ou ir para a Maré, ou ir para o Vidigal, para a Rocinha."

Simultaneamente, os mesmos comandantes passaram a ter um espaço na imprensa que não se via há muito tempo. A cobertura do Haiti foi artificialmente controlada, de maneira a trazer para casa uma visão positiva da Minustah. Foram centenas e centenas de viagens de jornalistas "embedados"[1] trabalhando do lado das tropas e transmitindo para a população sua visão. Os generais viraram colunistas de programas de TV, passaram a dar palpites em tudo, de temas internacionais a segurança pública. Aliou-se a isso uma estratégia deliberada de Villas Bôas para que o Exército passasse a ser ouvido nas discussões nacionais "com naturalidade".

Chico Teixeira resume o que virou, na sua análise, a "ideologia do Haiti": "A ideologia do Haiti era assim: se a gente fez no Haiti, por que a gente não pode fazer no Brasil?". O problema é que o Haiti não deu certo, por mais que se martele que a missão foi um sucesso. Eu vi com meus próprios olhos. Enquanto estive no Haiti, em 2011, conheci diversos ativistas que participavam de protestos contra a presença da ONU. Lembro-me de um dia, em abril de 2011. Eu andava com um guia (que era um ativista haitiano) em um "ônibus" local — um pequeno caminhão cuja caçamba era adaptada para manter sentadas cerca de doze pessoas sob uma lona azul — e ele me dizia que os outros ativistas tinham medo de protestar porque as forças da ONU repeliram todas as manifestações. Foi quando um dos passageiros começou a fazer um longo discurso contra a presença da Força, que chamava de "ocupação". Uma garota mostrou como estava brava com os soldados da ONU: "Eu não quero nem ouvir falar deles!". No entanto, eram poucos os veículos que cobriam os protestos contra a presença brasileira. Eles eram pequenos, mas foram constantes naquele ano, o que é de esperar de uma população cuja principal preocupação é sobreviver e que come bolachas feitas de terra.

"O Haiti não deu certo. Eles vão se vangloriar de terem feito todas essas operações, mas elas não deram certo. Como não deram certo todas essas intervenções de GLO no Rio ou em qualquer parte do Brasil. Então essa coisa de 'somos aptos a administrar' não é verdade. Tudo isso não passa de um castelo de cartas", diz Chico Teixeira. "É parecido com quando se fala de 1964, eles continuam dizendo que 64 foi uma maravilha e que fez o Brasil progredir contra uma maré de coisas que estava destruindo o Brasil. A gente continua lidando com memórias construídas, memórias imaginadas."

Não seria exagero, diz o professor, pensar que esse empenho em construir certas "verdades" apresenta as mesmas características de "operações psicológicas". No caso da ditadura, entretanto, a derrota da propaganda militar é patente e exaspera generais com os quais conversei e que ainda usam termos como "a versão dos vencidos da ditadura".[2]

Francisco não foi o único pesquisador que me alertou para a perenidade da ideia do Exército como "forjador" da identidade nacional. Alexandre Fuccille também chamou a atenção para isso. Ambos explicaram que a ideia de que a nação nasceu com a expulsão dos holandeses na Batalha dos Guararapes em Pernambuco (1649) foi abraçada a partir da Nova República — da redemocratização — como maneira de reinventar uma dignidade que fora perdida pelas Forças Armadas com o fracasso político, moral e econômico do regime militar.[3]

"Essa visão do Exército que antecede ao povo, que antecede a República, é uma visão altamente conservadora. Nós somos o único país do mundo em que o Exército se forma na época colonial. O Exército funda o povo, funda a nação. Isso é profundamente autoritário", diz Chico Teixeira. Fuccille aponta para a influência do general pernambucano Zenildo Gonzaga Zoroastro Lucena, ministro do Exército entre 1992 e 1999, durante o governo de Itamar Franco, na renovação dessa mística da fundação do Brasil: "A partir dos anos 90, ela é ensinada nas escolas militares".

De fato, nos últimos dias de escrita deste livro, passei por Guararapes, em Pernambuco. Fui pega de surpresa pela materialidade dessa ideologia, estampada na enorme placa verde que dá boas-vindas à cidade: "Bem-vindo a Jaboatão dos Guararapes. A pátria nasceu aqui".

O "salvacionismo" dos militares tem sido reforçado até mesmo em pronunciamentos oficiais que louvam o golpe de 1964. Em 2019, o general Fernando Azevedo, ministro da Defesa, e os comandantes das três Forças assinaram uma ordem do dia que rezava que, "diante de um cenário de graves convulsões, foi interrompida a escalada em direção ao totalitarismo. As Forças Armadas, atendendo ao clamor da ampla maioria da população e da imprensa brasileira, assumiram o papel de estabilização daquele processo". Em 2020, a ordem do dia chamava o "movimento de 1964" de "um marco" para a democracia brasileira "pelo que evitou".

> As instituições se moveram para sustentar a democracia, diante das pressões de grupos que lutavam pelo poder. As instabilidades e os conflitos recrudesciam e se disseminavam sem controle. A sociedade brasileira, os empresários e a imprensa entenderam as ameaças daquele momento, se aliaram e reagiram. As Forças Armadas assumiram a responsabilidade de conter aquela escalada, com todos os desgastes previsíveis.[4]

Consequência desse salvacionismo, a visão do Exército como "posto Ipiranga", na acepção que Etchegoyen me explicou durante nossa entrevista, é o reverso do papel que os próprios militares forjam para si mesmos.

Chico Teixeira diz que a visão do Exército como fundador do Brasil nunca deixou de existir, mas ganhou novo corpo com o bolsonarismo, que teria como uma de suas raízes a "ausência de adesão" à Nova República de um núcleo de militares da linha dura. Esses "elementos radicalizados" sempre viram na Nova República "um grupo de esquerdistas, comunistas, revanchistas", diz o professor, relembrando a admiração do general Heleno a Sílvio Frota, e do general Mourão ao seu ex-superior, o coronel Brilhante Ustra. "Você tem uma linha dura que perpassa da ditadura até a Nova República."

Para Teixeira, o bolsonarismo que chegou ao poder em 2018 se forjou no encontro "do núcleo duro militar que nunca aceitou a Nova República com um empuxo fascistizante que vem da sociedade. Não são iguais, mas eles se encontraram no bolsonarismo".

Há nuances nas visões dos generais consultados para este livro: de Etchegoyen, que tem uma convicção democrática que exclui o PT, ao general Paulo Chagas, que é monarquista assumido. Mas há enorme consenso quanto ao fracasso (devido a uma corrupção financeira e moral) dos governos civis que administraram o país desde a redemocratização.

Um insight importante nesse sentido, talvez definitivo, veio da entrevista que fiz com o próprio general Etchegoyen, quando perguntei o que ele queria dizer quando afirmava que o papel do Exército é político. "É a política com P maiúsculo", me respondeu. "Uma coisa é a organização política, p minúsculo, que é o partido, a organização de bairro, a UNE, porque eles fazem política no sentido de ter uma ideologia, ter uma tendência, procurar candidatos. Outra coisa é a organização da política como estrutura do Estado. Qual é a política brasileira para defesa? Como é que politicamente eu organizo? Que instituições eu tenho para cumprir essa política?"

Etchegoyen acha que a "preservação de valores pelo Exército" de Villas Bôas foi uma decisão política. Perguntei-lhe como isso se teria dado. "Sim, da política do Exército. O que é defender a pátria? É defender o território? É defender os seus interesses? E defender os seus cidadãos? O seu patrimônio? O que é o patrimônio de uma nação? É o PIB, é o território, é o idioma, é a cultura, são os valores da nação. A sua tradição. O que nós chegamos à conclusão, um pouquinho antes, isso a gente já conversava até antes do Villas Bôas ser comandante, é que o Brasil vivia uma crise de valores, que é a mãe de todas as crises, na minha interpretação e na interpretação dele."

Não se trata de um discurso moralista, ele alertou, mas de valores. E tanto esses valores são importantes que Bolsonaro teria sido eleito sob essa toada. Não apenas o tema da corrupção foi primordial, esses valores refletiriam que o Brasil é um país de maioria conservadora. "Quem elegeu o Bolsonaro? Uma maioria conservadora, de valores conservadores, que se opunha aos valores identitários que o PT trouxe", disse ele. "Por isso que qualquer Bolsonaro ganharia a eleição de Haddad. Qualquer um que levasse a bandeira do conservadorismo, dos valores."

Durante alguns minutos, o general buscou explicar o que tanto o incomodava nessa pauta. "Para mim é muito difícil lidar com essas questões identitárias que o PT trouxe, que a imprensa publica de manhã, de tarde e de noite, porque eu nunca tive problema com isso. Na minha educação, na minha família, isso nunca foi uma questão. 'Ah, mas o cara é negro, mas ele é gay, ela é isso', isso nunca passou na minha vida até velho. Não era um problema de que eu tivesse me ocupado, entendeste?"

A fala do general me espantou porque ela se relaciona diretamente com o contexto de misoginia que, na minha opinião, circundou todo o processo de impeachment de Dilma Rousseff e que foi ficando mais claro à medida que eu conversava com alguns dos personagens envolvidos. As declarações feitas em público e privado dos principais artífices da conspiração que levou o governo petista ao fim tornam ainda mais gritante o fato de que o novo governo que assumiu em 2016 não incluía sequer uma mulher. E os homens que o montaram não chegaram nem a perceber isso.

Este livro não é o lugar para refletir de maneira mais profunda sobre como o machismo afetou momentos cruciais da história brasileira, mas considero essencial reforçar que é inviável considerar o papel dos militares nessas transformações sem levar em conta a essência machista, hierarquizada e classista da instituição que os forjou.

Essas reflexões são minhas, não têm nada a ver com o que pensa o general que, naquela tarde de 2020, fechando seu raciocínio, me disse que ele e outros comandantes militares chegaram à conclusão de que o Exército adquiriria, mais cedo ou mais tarde, o lugar de esteio moral de uma nação em frangalhos. "Quando a gente falou isso, não era uma política contra o governo, era uma política para dizer o seguinte: em alguma incubadora deste país tem que ficar guardada alguma coisa porque a sociedade vai voltar para cobrar, vai pedir, vai querer saber onde é que estão meus valores, o que fizeram com eles? E ela vai achar uma instituição que preservou os valores. O que nós não imaginávamos é que isso fosse tão rápido." Para ele, a sociedade foi buscar nos quartéis valores que estavam perdidos. O general, é importante lembrar, repudia e chamou de "espúrios" os movimentos que clamam por um golpe militar. São um anacronismo de quem não entendeu que o tempo passou, diz ele.

Gosto de ouvir o general Etchegoyen porque ele é, na minha visão, o principal artífice da volta dos militares ao governo, e preferiu ficar bem longe do governo Bolsonaro, tornando-se a voz em "off" moderada dos generais à imprensa sempre que o ex-capitão ultrapassa a linha do que é, na sua visão, razoável. Sua principal preocupação, ele me disse, é que o excesso de militares no governo federal macule a imagem da instituição que forjou sua família há gerações.

Seu amigo Chico Teixeira, assumidamente de esquerda, acredita que faz falta uma lei da memória histórica que puna a apologia à tortura e ao golpe de Estado, uma ameaça que sobrevoou a "pátria" durante todo o governo Bolsonaro, por decisão e ação absolutamente conscientes do presidente — desde a fala do seu filho sobre fechar o STF com "um cabo e um soldado", sua própria ameaça de enviar tropas ao Supremo, e seu apoio a manifestações golpistas na praça dos Três Poderes, ou as repetidas acusações infundadas de fraude nas urnas, seja na eleição que o elegeu ou nas futuras.

No início de 2021, momento em que encerro este livro, a recusa de Donald Trump em aceitar a derrota eleitoral levou a uma invasão — inédita na história americana — do Congresso por uma turba armada e violenta. Já o Brasil passa por um processo que o ministro do STF, Edson Fachin, chamou de "desconstituinte".

Em primeiro lugar, a remilitarização do governo civil, que é um sintoma preocupante. Em segundo lugar, intimidações de fechamento dos demais Poderes. Em terceiro, declarações acintosas de depreciação do valor do voto. Em quarto, palavras e ações que atentam contra a liberdade de imprensa. Em quinto lugar, incentivo às armas e, por consequência, à violência — o Brasil precisa de saúde e educação, não de violência nem de armas.

Em sexto lugar, a recusa antecipada de resultado eleitoral adverso. Em sétimo lugar, revelando portanto que vivemos uma crise da democracia, e a corrupção da democracia é o arbítrio, há um grave problema da naturalização da corrupção de agentes administrativos e portanto isso mostra que a corrupção da democracia está no presente momento associada às forças invisíveis da grande corrupção. A grande corrupção no Brasil funciona como o coronavírus, provoca efeitos danosos imensos, mas não é visível a olho nu.[5]

Desse processo são partícipes os militares, da ativa e da reserva, que, como já ficou claro, seguirão apoiando o governo Bolsonaro como parte de sua missão histórica, até o fim, a despeito de crises aqui e ali. Fica a pergunta: e agora, quando será que eles sairão da política? E como?

A ampliação do papel dos militares na política com "p" minúsculo não se desvia em nenhum momento da atuação que tiveram na segurança pública e no GSI na última década, que, como vimos, foi muito fortalecida por duas obsessões do governo petista, o Haiti e os megaeventos esportivos.

De fato, como dizem vários generais, existe uma preocupação em evitar mortes — pelo menos aquelas causadas diretamente pelo Exército, uma vez que houve enorme explosão de homicídios pela polícia fluminense durante a intervenção federal, quando os militares realizaram duzentas missões em apoio e em parceria com a PM. Comparativamente, os danos colaterais com as digitais das Forças Armadas são bem menores. Mesmo assim, há um enorme empenho para que cada um desses casos siga impune, conforme vimos ao longo do livro.

É sob esse prisma que se deve ver o esforço do governo Bolsonaro em aprovar uma lei que garanta excludente de ilicitude para mortes cometidas em GLOs, garantindo, afinal, que a legislação brasileira alcance finalmente a "liberdade de ação" que os *force commanders* repetidamente louvam em relação à missão do Haiti.

Os casos de dano colateral são estatisticamente poucos, mas são enormes. Não só para familiares e amigos. Eles resultam numa gradual e constante perda da confiança na Justiça, que pode ser representada pelas dezenas de chamadas, muitas não atendidas, feitas pelos avós de Diego Augusto Roger Ferreira, o rapaz que foi morto na esquina de casa durante a intervenção federal porque dirigia uma moto, de chinelos e sem capacete. O avô de Diego me chama de "varoa" e diz que eu fui muito boa para eles. Eles me ligam todo mês, agradecidos. E eu não fiz absolutamente nada. Escrevi na internet sobre o neto que eles criaram como filho e visitei-os apenas uma vez (a pandemia me obrigou a não voltar ao Rio por mais de um ano). Mas eu os escutei.

Após o decreto de GLO de julho de 2017 no Rio, o comandante do Exército general Villas Bôas disse que "a própria possibilidade de ocorrência de danos colaterais envolvendo civis inocentes deve ser avaliada atentamente pela sociedade. Vale ressaltar que o Exército é vocacionado para uma situação de conflito armado. A Força é equipada com armas e munições com alto grau de letalidade, alcance e capacidade de transfixação, e vem sendo empregada em áreas civis urbanas, densamente povoadas".[6]

É isso que este livro pretendeu: explicar com minúcias quais foram os danos colaterais que o uso crescente dos militares em GLOs trouxe para a nossa sociedade. Além de traumas como os da família de Diego, houve dois grandes efeitos colaterais que merecem ser listados, a "PMização" do Exército, com a explosão de denúncias de agressões, humilhações e abusos cometidos por soldados, incluindo acusações bem-fundamentadas de tortura e até de uma chacina; e, por outro lado, o inegável avanço dos militares na política.

Este livro é uma reportagem, e como tal reconta o caminho narrativo que a repórter encontrou em sua pesquisa. Não traz uma versão absoluta de fatos — ainda tão recentes —, mas reflexões muitas vezes concatenadas pelos próprios entrevistados ou suscitadas pelas leituras de outros livros, documentos ou palestras assistidas pelo YouTube. Alguns capítulos surgiram graças aos entrevistados, como a retrospectiva sobre a criação do artigo 142, uma sugestão da ministra Maria Elizabeth Rocha, depois reforçada pelo Francisco Teixeira.

Partes fundamentais da narrativa apresentada neste livro não seriam possíveis sem o trabalho meticuloso de diversos jornalistas que têm se dedicado a cobrir as atividades dos militares e outros aspectos do poder nos últimos anos, como Rafael Soares, Fabio Victor, Thaís Oyama, Rubens Valente, Monica Gugliano, Consuelo Dieguez, Marcelo Godoy e Luiz Antonio Araújo. Também serviram como grandes referências os trabalhos dos jornalistas Elio Gaspari e Luiz Maklouf Carvalho.

A publicação não teria sido possível se não fosse o apoio de toda a equipe da Agência Pública, que me acompanhou durante dois anos de apuração, discutindo, editando, checando, revisando, apoiando e assumindo tarefas administrativas da agência em diversos momentos para que eu pudesse me dedicar à escrita. Como sabemos, jornalismo não é uma tarefa de lobos solitários, mas de equipes, e se uma investigação pode ser feita e lida é porque há um enorme grupo de pessoas trabalhando para que isso aconteça. Em especial, agradeço a Marina Amaral, Thiago Domenici, Andrea Dip e Marina Dias, que me deram um apoio incomensurável em diversas etapas da investigação e da escrita. Também agradeço ao meu marido Babak Fakhamzadeh, que conviveu comigo durante longas tardes e noites, quando, no confinamento da pandemia, eu perambulava absorta pela casa em busca da melhor palavra.

Finalmente, este livro é resultado do trabalho de uma editora incansável, paciente, inspirada e criativa, que revirou de cabeça para baixo os meus rascunhos para dar coerência, estofo e fluidez a essa história que precisava ser contada. Daniela Duarte mereceria o crédito de coautora, não fosse tão boa editora que prefere passar oculta por estas linhas.

# Anexo

## Ocorrências e mortos pelo Exército e Marinha em operações de segurança pública e relacionadas

| DATA | OPERAÇÃO | DESCRIÇÃO |
|---|---|---|
| 26/12/2011 | Operação Arcanjo | Abraão Maximiano, de quinze anos, foi morto no Complexo do Alemão por um tiro nas costas durante uma patrulha do Exército. |
| 12/04/2014 | Operação São Francisco (Maré) | Jefferson Rodrigues da Silva, de dezoito anos, faleceu após ser baleado por um fuzileiro em uma das ruas da Vila dos Pinheiros. |
| 13/09/2014 | Operação São Francisco (Maré) | Marco Aurélio Ferreira Nobre, trinta anos, morto na Comunidade Nova Holanda durante uma festa da rua. Familiares dizem que foi morto após soldados usarem pistolas taser. |
| 23/10/2014 | Operação São Francisco (Maré) | Paulo Ricardo Rodrigues Lima, 26 anos, foi atingido por um tiro na rua onde morava após voltar do trabalho. Família afirma que foi o Exército. |

| | | |
|---|---|---|
| 03/11/2014 | Operação São Francisco (Maré) | Araguaci Felipe Santos do Carmo, de dezessete anos, foi morto na Vila do João. |
| 23/11/2014 | Operação São Francisco (Maré) | Carlos Henrique do Espírito Santo foi a óbito após tentativa de homicídio contra militares. |
| 23/11/2014 | Operação São Francisco (Maré) | Bruno Barbosa da Silva foi a óbito após tentativa de homicídio contra militares. |
| 20/01/2015 | Operação São Francisco (Maré) | Felipe de Araújo Vieira, de 23 anos, morreu, segundo a mãe, com um tiro à queima-roupa do Exército na Vila do João. O CML afirma que ele morreu em confronto. |
| 20/02/2015 | Operação São Francisco (Maré) | Rivaldo Sousa, pedreiro, foi morto na Vila do João. Há relatos de que foi confundido com um traficante. |
| 24/02/2015 | Operação São Francisco (Maré) | Renato da Silva Cruz foi morto após tentativa de homicídio contra os militares, segundo o CML. |
| 24/02/2015 | Operação São Francisco (Maré) | Brendon Alexandre Azevedo Ribeiro foi morto após tentativa de homicídio contra os militares, segundo CML. |
| 14/04/2015 | Operação São Francisco (Maré) | Raimunda Cláudia Rocha Silva, de 47 anos, foi atingida por um tiro de fuzil. Vizinhos e familiares dizem que partiu do Exército. |
| 18/06/2015 | Operação São Francisco (Maré) | Vanderlei Conceição de Albuquerque, de 34 anos, foi morto pelo Exército, segundo familiares. |

| | | |
|---|---|---|
| 11/02/2017 | Operação Capixaba | Matheus Martins da Silva, de dezessete anos, foi morto no município de Cariacica, no Espírito Santo. Segundo familiares, era inocente. |
| 15/02/2017 | Operação Carioca | Dois assaltantes, um deles armado, foram surpreendidos por uma patrulha dos fuzileiros navais no Rio de Janeiro quando tentavam roubar uma moto. Um deles morreu no local. |
| 18/11/2017 | Operação de reforço à segurança do Arsenal de Guerra | Dois traficantes foram mortos após tentar furar o bloqueio diante do Arsenal de Guerra. |
| 11/11/2017 | Operação no Complexo do Salgueiro | Operação acabou com oito mortos e alguns feridos. O caso é investigado pelo Ministério Público Militar em ação sigilosa. |
| 12/05/2018 | Intervenção federal | Diego Augusto Roger Ferreira, de 25 anos, motociclista morto após furar um bloqueio do Exército. |
| 07/06/2018 | Intervenção federal | Acidente levou à morte um pedestre e um militar batedor, que o atropelou na avenida Brasil. Segundo o Exército, o pedestre era usuário de crack. |
| 20/08/2018 | Operação na Penha, Alemão e Maré | Cinco traficantes foram mortos em confronto, segundo o Exército. |

| | | |
|---|---|---|
| 14/11/2018 | Blitz em Belford Roxo | O PM Diogo Gama Alves Motta, de 35 anos, ia trabalhar na UPP do Andaraí, quando foi morto por militares numa blitz em Belford Roxo. Eles acusaram Diogo de ter confundido a patrulha com traficantes e atirado contra a tropa. A cabeleireira Fernanda Brandão, mulher de Diogo, diz que seu marido foi executado. |
| 05/04/2019 | Blitz do Exército na estrada São Pedro de Alcântara, Vila Militar | Christian Felipe Santana de Almeida Alves, de dezenove anos, ia na garupa de um amigo, menor de idade, que recebeu ordem de parada de um grupo de militares, mas, assustado por não ter habilitação, resolveu acelerar. Christian foi alvejado duas vezes por dois militares com tiros de fuzil e faleceu. |
| 07/04/2019 | Operação Muquiço | O músico Evaldo Rosa, 46 anos, recebeu nove tiros de fuzil quando ia com a família para um chá de bebê, em Guadalupe. O carro foi acertado 62 vezes. |
| 07/04/2019 | Operação Muquiço | O catador Luciano Macedo, 27 anos, levou dois tiros de fuzil quando se aproximou para tentar ajudar Evaldo Rosa. |

# Notas

PRÓLOGO (pp. 11-9)

1. O tenente Ítalo da Silva Nunes Romualdo, o sargento Fabio Henrique Souza Braz da Silva, os cabos Paulo Henrique Araújo Leite e Leonardo Oliveira de Souza e os soldados Wilian Patrick Pinto Nascimento, Gabriel Christian Honorato, Matheus Sant'Anna Claudino, Marlon Conceição da Silva, João Lucas da Costa Gonçalo, Gabriel da Silva de Barros Lins, Vitor Borges de Oliveira e Leonardo Delfino Costa.
2. Em depoimento à autora em 14 de agosto de 2019.
3. Em depoimento à autora em 5 de agosto de 2019.
4. Depoimento de Luciana dos Santos Nogueira ao Ministério Público Militar (MPM) em 12 de abril de 2019.
5. Depoimento de Michele da Silva Leite Neves ao MPM em 16 de abril de 2019.
6. A rajada foi filmada por um morador que estava no prédio conhecido por Minhocão (<www.youtube.com/watch?v=lOBogBOcigA>). Segundo laudo da Polícia Civil, após desembarcarem, na segunda saraivada, os militares atiraram mais 82 vezes.
7. Em depoimento à autora na Casa Pública, no Rio de Janeiro, em 9 de maio de 2019.
8. Rafael Soares, "Perícia revela rastro de destruição deixado por militares onde músico foi fuzilado", *Extra*, Rio de Janeiro, 15 dez. 2019.
9. Apud Elio Gaspari, *A ditadura envergonhada*, São Paulo: Companhia das Letras, 2002, p. 255.

## 1. O EXÉRCITO NÃO MATA NINGUÉM (pp. 23-34)

1. Depoimento de Ítalo da Silva Nunes Romualdo no Registro de Ocorrência Policial Militar, em 7 de abril de 2019.
2. A intervenção federal durou de 16 de fevereiro a 31 de dezembro de 2018. Ao mesmo tempo, havia uma operação GLO em andamento desde 28 de julho de 2017, que permitiu dezenas de operações de incursão em favelas pelos militares. Ambas terminaram no mesmo dia.
3. Depoimento de Vitor Borges de Oliveira à Justiça Militar em 17 de dezembro de 2019.
4. "A atuação das Forças Armadas, na garantia da lei e da ordem, por iniciativa de quaisquer dos poderes constitucionais, ocorrerá de acordo com as diretrizes baixadas em ato do Presidente da República, após esgotados os instrumentos destinados à preservação da ordem pública e da incolumidade das pessoas e do patrimônio [...]." Disponível em: <http://www.planalto.gov.br/ccivil_03/leis/lcp/lcp97compilado.htm>.
5. Depoimento do segundo-tenente Ítalo da Silva Nunes Romualdo em audiência na 1ª Auditoria Militar em 16 de dezembro de 2019.
6. Segundo a denúncia do MPM, o laudo da Polícia Civil encontrou 82 estojos percutidos e deflagrados, sendo 59 de calibre 5,56 mm e 23 de calibre 7,62 mm.
7. Depoimento de Ítalo da Silva Nunes Romualdo no Registro de Ocorrência Policial Militar, em 7 de abril de 2019.
8. Depoimento do segundo-tenente Ítalo da Silva Nunes em audiência na 1ª Auditoria Militar em 16 de dezembro de 2019.
9. Ibidem.
10. João Paulo Charleaux, "O que é 'regra de engajamento'. E como ela difere no Rio e no Haiti, *Nexo*, 19 fev. 2018.
11. Regras de Engajamento para a Operação da Força de Pacificação no Rio de Janeiro — Diretriz Ministerial n. 15/2010, de 4 de dezembro de 2010.
12. Depoimento do segundo-tenente Ítalo da Silva Nunes Romualdo em audiência na 1ª Auditoria Militar em 16 de dezembro de 2019.
13. Tânia Monteiro et al. "Militarização atinge 2º e 3º escalões do governo Bolsonaro", *O Estado de S. Paulo*, São Paulo, 3 mar. 2019.
14. Em entrevista à autora em 14 de agosto de 2019.
15. Depoimento de Luciana dos Santos Nogueira ao MPM em 12 de abril de 2019.
16. Em entrevista à autora em 14 de agosto de 2019.

17. "Dez militares do Exército são presos no Rio por morte de músico", vídeo disponível em: <http://g1.globo.com/rio-de-janeiro/videos/v/dez-militares-do-exercito-sao-presos-no-rio-por-morte-de-musico/7524994/>.

18. Nota do Comando Militar do Leste de 7 de abril de 2019 às 16h25, apud Viviane da Silva Cardoso, *Um estudo de caso sobre a cobertura da imprensa no incidente que ficou conhecido como os "80 tiros"*, Projeto de pesquisa apresentado à Escola de Formação Complementar do Exército. Disponível em: <https://agen.pub/dcnota27>.

19. Depoimento ao Ministério Público Militar em 16 de abril de 2019.

20. Nota do Comando Militar do Leste de 8 de abril de 2019 — "Acerca dos fatos envolvendo militares do Exército que realizavam patrulhamento regular no perímetro de segurança da Vila Militar (RJ), no dia 7 de abril de 2019". Disponível em: <https://bit.ly/3chGpFg>.

21. "A vantagem da mudança seria o descarte da incompetência, da má gestão e da corrupção", disse Mourão. Cf. Renata Mariz, "Ministério da Defesa exonera general que criticou governo", *O Globo*, Rio de Janeiro, 29 out. 2015.

22. "'Sob pressão e sob forte emoção, ocorrem erros dessa natureza', diz Mourão sobre fuzilamento de carro por militares no Rio", *G1*, 12 abr. 2019. Grifo meu.

23. Anne Vigna, Natalia Viana e Luciano, "Napalm no Vale do Ribeira", Agência Pública, 25 ago. 2014.

24. Fernanda Canofre, "'O Exército não matou ninguém, não', diz Bolsonaro sobre morte de músico no Rio", *Folha de S.Paulo*, São Paulo, 12 abr. 2019.

25. Luiz Felipe Barbieri, "Ministro da Defesa diz que morte de músico alvejado por militares no Rio será apurada 'até as últimas consequências'", *G1*, 10 abr. 2019.

26. Leandro Prazeres, "Governo Bolsonaro condecora advogado de suspeitos de matar músico com 80 tiros no Rio", *Folha de S.Paulo*, São Paulo, 18 abr. 2019.

27. "Operação Rio", *Folha de S.Paulo*, São Paulo, 22 nov. 1994.

28. Segundo levantamento do Exército enviado à autora.

## 2. DO HAITI AO ALEMÃO (pp. 35-58)

1. De 2003 a 2007.

2. O Brasil sediou a Copa do Mundo em 1950 e os Jogos Pan-Americanos em 1963.

3. Termo usado pelo ex-secretário da Secretaria Nacional de Segurança Pública, o delegado da PF Luiz Fernando Corrêa, e citado na tese de doutorado de Patricia de Oliveira Burlamaqui, *Contingência e estrutura de oportunidades no processo decisório da segurança pública do estado do Rio de Janeiro: O caso da política*

*de pacificação*. Programa de Pós-Graduação em Ciência Política da Universidade Federal Fluminense, Niterói, 2020.

4. Mestre em direito constitucional pela UnB, doutor em ciência política pelo Iesp-Uerj, Pedro Abramovay era em 2020 diretor da Open Society Foundations para a América Latina e o Caribe.

5. A Operação Guanabara, envolvendo Exército, Marinha e Aeronáutica para garantir a segurança durante o Carnaval no Rio de Janeiro, foi deflagrada em 28 de fevereiro de 2003, após queimas de ônibus e saques de lojas por criminosos.

6. Em entrevista à autora em 15 de julho de 2020. As demais citações de Pedro ao longo do capítulo são dessa entrevista.

7. "PMs cearenses vão atuar durante o Pan", *Diário do Nordeste*, Fortaleza, 10 maio 2007.

8. Responsável pela Secretaria Nacional de Segurança Pública de novembro de 2003 a agosto de 2007.

9. Apud Patricia de Oliveira Burlamaqui, *Contingência e estrutura de oportunidades no processo decisório da segurança pública do estado do Rio de Janeiro: O caso da política de pacificação*, Tese de doutorado, Programa de Pós-Graduação em Ciência Política da Universidade Federal Fluminense, Niterói, 2020.

10. A participação militar foi limitada à coordenação do Centro de Inteligência dos Jogos Pan-Americanos, feita pelo Gabinete de Segurança Institucional, um órgão tradicionalmente comandado por um militar, através da Agência Brasileira de Inteligência (Abin) — uma agência de inteligência civil. Nota no site da Agência Brasil disponível em: <http://memoria.ebc.com.br/agenciabrasil/noticia/2007-06-01/abin-inaugura-centro-de-inteligencia-dos-jogos-pan-americanos>.

11. "Dez anos depois da Chacina do Pan, moradores do Complexo do Alemão vivem sob violência cotidiana da Polícia", Anistia Internacional, 27 jun. 2017.

12. "'Mortos são criminosos', afirma Beltrame", *Folha de S.Paulo*, São Paulo, 29 jun. 2007.

13. "A diferença por sexo revela, invariavelmente, taxas [de mortalidade] mais elevadas no grupo dos homens. No país, em 2003, a taxa foi de 52,8/100 mil habitantes homens em relação a 4,3/100 mil mulheres, com uma razão de risco 12,3 vezes maior para os homens. Em algumas faixas etárias essa relação é ainda maior: entre os jovens de 20 aos 24 anos, a razão homem/mulher é de 17,2; e entre os adultos jovens, de 25 a 29 anos, ela é de 15,2." Edinilsa Ramos de Souza e Maria Luiza Carvalho de Lima, "Panorama da violência urbana no Brasil e suas capitais", *Ciência & Saúde Coletiva*, v. 11, Rio de Janeiro, 2006. Dados de 2017, segundo o Atlas da Violência, mostram que esse quadro só se agravou: "35 783 jovens de 15 a 29 anos foram mortos, uma taxa de 69,9 homicídios para cada 100 mil jovens,

recorde nos últimos 10 anos". Cf. "Atlas da Violência: Brasil registra mais de 65 mil homicídios em 2017", Ipea, 5 jun. 2019.

14. A tendência se reverteu no último ano do governo Lula. Se entre 2008 e 2009 as Forças Armadas foram mobilizadas apenas três vezes, em apenas dois meses, de abril a maio de 2010, a Forças Armadas atuaram em três GLOs: na reunião de chefes de Estado do Brics, grupo econômico ao qual pertencem Brasil, Rússia, Índia, China e África do Sul, em Brasília; na reunião Brasil-Mercado Comum e Comunidade do Caribe (Caricom), em Brasília; e no III Fórum da Aliança das Américas, no Rio de Janeiro.

15. Missão das Nações Unidas para a Estabilização no Haiti (a sigla vem do francês: Mission des Nations Unies pour la Stabilisation en Haïti). Missão de paz criada pelo Conselho de Segurança das Nações Unidas (CSNU) em 30 de abril de 2004, para restaurar a ordem no Haiti, após um período de insurgência e a deposição do presidente Jean-Bertrand Aristide. O CSNU decidiu pelo término da missão em 13 de abril de 2017, que, num processo gradual de remoção até o esvaziamento do contingente militar, foi até 15 de outubro do mesmo ano. Simultaneamente, uma nova missão foi estabelecida: a Missão das Nações Unidas para o Apoio à Justiça no Haiti (a Minujusth).

16. Marina Amaral e Natalia Viana, "Parte II: O papel do Brasil é 'impor a paz'", Agência Pública, 27 set. 2011.

17. Em entrevista à autora em 14 de fevereiro de 2020, para esta e outras citações ao longo do capítulo.

18. Celso Castro e Adriana Marques (Orgs.), *Missão Haiti: A visão dos force commanders*, Rio de Janeiro: Editora FGV, 2019.

19. Ibidem, p. 237.

20. Andrew Buncombe e Andrew Gumbel, "Aristide: 'Marines Forced Me to Leave'", *The Independent*, Londres, 2 mar. 2004.

21. Natalia Viana e Marina Amaral, "Amorim: a pedra no meio do caminho", Agência Pública, 18 ago. 2011.

22. Celso Castro e Adriana Marques, *Missão Haiti*, op. cit., p. 40.

23. Em entrevista à autora em 14 de fevereiro de 2020.

24. "Tropas do Nepal foram fonte de surto de cólera no Haiti, diz ONU", G1, 5 maio 2011.

25. Natalia Viana, Marina Amaral, "Parte III: Mais abusos, menos punições", Agência Pública, 27 set. 2011.

26. Em entrevista à autora em 22 de julho de 2020.

27. Tânia Monteiro, "Jobim: Atuação de tropas no Haiti pode servir para o Rio", Agência Estado, 3 set. 2007.

28. Celso Castro e Adriana Marques, *Missão Haiti*, op. cit., p. 41.

29. Jeferson Miola, "General Ajax pulou do STF para o STJ: tem posto cativo na alta cúpula do Judiciário", Brasil 247, 14 set. 2020.

30. Tahiane Stochero, "Veja como seria uma ação com o Exército em um morro do Rio", *O Estado de S. Paulo*, São Paulo, 6 set. 2007.

31. Ibidem.

32. Sérgio Cabral foi governador do Rio de Janeiro de 1º de janeiro de 2007 a 3 de abril de 2014, quando renunciou ao cargo.

33. Carlos Alberto de Lima, *Força de Pacificação: Os 583 dias da pacificação dos complexos da Penha e do Alemão*. Rio de Janeiro, Agência A2 Comunicação, 2012.

34. Comando Militar do Leste, "Emprego das Forças Armadas na segurança integrada". Disponível em: <https://docplayer.com.br/8595475-Ministerio-da--defesa-exercito-brasileiro.html>. Acesso em: 12 jan. 2021.

35. "Polícia ocupa favelas do Alemão, prende traficantes e apreende drogas", *G1*, São Paulo, 28 nov. 2010.

36. Apud Carlos Alberto de Lima, *Força de Pacificação*, op. cit.

37. Dados do Instituto Pereira Passos.

38. Em entrevista à autora em 26 de agosto de 2020.

39. Media Ownership Monitor Brazil, publicado em 2017. O grupo Globo atinge uma audiência maior do que os quatro próximos grupos, por tamanho, combinados (de 2º ao 5º). Disponível em: <https://brazil.mom-rsf.org/br/midia/detail/outlet/rede-globo/>.

40. A cena pode ser vista no GloboPlay, disponível em: <https://globoplay.globo.com/v/2203086/>.

41. Em entrevista à autora em 11 de maio de 2020.

42. Carlos Alberto de Lima, *Força de Pacificação*, op. cit.

43. Christoph Harig, "Re-Importing the 'Robust Turn' in UN Peacekeeping: Internal Public Security Missions of Brazil's Military", *International Peacekeeping*, Abingdon, v. 29, n. 2, abr. 2009.

44. Alba Valéria Mendonça, "Rio terá força de paz nos moldes do Haiti, diz comandante do Exército", *G1*, 2 dez. 2010.

45. Carlos Alberto de Lima, *Força de Pacificação*, op. cit.

46. O teleférico chegou a transportar 30 mil pessoas por dia, mas foi fechado em outubro de 2016 pela violência e falta de pagamento do consórcio.

47. Alba Valéria Mendonça, "Governador do Rio inaugura 8ª UPP dos conjuntos da Penha e do Alemão", *G1*, Rio de Janeiro, 28 ago. 2012.

48. Luan Patrício deixou o Exército em 2012 e acabou ganhando certa fama ao participar do reality show Big Brother Brasil em 2015. Foi entrevistado por mim em julho de 2018.

49. Tirando da conta as eleições e as visitas de mandatários estrangeiros, em 2010 houve uma única operação de GLO; em 2011, quatro; em 2012, três, incluindo a segurança da Rio+20; em 2013, três, incluindo para a Copa das Confederações e a Jornada Mundial da Juventude; em 2014, seis, entre elas a segurança da Copa do Mundo em doze cidades-sede; em 2015, duas; em 2016, três, incluindo as Olimpíadas do Rio. Em 2017, já sob a presidência de Temer, foram sete operações em todo o Brasil, incluindo as muitas fases da Operação Furacão em diversos pontos do Rio de Janeiro e uma em Brasília, contra manifestantes; em 2018, houve três.

50. Patrícia Lânes Araujo de Souza, *Entre becos e ONGs: Etnografia sobre engajamento militante, favela e juventude*, Tese de doutorado apresentada ao Programa de Pós-Graduação em Antropologia da Universidade Federal Fluminense, Niterói, 2017, p. 29.

51. Em caso de crime doloso, até 2017 a Justiça Federal era encarregada de julgar os militares. É sob esse prisma que devem ser entendidas as jornadas acadêmicas para novos magistrados, coordenadas pelo gabinete do comandante do Exército e que acontecem desde 2012 junto aos juízes recém-admitidos no TRF-2, no Rio. Em 2018, os juízes foram visitar o Centro de Coordenação de Operações do CML, no Palácio Duque de Caxias, Centro do Rio, e receberam palestra ministrada por três oficiais do Gabinete do Comandante. "O objetivo dessa iniciativa é estreitar, cada vez mais, as relações entre o Exército brasileiro e a Magistratura Federal", disse o coronel Ricardo de Castro Trovizo, do Gabinete do Comandante do Exército. À tarde, os juízes foram recepcionados no Palácio Duque de Caxias pelo chefe do Estado-Maior do CML e assistiram a uma palestra ministrada pelo comandante da Artilharia Divisionária da 1ª Divisão de Exército sobre as peculiaridades do Exército nas Operações de Apoio à Segurança Pública no Rio de Janeiro. Cf. "Jornada acadêmica para novos magistrados", Exército Brasileiro, 21 fev. 2018. Disponível em: <https://bit.ly/3uoK9yf>.

52. Entrevista à autora em 14 de fevereiro de 2020 para esta e demais citações no capítulo.

## 3. ABRAÃO (pp. 59-71)

1. "Moradores do Complexo da Penha acusam Exército pela execução de jovem de 15 anos", 9 jan. 2012. Vídeo do jornal *A Nova Democracia*, disponível em: <www.youtube.com/watch?v=XwwNVEJCNGY>.

2. Isabel de Araujo, "Morte de adolescente: polícia voltará à Vila Cruzeiro para investigação", *O Globo*, Rio de Janeiro, 28 dez. 2011.

3. Natalia Viana, "O começo de tudo: Como o Exército matou um menino de 15 anos no Complexo do Alemão — e ninguém foi julgado", Agência Pública, 26 abr. 2019.
4. Ibidem.
5. Procurador militar Otávio Augusto de Castro Bravo, alegações finais da Ação Penal Militar n. 0000042-68.2015.7.01.0401. Disponível em: <https://apublica.org/wp-content/uploads/2020/01/alegacoes-finais-processo-0000042-6820157010401.pdf>. Acesso em: 20 fev. 2021.
6. Leandro Prazeres, "Bolsonaro coloca militar defensor do golpe de 64 em Comissão de Mortos e Desaparecidos", *O Globo*, Rio de Janeiro, 1º ago. 2019.
7. Bruno Paes Manso, *A República das milícias: Dos esquadrões da morte à era Bolsonaro*, São Paulo: Todavia, 2020.
8. Comissão de Relações Exteriores e de Defesa Nacional, audiência pública de 5 de julho de 2017. Disponível em: <https://www.camara.leg.br/internet/sitaqweb/TextoHTML.asp?etapa=11&nuSessao=0868/17>. Acesso em: 20 fev. 2021.
9. Luis Kawaguti, "Comandante do Exército diz que insegurança jurídica pode inibir ação de tropas no Rio", UOL, 2 out. 2017.
10. "O Exército tira um menino da convivência da família, por força do serviço militar obrigatório, submete-o a treinamento, emprega-o em operações, ele age de acordo com o que lhe foi ensinado e nós o devolvemos à família na condição de criminoso. Essa é uma história real, ocorrida nas ações de GLO, no morro do Alemão. Dois soldados, em um enfrentamento, mataram um traficante. Por essa razão, foram enquadrados no dispositivo legal segundo o qual, por tratar-se de crime doloso, deveriam ser submetidos a júri popular. Tivemos de atuar em todas as instâncias jurídicas para evitar que fossem condenados." Celso Castro (Org.), *General Villas Bôas: Conversa com o comandante*, Rio de Janeiro: Editora FGV, 2021, p. 211.

## 4. A CORTE MAIS ANTIGA DO PAÍS (pp. 72-81)

1. Em entrevista à autora em 13 de fevereiro de 2020.
2. Por tradição, o oficial mais antigo de cada Força é indicado como comandante, e o segundo, para a Justiça Militar.
3. A decisão fundamentou-se na alínea "e", que determina que militares podem ter prisão preventiva decretada por "exigência da manutenção das normas ou princípios de hierarquia e disciplina militares, quando ficarem ameaçados ou atingidos com a liberdade do indiciado ou acusado".
4. Transmissão da sessão do STM, de 8 de maio de 2019. Disponível em: <https://www.youtube.com/watch?v=PWJOkxE7Drc>. Acesso em: 24 fev. 2021.

5. Manuela D'Ávila, deputada estadual pelo PCdoB no Rio Grande do Sul, se queixou ao ser interrompida mais de quarenta vezes durante entrevista no programa *Roda Viva*.
6. *Diário de Justiça Eletrônico*, 20 fev. 2020.
7. Rafael Moraes Moura, "Carlos Frederico, o subprocurador que defende a liberdade 'dos militares dos 80 tiros'", *O Estado de S. Paulo*, São Paulo, 4 maio 2019.
8. Nathalia Passarinho, "'Situação é de guerra e atingir civis é inevitável', diz procurador que defendeu soltar militares que fuzilaram carro", BBC Brasil, 14 maio 2019.

## 5. AYLLA VITÓRIA (pp. 82-93)

1. A Casa Pública foi um centro cultural dedicado a debater e promover o jornalismo em Botafogo. Gerenciada pela Agência Pública, funcionou entre 2016 e 2019, com eventos semanais.
2. Segundo depoimento da mãe, Aparecida Macedo, no dia do enterro. Disponível em: <https://twitter.com/rafapsoares/status/1119286494156533760>.
3. "Pesquisadores do RJ divulgam nota em apoio à ADPF das Favelas pela Vida", Rede de Observatórios da Segurança, 17 jul. 2020. Disponível em: <http://observatorioseguranca.com.br/pesquisadores-do-rj-divulgam-nota-em-apoio-a-adpf-das-favelas-pela-vida/>.
4. Gustavo Goulart e Rafael Soares, "'Ele foi salvar uma vida e deu a dele', diz irmã de vítima que tentou ajudar músico baleado pelo Exército", *O Globo*, Rio de Janeiro, 18 abr. 2019.
5. Citações do parágrafo em: Carolina Christoph Grillo, *Coisas da vida no crime: Tráfico e roubo em favelas cariocas*. Tese de doutoramento em antropologia cultural, Rio de Janeiro, Instituto de Filosofia e Ciências Sociais, Universidade Federal do Rio de Janeiro, 2013, p. 240.
6. Entre 2006 e 2015, a PM do Rio de Janeiro matou mais de 8 mil pessoas. Dentre elas, 77% mortos eram negros e 15% brancos, sendo que a população do Rio é constituída por 52% de negros e 47% de brancos. Os dados são do relatório "O bom policial tem medo: Os custos da violência policial no Rio de Janeiro", de 2016, da Human Rights Watch. Disponível em: <www.hrw.org/pt/report/2016/07/07/291419>.

## 6. O CONTROLE CIVIL DAS FORÇAS ARMADAS (pp. 97-117)

1. Cf. artigo na íntegra disponível em: <www.senado.leg.br/atividade/const/con1988/con1988_07.05.2020/art_142_.asp>.
2. Pesquisa feita pela *Veja* (n. 961, 4 fev. 1987, p. 24), citada em: Leandro Molhano Ribeiro e Patricia Burlamaqui, "Trinta anos depois, os desafios são os mesmos? O debate sobre segurança pública na Assembleia Nacional Constituinte", *Locus: Revista de História*, Juiz de Fora, v. 24, n. 2, p. 380, 2018.
3. "Ex-ministro do Exército Leônidas Pires Gonçalves morre no Rio", *G1*, 4 jun. 2015.
4. Em 15 de janeiro de 1985 Tancredo foi eleito indiretamente para ser o primeiro presidente civil do Brasil após 21 anos de ditadura militar, representando uma coligação de partidos de oposição reunidos na Aliança Democrática. Sarney era seu vice, mas Tancredo, como se sabe, adoeceu na véspera da posse, colocando em risco uma transição que não acolhia o que pediam as ruas — que explodiram no ano anterior com a campanha pela Diretas Já —, mas que resultava de um acordo aceito pelos principais partidos políticos.
5. Entrevista de Ana Maria Lopes de Almeida e Tarcísio Holanda com Leônidas Pires — Programa Memória Política, Câmara dos Deputados, 16 nov. 2001. Disponível em: <https://www2.camara.leg.br/a-camara/documentos-e--pesquisa/arquivo/historia-oral/Memoria%20Politica/Depoimentos/leonidas--pires-goncalves/texto>.
6. Francisco Cavalcanti Pontes de Miranda, renomado jurista brasileiro, autor de *Tratado de direito privado* e o parecerista mais citado na jurisprudência brasileira.
7. Jorge Bastos Moreno, "Ulysses Guimarães, o 'jurila' e os 'Três Patetas'", *O Globo*, Rio de Janeiro, 20 nov. 2011.
8. Laura Greenhalgh, "Fui um presidente improvisado, que assumiu para ser deposto", *O Estado de S. Paulo*, São Paulo, 28 mar. 1984.
9. "Morre Leônidas Pires Gonçalves, ministro do Exército no governo Sarney", *O Globo*, Rio de Janeiro, 4 jun. 2015.
10. Entrevista de Ana Maria Lopes de Almeida e Tarcísio Holanda com Leônidas Pires, op. cit.
11. "Médicos esfriam Tancredo", *Folha de S.Paulo*, São Paulo, 16 abr. 1985.
12. General Sérgio Etchegoyen, ministro do GSI no governo de Michel Temer.
13. Essa e as próximas citações de Genoino, em entrevista à autora em 2 de julho de 2020.
14. "Defesa retira de Genoino e Costa Neto condecoração com Medalha da Vitória", *G1*, 25 maio 2017.

15. Tânia Monteiro, Rodrigo Barbosa e Rita Tavares, "Nova Carta não deve mudar papel dos militares, diz Leônidas", *Folha de S.Paulo*, São Paulo, 22 set. 1985, p. 12, 1º caderno.
16. Para o parágrafo, ver Luiz Maklouf Carvalho, *1988: Segredos da Constituinte*, Rio de Janeiro: Record, 2017, p. 63.
17. O texto dizia: "As Forças Armadas destinam-se à defesa da Pátria, à garantia da ordem constitucional e dos poderes legalmente constituídos".
18. Luiz Maklouf Carvalho, *1988*, op. cit., p. 213.
19. "O papel dos militares", *Folha de S.Paulo*, São Paulo, 21 ago. 1987.
20. "Ministro critica proposta sobre as Forças Armadas", *Folha de S.Paulo*, São Paulo, 19 ago. 1987.
21. *Veja*, São Paulo, 2 set. 1987.
22. O artigo 142 foi regulamentado pela lei complementar n. 69, de 23 de julho de 1991, e depois atualizado pela lei complementar n. 97, de 9 de junho de 1999. Elas determinam que apenas os presidentes do Supremo Tribunal Federal, do Senado Federal ou da Câmara dos Deputados podem manifestar pedido ao presidente da República de mobilizar as Forças Armadas, e que cabe ao chefe do Executivo aceitar ou vetar o pedido.
23. Luiz Maklouf Carvalho, *1988*, op. cit., p. 65.
24. "Constituinte mantém atribuições das Forças Armadas", *Folha de S.Paulo*, 13 abr. 1988, p. A-6.
25. *O Estado de S. Paulo*, São Paulo, 25 ago. 1988.
26. Em entrevista à autora em 26 de agosto de 2020.
27. Sergio Torres e Fernando Molica, "Padre protesta contra supostas torturas no Borel", *Folha de S.Paulo*, São Paulo, 29 nov. 1994.
28. Jailton de Carvalho, "Jobim pede exoneração de general que atacou Comissão da Verdade", *O Globo*, Rio de Janeiro, 10 fev. 2010.
29. Nota do Ministério da Defesa, 10 fev. 2010, publicada em: Jailton de Carvalho, "Jobim pede exoneração de general que atacou Comissão da Verdade", op. cit.
30. Consuelo Dieguez, "Para toda obra", *piauí*, Rio de Janeiro, n. 59, ago. 2011.
31. Ibidem.
32. Ibidem.
33. Luiz Maklouf Carvalho, "Dilma treinou com armas fora do Brasil", *Folha de S.Paulo*, São Paulo, 26 jun. 2005.
34. Depoimento à Comissão Estadual de Indenização às Vítimas de Tortura (Ceivt), em 25 de outubro de 2001 (Sandra Kiefer, "'Me deram uma injeção e disseram para não bater naquele dia', conta Dilma", *Estado de Minas*, Belo Horizonte, 17 jun. 2012.

35. Em entrevista à autora em 26 de agosto de 2020.
36. Consuelo Dieguez, "Para toda obra", op. cit.
37. "Delegado é demitido após e-mail com 'golpe da pirâmide'", Agência Estado, 7 mar. 2013.
38. "Greve faz Dilma trocar PF por militares na Copa", *Veja*, São Paulo, 22 ago. 2012.
39. "Se na ditadura civil-militar de 1964 a 1985 o serviço secreto foi a viga mestra do poder autoritário (de suas fileiras, saíram dois presidentes da República) e sustentáculo do terrível aparato de repressão, na democracia o órgão nunca encontrou uma posição adequada dentro do Estado. Permaneceu sendo um órgão civil controlado por militares (e obviamente, sob a ótica militar, ou seja, do combate ao inimigo). Seguiu atuando simultaneamente e oficialmente nos campos interno e externo, algo impensável nos países que respeitam o Estado Democrático de Direito" (Lucas Figueiredo, "Remilitarizada, Abin busca se fortalecer disseminando terrorismo nas Olimpíadas", *The Intercept*, 15 ago. 2016. Ver também: Lucas Figueiredo, *Lugar nenhum: Militares e civis na ocultação dos documentos da ditadura*, São Paulo: Companhia das Letras, 2015).
40. Tahiane Stochero, "Papa pediu 4 helicópteros militares, diz coordenador das Forças Armadas", *G1*, 20 maio 2013.
41. Jessica Mota, Ciro Barros, Bruno Fonseca e Giulia Afiune, "Tem dinheiro público, sim senhor", Agência Pública, 10 jun. 2014.
42. Tahiane Stochero, "Papa pediu 4 helicópteros militares, diz coordenador das Forças Armadas", op. cit.
43. Em entrevista à autora em 13 de março de 2020.
44. Alexandre Fuccille, "Qual é a direção política das Forças Armadas?", *CartaCapital*, São Paulo, 4 fev. 2014.
45. "Para Defesa, maior legado do Mundial é a integração na área de segurança", Força Aérea Brasileira, 15 jul. 2014. Disponível em: <https://www.fab.mil.br/noticias/mostra/19213/>.
46. Ibidem.
47. "Rio de Janeiro ganha reforço militar durante as Olimpíadas", Comando Militar do Leste. Disponível em: <www.cml.eb.mil.br/cgda/844-rio-de-janeiro-ganha-reforco-militar-durante-as-olimpiadas.html>.
48. Tânia Monteiro, "Militares criticam opiniões de ministras e omissão de Dilma", *O Estado de S. Paulo*, São Paulo, 21 fev. 2012.
49. Juremir Machado da Silva, "Por que os generais não imitam a Rede Globo?", *Correio do Povo*, Porto Alegre, 16 jan. 2014.

# 7. A OCUPAÇÃO DA MARÉ (pp. 118-26)

1. Apud Carlos Alberto de Lima, *Os 583 dias da pacificação dos complexos da Penha e do Alemão*, Rio de Janeiro, Agência A2 Comunicação, 2012.
2. Ibidem.
3. Citações ao longo do capítulo de entrevista com a autora, em 14 de fevereiro de 2020.
4. Em 2020, segundo o Censo Maré, a população do Complexo estava em cerca de 140 mil pessoas.
5. Diretriz ministerial n. 9, de 31 de março de 2014.
6. Eliana Sousa Silva, *A ocupação da Maré pelo Exército brasileiro*, Rio de Janeiro, Redes da Maré, 2017, p. 16.
7. Citações de Lundgren ao longo do capítulo de entrevista com a autora, em 7 de maio de 2020.
8. Centro de Comunicação Social do Exército Brasileiro, Assessoria de Imprensa da Força de Pacificação, "Nota à Imprensa — Força de Pacificação (F Pac) — Operação São Francisco", 4 abr. 2015.
9. "Ocupação das Forças Armadas no Complexo da Maré acaba hoje", Ministério da Defesa, 30 jun. 2015.
10. Segundo dados da Chefia de Operações Conjuntas do Estado-Maior Conjunto das Forças Armadas (EMCFA) do Ministério da Defesa.
11. Eliana Sousa Silva, *A ocupação da Maré pelo Exército brasileiro*, op. cit., p. 70.
12. Antônio Werneck, "Militares sofrem em média dois ataques por dia na Maré", *O Globo*, Rio de Janeiro, 15 abr. 2014.
13. "Tropas federais deixam Complexo da Maré após 83 mil ações em 15 meses", G1, 29 jun. 2015.
14. Fabio Victor, "Mal-estar na caserna", *piauí*, Rio de Janeiro, n. 138, mar. 2018.
15. Depoimentos para a Comissão de Relações Exteriores e de Defesa Nacional, Audiência Pública, Reunião n. 0868/17, 5 jul. 2017.
16. Só havia duas opções, então a sensação melhorou para cerca de 31%.
17. Christoph Harig, "Re-Importing the 'Robust Turn' in UN Peacekeeping: Internal Public Security Missions of Brazil's Military", *International Peacekeeping*, Abingdon, v. 29, n. 2, abr. 2009. Tradução livre.

## 8. A JUSTIÇA MILITAR CHEGA À VIELA (pp. 127-38)

1. Ana Karoline Silano e Natalia Viana, "Justiça Militar investiga civis por desacato mas poupa soldados que matam", Agência Pública, 27 jun. 2019.
2. Em entrevista à autora em 7 de maio de 2020.
3. "Justiça Militar da União cumpre missão nas operações de pacificação dos complexos da Penha e Alemão", STM em Revista, Brasília, ano 8, n. 9, pp. 14-9, out. 2012.
4. Em entrevista à autora em 11 de maio de 2020.
5. Em entrevista à autora em 13 de fevereiro de 2020.
6. As citações a seguir estão em: Natalia Viana, "Famílias da Maré acusam Exército de participar de mortes e não prestar socorro", Agência Pública, 1 nov. 2018.
7. "Chegando no local, ele estava de bruços, ofegante, e havia três soldados, mas não deixaram encostar nele. Ameaçaram que se encostássemos haveria agressão."
8. Amarildo, ajudante de pedreiro morto por policiais militares em julho de 2013, após ter sido detido por policiais militares da Unidade de Polícia Pacificadora da Rocinha.

## 9. LEGÍTIMA DEFESA IMAGINÁRIA (pp. 139-51)

1. Apud Luã Marinatto, "Força de Pacificação fuzila carro com cinco jovens na Maré; um corre risco de morte", Extra, Rio de Janeiro, 13 fev. 2015.
2. O depoimento continua: "Foi perguntado se o rádio do carro estava ligado e se ouviam música, e respondeu que sim, mas que não estava muito alto [...] e viram também o militar fazendo gesto para parar. Foi-lhe perguntado se no momento em que ouviu a ordem de parada da tropa falou para o motorista parar e disse que não falou nada, que todos tinham ouvido a ordem de parada e que inclusive o motorista tinha ouvido a ordem de parar e que parou o veículo mais à frente".
3. Luiza Sansão, "Militares deixam jovem paraplégico e não investigam crime", Ponte Jornalismo, 15 fev. 2016.
4. Apud Natalia Viana, "Soldado que deixou jovem paraplégico no Rio agiu em 'legítima defesa imaginária', diz promotor militar", Agência Pública, 9 jan. 2020.
5. Milícia e tráfico estão presentes em 96 dos 163 bairros da cidade. Nessas áreas subjugadas vivem cerca de 3,76 milhões de pessoas, do total de 6 747 815 habitantes — segundo estima o IBGE. Cf. Nicolás Satriano, "Rio tem 3,7 milhões de habitantes em áreas dominadas pelo crime organizado; milícia controla 57% da área da cidade, diz estudo", G1, 19 out. 2020.

6. Natalia Viana, "Soldado que deixou jovem paraplégico no Rio agiu em 'legítima defesa imaginária', diz promotor militar", Agência Pública, 9 jan. 2020.

## 10. MISSÃO DADA, MISSÃO CUMPRIDA (pp. 152-63)

1. Em entrevista à autora, em 27 de junho de 2020, para essa e outras citações ao longo do capítulo.
2. O 28º Batalhão de Infantaria Leve (28º BIL) é uma unidade de emprego peculiar em operações de Garantia da Lei e da Ordem (conforme a Portaria nº 605, do comandante do Exército, de 5 de setembro de 2006) e integra o Sistema de Educação do Exército Brasileiro.
3. "Conheça o Centro de Instrução de Operações de Garantia da Lei e da Ordem", Exército Brasileiro, 9 ago. 2018. Disponível em: ‹www.eb.mil.br/web/noticias/noticiario-do-exercito/-/asset_publisher/MjaG93KcunQI/content/conheca--o-centro-de-instrucao-de-operacoes-de-garantia-da-lei-e-da-ordem/8357041›. Acesso em: 13 jul. 2020.
4. Segundo denúncia do Ministério Público Militar, de 17 de novembro de 2015.
5. Em entrevista à autora em 22 de junho de 2020, para essa e outras citações dele ao longo do capítulo.
6. Decreto n. 10 232, de 6 de fevereiro de 2020, que distribui o efetivo de oficiais e praças do Exército em tempo de paz para 2020. Disponível em: ‹www.planalto.gov.br/ccivil_03/_ato2019-2022/2020/decreto/D10232.htm›. Acesso em: 13 jul. 2020.
7. Em 21 de junho de 2020.
8. "A família hoje luta na Justiça para receber uma indenização da União. Entre danos morais e materiais, a defesa solicita R$ 5,2 milhões. Em julho, a Justiça de Campinas determinou pagamento de R$ 500 mil — ambas as partes recorreram. Na ação, a defesa da família argumenta que a operação em que o cabo morreu contava com número insuficiente de homens, o que o deixou vulnerável ao ataque de criminosos. Sustenta também que Mikami não usava equipamento adequado para sua segurança, criticando a qualidade do capacete e o fato de ele portar uma arma não letal (bala de borracha)." — Mariana Schreiber, "Meu filho morreu para quê?", BBC News Brasil, 28 fev. 2018.
9. Em entrevista à autora em 26 de junho de 2020, para essa e outras citações dele ao longo do capítulo.
10. Natalia Viana, "Cresce número de brasileiros na Legião Estrangeira", BBC Brasil, 4 mar. 2008.

## 11. A COMISSÃO NACIONAL DA VERDADE (pp. 167-87)

1. Em entrevista à autora em 26 de agosto de 2020, para esta e outras citações ao longo do capítulo.
2. Dados da agência Fiquem Sabendo, obtidos via Lei de Acesso à Informação. Disponível em: <https://fiquemsabendo.substack.com/p/em-compra-durante-pandemia-exrcito>. Acesso em: 14 fev. 2021.
3. Houve um aumento de 285% durante o governo Bolsonaro, o que fez o Supremo Tribunal Federal considerar modificar a lei da época da ditadura.
4. Natalia Viana, "Em segredo, Brasil monitora e prende suspeitos de terrorismo", WikiLeaks, 29 nov. 2010. Disponível em: <https://wikileaks.org/Em-segredo-Brasil-monitora-e.html>. Acesso em: 20 fev. 2021.
5. Letícia Mori, "Lei de Segurança Nacional: por que lei criada na ditadura voltou a ser tão usada em 2020", BBC News Brasil, São Paulo, 20 jun. 2020.
6. Atualmente vinculada à Secretaria de Direitos Humanos da Presidência da República, a CEMDP é composta de sete membros, escolhidos por designação presidencial — dentre os quais representantes dos familiares dos mortos ou desaparecidos, da Comissão de Direitos Humanos da Câmara dos Deputados, do Ministério Público Federal e do Ministério da Defesa —, e tem poderes para solicitar documentos de qualquer órgão público, realizar perícias, receber a colaboração de testemunhas e obter informações junto a governos e entidades estrangeiras, por intermediação do Ministério das Relações Exteriores, além de poder empreender esforços na localização de restos mortais de pessoas desaparecidas.
7. Em entrevista à autora em 12 de agosto de 2020.
8. O decreto n. 4553 foi assinado por Fernando Henrique nos últimos dias dos seu mandato, segundo ele, sem ler. O decreto regia todos os documentos, presentes, passados e futuros, como eles deviam ser liberados ao público e por quanto tempo deviam permanecer secretos. E permitia que certas informações produzidas pelo Estado ficassem fora do conhecimento público indefinidamente.
9. Luci Ribeiro e Rosana de Cássia, "Dilma sanciona Comissão da Verdade e Lei de Acesso à Informação", *O Estado de S. Paulo*, São Paulo, 18 nov. 2011.
10. Em setembro de 1969, integrantes da Ação Libertadora Nacional (ALN) e do Movimento Revolucionário Oito de Outubro (MR-8) interceptaram o carro do diplomata norte-americano Charles Elbrick e o levaram como refém. Sua liberdade foi negociada com o governo brasileiro em troca da de quinze presos políticos. Elbrick foi solto três dias depois, enquanto os presos políticos libertados seguiam a caminho do México.

11. O ex-procurador-geral da República Claudio Fonteles; o ministro do Superior Tribunal de Justiça Gilson Dipp; dois ex-ministros da Justiça, José Carlos Dias e José Paulo Cavalcanti Filho; a psicanalista Maria Rita Kehl; o acadêmico Paulo Sérgio Pinheiro; e Rosa Maria Cardoso da Cunha, advogada criminal que defendeu presos políticos.

12. Resolução n. 2, de 20 de agosto de 2012, em Memórias Reveladas. Disponível em: <http://cnv.memoriasreveladas.gov.br/images/pdf/resolucao_2_cnv_200812-2.pdf>.

13. Logo no lançamento, em maio de 2012, a criação da CNV mereceu capa de todos os principais jornais do país. "Comissão da Verdade não deve ter ódio nem perdão, afirma Dilma" era a capa da Folha de S.Paulo; "Comissão da Verdade não será revanchista, diz Dilma" era a capa do Estadão; O Globo dava a manchete "Dilma: a busca da verdade agora é decisão de Estado". Em todas elas, Dilma estava acompanhada de ex-presidentes, que compareceram à cerimônia: José Sarney, Fernando Collor, Fernando Henrique Cardoso e Luiz Inácio Lula da Silva.

14. "Apoio editorial ao golpe de 64 foi um erro", O Globo, Rio de Janeiro, 31 ago. 2013.

15. Lucas Ferraz, "Em crise, Comissão da Verdade encerra grupo investigativo", Folha de S.Paulo, São Paulo, 28 set. 2013.

16. Em entrevista à autora em 22 de agosto de 2020.

17. Vinícius Lisboa, "Acusado de participar da morte do jornalista Mário Alves nega crime, mas admite tortura em interrogatórios", Agência Brasil, 14 ago. 2013.

18. Vinícius Lisboa, "Militares pedem saída da imprensa e ficam calados na Comissão da Verdade", Agência Brasil, 29 jul. 2014.

19. Amanda Wanderley, Marcelo Gomes, "Rodrigo Roca assume a defesa do senador Flávio Bolsonaro", G1, 22 jun. 2020.

20. "As citadas instalações foram destinadas para que as respectivas organizações cumprissem suas atribuições previstas em lei. Nesse sentido, não foram encontrados, no acervo pesquisado, registros formais que permitam comprovar ou mesmo caracterizar o uso das instalações dessas Organizações Militares para fins diferentes dos que lhes tenham sido prescritos." Sindicância do Exército, ofício n. 6749/MD, de 14 de junho de 2014. Disponível em: <http://cnv.memoriasreveladas.gov.br/images/pdf/Sindicancia-Exercito.pdf>.

21. Ofício enviado pelo Ministério da Defesa em resposta ao pedido de esclarecimento sobre conclusões de sindicâncias que desconsideraram provas de tortura, 19 de setembro de 2014.

22. Zenildo Zoroastro de Lucena (ministro do Exército dos governos Itamar Franco e Fernando Henrique Cardoso) e Rubens Bayma Denys (ministro-chefe do Gabinete Militar do governo Sarney).

23. Priscilla Mendes, "Comissão da Verdade critica recusa de ex-generais em pedir 'desculpas'", *G1*, 29 set. 2014.
24. Thaís Oyama, *Tormenta. O governo Bolsonaro: Crises, intrigras e segredos*. São Paulo: Companhia das Letras, 2020.
25. "Carlos Bolsonaro: o Pit Bul não morde", YouTube, Entrevista a Leda Nagle, 13 mar. 2019. Disponível em: ⟨www.youtube.com/watch?v=5vihBffYeqo⟩.
26. Celso Castro (Org.), *General Villas Bôas: Conversa com o comandante*, Rio de Janeiro: Editora FGV, 2021, p. 179.
27. Gustavo Fioratti, "Bolsonaro inflou antipetismo ao se opor à Comissão Nacional da Verdade", *Folha de S.Paulo*, São Paulo, 23 out. 2018.
28. Apud Bruno Paes Manso, *A República das milícias: Dos esquadrões da morte à era Bolsonaro*, São Paulo: Todavia, 2020, p. 281.
29. Ibidem, p. 283.
30. Formado por provas de tiro, corrida de obstáculos, natação com obstáculos, lançamento de granada e atletismo.
31. Vanusa Maria Queiroz da Silva, *Militares e sociedade: Um estudo sobre a formação dos oficiais do Exército brasileiro*, Tese de doutorado pelo Programa de Pós-Graduação em Ciências Sociais da Pontifícia Universidade Católica do Rio de Janeiro, 2019.
32. Na sua entrevista ao pesquisador Celso Castro, o general Eduardo Villas Bôas, que fazia parte do Alto-Comando do Exército (como comandante da Amazônia e depois do COTer), explica que aquele grupo chegou à conclusão de que pedir desculpas seria contraproducente. "Nós estudamos detalhadamente o desenvolvimento dos processos em andamento na Argentina e no Chile. Deles extraímos duas conclusões relevantes. A sequência dos eventos no Brasil estava repetindo o que se cumpriu naqueles países, desde as indenizações até a revisão da Lei da Anistia, passando pela Comissão da Verdade. Em um e outro, houve comandantes que apresentaram pedidos de desculpas, no pressuposto de que com esssa atitude estariam colocando um ponto-final nos processos. Pelo contrário: esses pedidos foram considerados confissão de culpa, motivando a intensificação dos procedimentos de investigação. Internamente, nos respectivos exércitos, isso afetou seriamente a autoestima institucional. Na Argentina, adotaram um critério por eles designado como *portadores de apellido*, segundo o qual os militares descendentes de alguém condenado por participação na repressão têm suas carreiras abreviadas, impedindo-os de exercer funções relevantes." Celso Castro (Org.)., *General Villas Bôas*, op. cit., p. 162.
33. "Tu tens hoje uma liderança militar — o general Villas Bôas, o Alto-Comando do Exército — com uma convicção republicana e democrática muito

forte. Isso não se adquiriu num insight, numa experiência mística coletiva. Quem nos formou foi a geração que fez 64, é isso que vocês têm de se dar conta. Essas pessoas, que podem ter cometido equívocos e exageros aqui e ali, tinham a honestidade de propósitos difícil de tu encontrar hoje em dia em qualquer instituição", disse ao repórter Fabio Victor, da *piauí*. "Mal-estar na caserna", n. 138, mar. 2018. Disponível em: <https://piaui.folha.uol.com.br/materia/mal-estar-na-caserna/>.

34. Representante da linha dura, em 1977, Sílvio Frota tentou enfrentar a política de abertura de Ernesto Geisel e acabou exonerado do Ministério do Exército.

35. "Goste-se ou não, foi o regime instalado em 1964 que fortaleceu a representação política pela legislação eleitoral, que deu coerência à União e afastou os militares da política, legando ao atual regime, inaugurado em 1985 e escoimado de instrumentos de exceção, uma República federativa à altura do Brasil", escreveu Mourão em artigo no *Estadão*. Disponível em: <https://bit.ly/3gk1nrZ>.

36. Disponível em: <https://bit.ly/32mWW7N>. Acesso em: 20 fev. 2021.

37. Segundo a Comissão Nacional da Verdade, ele vigiou oposicionistas exilados na Argentina e contribuiu com o sequestro de desaparecidos. Roldão Arruda, "Comissão da Verdade reage e lista provas contra general". *O Estado de S. Paulo*, São Paulo, 10 fev. 2015.

38. Celso Castro (Org.), *General Villas Bôas*, op. cit., p. 162.

39. "Leia a íntegra do discurso de Dilma na entrega do relatório final da Comissão da Verdade", *Folha de S.Paulo*, 10 dez. 2014. Disponível em: <https://www1.folha.uol.com.br/poder/2014/12/1560399-leia-a-integra-do-discurso-de-dilma-na-entrega-do-relatorio-final-da-comissao-da-verdade.shtml>.

40. Andrea Jubé e Bruno Peres, "Depois de relatório da CNV, Dilma afaga militares", *Valor Econômico*, 17 dez. 2014.

41. O partido de oposição questionou o resultado e a "lisura" do processo eleitoral ao TSE. Pediu auditoria das urnas. A auditoria foi finalizada apenas um ano depois, com o partido reconhecendo que não houve fraude, mas recomendando a volta do voto de papel. Cf. "PSDB diz que não é possível auditar sistema do TSE e pede voto impresso", G1, 4 nov. 2015.

42. Luiz Maklouf Carvalho, "Dilma diz ter orgulho de ideais da guerrilha", *Folha de S.Paulo*, São Paulo, 21 jun. 2005.

43. Marina Dias, "No Alvorada, período de votação teve reações de surpresa, revolta e silêncio", *Folha de S.Paulo*, São Paulo, 19 abr. 2016.

44. As "pedaladas fiscais" (atraso de repasse de verba a bancos com a intenção de aliviar a situação fiscal do governo em um determinado mês ou ano), usadas como argumento para o impeachment de Dilma, foram realizadas também pelos dois governos anteriores. Além disso, uma perícia técnica do Senado Federal concluiu que

"não foi identificado ato comissivo da presidente da República que tenha contribuído, direta ou indiretamente, para que ocorressem os atrasos de pagamentos". O MPF pediu arquivamento da ação criminal contra Dilma. Em 2019, Dilma foi absolvida da única ação na qual se tornara ré, por corrupção, lavagem de dinheiro e formação de quadrilha juntamente com Lula e os ex-ministros Guido Mantega e Antonio Palocci. "A denúncia apresentada, em verdade, traduz tentativa de criminalizar a atividade política", escreveu o juiz (Rafael Moraes Moura, "Justiça absolve Lula, Dilma, Palocci e Mantega no 'quadrilhão do PT'", *O Estado de S. Paulo*, São Paulo, 4 dez. 2019).

## 12. O GOVERNO TEMER E OS MILITARES (pp. 188-200)

1. Em vez de ser o mais velho da lista, como manda a tradição, era o mais novo. Segundo o então ministro da Defesa Jaques Wagner contou ao repórter Fabio Victor, a escolha se deu porque ele é democrata, e "qualquer movimento nesse sentido, de uma intervenção militar ao arrepio da lei, não encontraria nele um estimulador" (Fabio Victor, "Mal-estar na caserna", *piauí*, Rio de Janeiro, n. 138, mar. 2018).
2. Celso Castro (Org.), *General Villas Bôas*, op. cit., pp. 169 e 210.
3. Dilma também afirmou: "Eu fui a primeira mulher eleita presidenta da República. Honrei os votos que as mulheres me deram. Depois do primeiro operário presidente da República. Como qualquer pessoa humana, posso ter cometido erros, mas jamais cometi crimes. Honrei as mulheres deste país. As mulheres que são determinadas, esforçadas, trabalhadoras, que vivem em seu cotidiano desafiando todas as dificuldades. As mulheres mães, que hoje querem sua independência, sua autonomia, o controle de si mesmas. Essas mulheres, tenho a consciência de que as honrei. Porque nós mulheres temos algo em comum. Nós mulheres somos dignas. Assim como todas as mulheres eu enfrentei desafios" ("O pronunciamento de Dilma na íntegra", *El País*, São Paulo, 13 maio 2016. Disponível em: <https://brasil.elpais.com/brasil/2016/05/12/politica/1463066147_922654.html>).
4. Tânia Monteiro, "Abin repudia controle militar em carta a Dilma e rejeita ser 'Tropa do Elito'", *O Estado de S. Paulo*, São Paulo, 8 fev. 2011. A visão dos agentes e servidores da Abin foi mais bem explicitada em outra carta, enviada a Temer no dia em que tomou posse: "O modelo tradicional brasileiro de subordinação da Inteligência de Estado ao comando militar está superado. Por isso, a Associação dos Servidores da Agência Brasileira de Inteligência (Asbin) externa total defesa para que tais competências sejam mantidas sob o mandato civil, a exemplo das principais democracias do mundo" (*Leandro Mazzini*, "Em carta a Temer, agentes da Abin cobram independência do órgão", Coluna Esplanada, UOL, 12 maio 2016).

5. Militares da reserva permanecem à disposição para serem convocados ou mobilizados a qualquer momento; os reformados estão aposentados definitivamente.

6. Fernando Canzian, "Em 2016, PT lamentou não ter ampliado seu controle da sociedade", Folha de S.Paulo, São Paulo, 15 out. 2018.

7. Folha Militar, Rio de Janeiro, n. 71, jul. 2016. Disponível em: <https://issuu.com/editoraitta/docs/folha_militar_julho_2016>.

8. Michel Temer, A escolha: Como um presidente conseguiu superar grave crise e apresentar uma agenda para o Brasil, São Paulo: Noeses, 2020.

9. Chico Alves, "General Etchegoyen nega complô contra Dilma e critica Comissão da Verdade", UOL, 2 nov. 2020.

10. Thomas Traumann, "'Fomos colocados à prova e passamos. Não vejo nenhum risco à democracia', diz Villas Bôas", O Globo, Rio de Janeiro, 15 dez. 2019.

11. Wellington Ramalhoso, "Exército não vai ampliar a participação no governo, diz general Etchegoyen", UOL, 23 jun. 2019.

12. Celso Castro (Org.), General Villas Bôas, op. cit., p. 205.

13. Naomi Matsui, "Primeira cerimônia após posse tem crítica a Dilma e proposta de pacto", Poder360, 2 jan. 2019.

14. Marina Haubert, "'Etchegoyen é um intelectual que ajudou governo em diversas áreas', diz Temer", Estadão Conteúdo, Brasília, 3 dez. 2018.

15. Decreto n. 2864, de 7 de dezembro de 1998.

16. O Tratado de Ottawa, que proibiu o uso, a produção, a estocagem e a transferência de minas terrestres antipessoais, foi assinado por 157 países e entrou em vigor em março de 1999.

17. O decreto n. 5051, de 19 de abril de 2004, adotava a Convenção n. 169 da OIT, estabelecendo a obrigatoriedade de consulta e a participação dos povos indígenas no uso, gestão e conservação de seus territórios. Foi revogado em novembro de 2019 pelo governo Bolsonaro.

18. Celso Castro (Org.), General Villas Bôas, op. cit., p. 186.

19. Thomas Traumann, "'Fomos colocados à prova e passamos. Não vejo nenhum risco à democracia', diz Villas Bôas", op. cit.

20. Tratou-se de um anômalo hiato de exceção legal patrocinado pelo STF que durou entre outubro de 2016 e novembro de 2019, permitindo prisões mesmo sem transcorrer todos os recursos legais; o exato tempo de manter Lula fora da disputa eleitoral de 2018.

21. Thomas Traumann, "'Fomos colocados à prova e passamos. Não vejo nenhum risco à democracia', diz Villas Bôas", op. cit.

22. Entre os generais consultados, segundo reportagem da Folha de S.Paulo, estavam Fernando Azevedo e Silva, Luiz Eduardo Ramos, Walter Braga Netto e

Hamilton Mourão, todos os integrantes do governo Bolsonaro (Igor Gielow, "Tuíte do general Villas Bôas sobre Lula foi atenuado; atuais ministros de Bolsonaro discutiram o texto", *Folha de S.Paulo*, São Paulo, 14 fev. 2021). Luiz Eduardo Ramos negou ter sido consultado. O general Fernando Azevedo e Silva afirmou que "o conteúdo do livro cabe ao seu autor".

23. Celso Castro (Org.), *General Villas Bôas*, op. cit., p. 191.
24. Thomas Traumann, "'Fomos colocados à prova e passamos. Não vejo nenhum risco à democracia', diz Villas Bôas", op. cit.
25. Ibidem.
26. Decreto n. 8793, de 29 de junho de 2016.
27. Nota publicada no Facebook da Abin em 14 de setembro de 2018.
28. "Abin instala quatro novas adidâncias". Abin, 10 fev. 2017.
29. Felipe Frazão, "Heleno admite que Abin monitorou 'maus brasileiros' na Conferência do Clima", *O Estado de S. Paulo*, São Paulo, 16 out. 2020.
30. Fabio Victor, "Mal-estar na caserna", op. cit.
31. Vale lembrar que durante os protestos de 2013 os militares também haviam sido chamados para proteger o palácio e ministérios, numa GLO assinada por Celso Amorim em 19 de dezembro de 2013 (Cf. "Dilma também acionou militares contra protestos, em 2013", *Folha de S.Paulo*, São Paulo, 24 maio 2017).
32. Tomás Chiaverini, "General que comanda a Abin fala em vazio de lideranças e elogia feitos da ditadura", *The Intercept Brasil*, 11 out. 2017.
33. Em entrevista à autora em 26 de agosto de 2020.
34. Fabio Victor, "Mal-estar na caserna", op. cit.

## 13. UM ERRO ESCUSÁVEL (pp. 201-8)

1. Apud Natalia Viana, "Este adolescente foi assassinado pelo Exército por engano. E a Justiça Militar considerou 'um erro escusável'", Agência Pública, 8 nov. 2018.
2. "Operação Capixaba: 3 mil homens vão patrulhar municípios do Espírito Santo", Ministério da Defesa, 9 fev. 2017.
3. "Adolescente é morto pelo Exército em bairro da Grande Vitória", *G1*, 11 fev. 2017.
4. Para as citações deste parágrafo e todas a seguir: Natalia Viana, "Este adolescente foi assassinado pelo Exército por engano. E a Justiça Militar considerou 'um erro escusável'", op. cit.

## 14. A INTERVENÇÃO MILITAR NO RIO DE JANEIRO (pp. 209-22)

1. Decreto n. 9288, de 16 de fevereiro de 2018 (depois revogado pelo decreto n. 9914, de 2019). Disponível em: <www.planalto.gov.br/ccivil_03/_ato2015-2018/2018/decreto/D9288.htm>.
2. Celso Castro (Org.), *General Villas Bôas*, op. cit., p. 208.
3. Ibidem, p. 209.
4. "Para interventor, há 'muita mídia' na crise de segurança do RJ", *Veja*, São Paulo, 16 fev. 2018.
5. Ibidem.
6. Guilherme Mazui e Gabriel Palma, "Comandante do Exército diz que é 'descabida' preocupação sobre militar como ministro da Defesa", *G1*, 27 fev. 2018.
7. Yara Aquino e Alex Rodrigues, "Ministros afirmam que intervenção federal não representa perigo à democracia", Agência Brasil, 16 fev. 2018.
8. Cristiana Lôbo, "'Militares precisam ter garantia para agir sem o risco de surgir uma nova Comissão da Verdade', diz comandante do Exército'", Blog da Cristiana Lôbo, *G1*, 19 fev. 2018.
9. Entre 15 de dezembro de 2014 e 19 de fevereiro de 2015.
10. "Veja a lista das 50 cidades que mais demitiram e contrataram em 2015", *G1*, 22 ago. 2015.
11. Rodrigo Carro, "Queda de arrecadação no Rio em 2016 foi a maior em 15 anos", *Valor Econômico*, São Paulo, 4 jan. 2017.
12. Akemi Nitahara, "Intervenção federal finaliza transição de ações para forças estaduais", Agência Brasil, 28 dez. 2018.
13. "Legado da intervenção federal no Rio soma R$ 319 milhões em equipamentos e armas", *Estadão Conteúdo*, 4 maio 2019.
14. Marta Salomon, "Os desvios da intervenção militar", *piauí*, Rio de Janeiro, 28 set. 2020.
15. Luiza Franco e Júlia Barbon, "Maioria no Rio aprova intervenção federal mas não vê melhora na cidade", *Folha de S.Paulo*, São Paulo, 25 mar. 2018.
16. Silvia Ramos (Coord.), *Intervenção federal: Um modelo para não copiar*, edição especial, Rio de Janeiro: Cesec, 2019, pp. 4, 10.
17. Em entrevista à autora em 5 de agosto de 2020.
18. Para esta citação e as dos próximos parágrafos, ver: Natalia Viana, "Os soldados não têm o direito de atirar no meu neto", Agência Pública, 31 out. 2018.
19. Diversas investigações do Ministério Público do Rio de Janeiro apontam para ligações entre a família Bolsonaro e milicianos, por exemplo. Flávio Bolsonaro é investigado por ligação com uma quadrilha do Escritório do Crime, que atuava

construindo prédios ilegais usando verba coletada no seu gabinete na Assembleia Legislativa do Rio. O lucro voltaria para o político através de repasses feitos pelo ex-capitão do Bope Adriano da Nóbrega, que foi executado em 2020, e o seu ex--assessor legislativo, Fabrício Queiroz. O inquérito apura suspeita de organização criminosa, lavagem de dinheiro e peculato (Sérgio Ramalho, "Pica do tamanho de um cometa", *The Intercept Brasil*, 25 abr. 2020).

20. Marcelo Godoy, "Milicianos mataram Marielle por causa de terras, diz general", *O Estado de S. Paulo*, São Paulo, 14 dez. 2018.

21. Nicolás Satriano, "Rio tem 3,7 milhões de habitantes em áreas dominadas pelo crime organizado", *G1*, 19 out. 2020.

22. "Após reprovação recorde, Temer encerra governo com rejeição em queda, mostra Datafolha", *Folha de S.Paulo*, São Paulo, 27 dez. 2018.

23. Chico Alves, "General Etchegoyen nega complô contra Dilma e critica Comissão da Verdade", UOL, 2 nov. 2020.

34. Datafolha e Fórum Brasileiro de Segurança Pública, relatório "Rio sob Intervenção", abr. 2018. Disponível em: <https://www.forumseguranca.org.br/wp-content/uploads/2018/04/FBSP_Rio_sob_Intervencao_2018_relatorio.pdf>.

## 15. O TERROR (pp. 223-42)

1. Nome fictício.

2. Em entrevista à autora em 17 de outubro de 2018, para essa e outras citações ao longo do capítulo.

3. Rafael Soares, "Mortos em operação no Complexo do Salgueiro foram atingidos por 35 tiros", *Extra*, Rio de Janeiro, 14 jan. 2018.

4. Viatura blindada usada em operações especiais.

5. Natalia Viana, "Um ano depois, sobreviventes da chacina do Salgueiro não foram ouvidos pela Justiça Militar", Agência Pública, 5 nov. 2018.

6. Vera Araújo, Fábio Teixeira e Rafael Galdo, "Tropa que chegou ao Rio para enfrentar tráfico e milícias fará operações de alto risco", *O Globo*, Rio de Janeiro, 25 fev. 2018.

7. Ibidem.

8. Fuzil de assalto 5,56 IA2, fuzil Parafal 7,62 M964 A1 MD1 e fuzil Imbel Sniper .308.

9. Rafael Soares, "Forças Especiais participaram de operação com oito mortes no Complexo do Salgueiro", *Extra*, Rio de Janeiro, 18 mar. 2018.

10. Rafael Soares, "MP do Rio pede arquivamento de inquérito sobre oito mortes no Complexo do Salgueiro", *Extra*, Rio de Janeiro, 7 nov. 2018.
11. Rafael Soares, "MP Militar contesta depoimentos de sobrevivente de chacina do Salgueiro", *Extra*, 2 jun. 2019.
12. Ibidem.
13. Rafael Soares, "As camadas de impunidade que poupam militares de responsabilização por chacina em São Gonçalo", *Época*, São Paulo, 19 fev. 2021.
14. O relatório final está disponível em: <http://sistemas.rj.def.br/publico/sarova.ashx/Portal/sarova/imagem-dpge/public/arquivos/Relato%CC%81rio_Final_Circuito_de_Favelas_por_Direitos_v9.pdf>.
15. Todos foram gravados e os dados de seus autores registrados pelas autoridades, embora não publicados.
16. DPU e Defensoria Pública do Estado do Rio de Janeiro, "Circuito de Favelas por Direitos — Relatório parcial", 2018, p. 28. Disponível em: <http://sistemas.rj.def.br/publico/sarova.ashx/Portal/sarova/imagem-dpge/public/arquivos/Circuito_Favelas_por_Direitos_relatorio_parcial.pdf>.
17. Ibidem, p. 34.
18. Ibidem, p. 30.
19. Ibidem, p. 35.
20. Silvio Almeida, "O que é racismo estrutural?", TV Boitempo, YouTube, 13 set. 2016. Disponível em: <https://www.youtube.com/watch?v=PD4Ew5DIGrU>.
21. Daiene dos Santos e Henrique Coelho, "Operação das forças de segurança na Maré, no Alemão e na Penha tem 1 militar e 5 suspeitos mortos", *G1*, 20 ago. 2018. Ver anexo no fim deste livro.
22. Rafael Soares, "'Fui espancado com um taco de beisebol', diz jovem que acusa militares de tortura", *Extra*, Rio de Janeiro, 9 dez. 2019.
23. Dez presos, entre eles seis rapazes do grupo Colina, foram levados a um palco em um salão. Na plateia, sentados em torno de mesas, oficiais e sargentos do Exército, Marinha e Aeronáutica. "Agora vamos dar a vocês uma demonstração do que se faz clandestinamente no país", disse o tenente Ailton Joaquim. Os presos tiveram que ficar só de cuecas, enquanto o tenente Ailton mostrava slides com desenhos de diversas modalidades de tortura. Depois, torturou os presos no palco, ligando magnetos nos dedos mindinhos das mãos de um, esmagando os dedos de outro com barras de metal, utilizando a palmatória nas mãos e pés de mais um, e pendurando um dos presos num pau de arara. Cf. Elio Gaspari, *A ditadura envergonhada*, op. cit., pp. 360-2.
24. Rafael Soares, "'Fui espancado com um taco de beisebol', diz jovem que acusa militares de tortura", op. cit.

25. Rafael Soares, "Exclusivo: preso que denunciou tortura no Exército não é bandido, diz sua mãe", *Extra*, Rio de Janeiro, 26 out. 2018.
26. Rafael Soares, "Presos denunciam sessão de tortura dentro de quartel do Exército no Rio", *O Globo*, 26 out. 2018.
27. Ibidem.
28. Rafael Soares, "Exército abre inquérito para investigar militares por tortura em quartel no Rio", *Extra*, Rio de Janeiro, 29 out. 2018.
29. Rafael Soares, "Justiça manda Exército investigar acusações de tortura na Vila Militar no Rio", op. cit.
30. Rafael Soares, "Promotor responsável por apurar tortura em quartel foi contra abertura de investigação", *Extra*, Rio de Janeiro, 12 mar. 2019.
31. Ibidem.
32. Natalia Viana, "São Gabriel e seus demônios", Agência Pública, 15 maio 2015.

## 16. DESASTROSA OPERAÇÃO (pp. 245-58)

1. Otávio Augusto, "Intervenção no RJ acabou, mas gabinete militar ainda custa R$ 500 mil/mês", *G1*, 2 ago. 2020.
2. Segundo o Tribunal de Contas da União, o levantamento inclui militares do primeiro, segundo e terceiro escalões em todos os níveis da administração federal, autarquias e empresas públicas. Simone Kafruni, "Segundo TCU, 6,1 mil militares ocupam cargos no governo", *Correio Braziliense*, Brasília, 17 jul. 2020.
3. "Sargento do exército escapa de atentado no Rio", Agência Estado, 6 abr. 2007.
4. Dório Victor, "Traficantes da favela do Muquiço teriam feitos os disparos contra sargento", *G1*, 6 abr. 2007.
5. Talita Figueiredo, "Exército faz operação no Rio após ataque a sargento nu", *Folha de S.Paulo*, São Paulo, 3 maio 2007.
6. "Exército apreende veículos em operação em favela do RJ", Agência Estado, 2 maio 2007.
7. As falas durante a audiência na Auditoria Militar foram anotadas por mim, que assisti à audiência.
8. Rafael Soares, "Um ano após fuzilamento de músico e catador, ação do Exército ainda é investigada", *Extra*, 7 abr. 2020.
9. Natalia Viana, "Exclusivo: A desastrosa operação do Exército que levou à morte de Evaldo Rosa", Agência Pública, 29 abr. 2020.

10. Segundo o Conselho Nacional do Ministério Público, "notícia de fato é qualquer demanda dirigida aos órgãos da atividade-fim do Ministério Público, submetida à apreciação das Procuradorias e Promotorias de Justiça, conforme as atribuições das respectivas áreas de atuação, podendo ser formulada presencialmente ou não, entendendo-se como tal a realização de atendimentos, bem como a entrada de notícias, documentos, requerimentos ou representações".

11. O general Barros já estava em outro cargo, de chefe do Emprego da Força Terrestre do COTer, e depois foi destacado para o estado de Roraima, para comandar a Operação Acolhida a refugiados venezuelanos na fronteira, um posto tão prestigioso que o antigo comandante, general Eduardo Pazuello, virou ministro da Saúde do governo de Jair Bolsonaro.

12. Quem permitiria isso era o decreto-lei n. 3437, de 1941, segundo argumentação da AGU.

## 17. NO TRIBUNAL (pp. 259-70)

1. Em entrevista à autora em 21 de abril de 2021.

## 18. ECOS DO PASSADO (pp. 271-86)

1. Ciro Barros, Diogo da Silva, Joana Suarez, Rafael Oliveira, "Políticos ligados ao Aliança Pelo Brasil chamam carreatas e agem para furar isolamento nos Estados", Agência Pública, 17 abr. 2020.

2. Bruno Boghossian, "Antes de propor proteção a militares, Bolsonaro discutiu reprimir protestos", *Folha de S.Paulo*, São Paulo, 24 nov. 2019.

3. Jussara Soares, "Bolsonaro diz que excludente de ilicitude em GLO impedirá protestos", *O Globo*, Rio de Janeiro, 25 nov. 2019.

4. "Leia a íntegra das falas de Bolsonaro e ministros em reunião ministerial gravada", *Folha de S.Paulo*, São Paulo, 22 maio 2020.

5. Hanrrikson de Andrade, "Bolsonaro ataca Moraes e diz que ministro entrou no STF por 'amizade'", UOL *Notícias*, 30 abr. 2020.

6. "Nota à nação brasileira", 22 maio 2020. Disponível em: <https://noticias.uol.com.br/politica/ultimas-noticias/2020/05/22/heleno-ataca-pedido-de-apreensao-de-celular-consequencias-imprevisiveis.htm>.

7. Edson Sardinha, "Celso de Mello lembra Alemanha e pede resistência a 'abjeta ditadura'", Congresso em Foco, 31 maio 2020.

8. Eduardo Militão, "Militares da reserva atacam STF, apoiam Heleno e alertam para guerra civil", UOL, 24 maio 2020.

9. Ives Gandra da Silva Martins, "Cabe às Forças Armadas moderar os conflitos entre os Poderes", Consultor Jurídico, 28 maio 2020.

10. Luiz Maklouf Carvalho, *1988: Segredos da Constituinte. Os vinte meses que agitaram e mudaram o Brasil*, Rio de Janeiro: Record, 2017, p. 65.

11. Roberta Paduan, "Ex-ministros da Defesa repudiam atos antidemocráticos em nota", *Veja*, São Paulo, 17 maio 2020.

12. Ação Direta de Inconstitucionalidade (ADI), que tem o objetivo de declarar se uma lei, ou parte dela, é inconstitucional, ou seja, contraria a Constituição Federal.

13. Letícia Mori, "O que é o artigo 142 da Constituição, que Bolsonaro citou por intervenção das Forças Armadas", BBC News Brasil, 1 jun. 2020.

14. Paula Sperb, "Bolsonaro tenta cumprimentar militares com a mão, mas 'ganha' cotovelos como resposta", *Folha de S.Paulo*, São Paulo, 30 abr. 2020.

15. Luiz Felipe Barbiéri, "Comandante diz que Exército não é 'instituição de governo' nem tem partido", G1, 13 nov. 2020.

16. Iara Lemos, "Defesa emite nota sobre participação de militares na política", *IstoÉ*, São Paulo, 14 nov. 2020.

17. "Ministro da Defesa e comandantes militares asinam nota conjunta em que afirmam a separação entre as Forças Armadas e a política", G1, Brasília, 14 nov. 2020.

18. Monica Gugliano, "Vou intervir!", *piauí*, ed. 167, ago. 2020.

19. Luiz Eduardo Ramos, "É ultrajante dizer que o Exército vai dar golpe", *Veja*, São Paulo, 12 jun. 2020.

20. Thiago Herdy e Vinicius Sassine, "Quem é o general Ramos, o quatro estrelas recém-chegado ao Planalto", *Época*, São Paulo, 25 jul. 2019.

21. Ana Carla Bermúdez, "Quem é o general Ramos que assume a Secretaria de Governo", UOL, 13 jun. 2019.

22. Celso Castro (Org.), *General Villas Bôas: Conversa com o comandante*, Rio de Janeiro: Editora FGV, 2021, p. 95.

23. Jair Bolsonaro recebe diploma de pós-graduação na EAO, Informa Brasil TV, 30 nov. 2018. Disponível em: <www.youtube.com/watch?v=gksLqPZ5paA>. Acesso em: 24 fev. 2021.

24. Memorando nº 57/2020-Segecex. Levantamento do TCU em 17 de julho de 2020.

25. Bruno Lupion, "Com Bolsonaro, peso da Defesa no investimento federal cresce 33%", Deutsche Welle, 20 fev. 2020.

26. A previsão de economia com a reforma na aposentadoria dos militares era de 97,3 bilhões de reais em dez anos. Com os benefícios concedidos na reforma,

que incluem reajustes de ganhos, serão gastos 86,85 bilhões de reais. A economia caiu para 10,45 bilhões de reais em dez anos (Antonio Temóteo, "Senado aprova aposentadoria militar com salário integral e sem idade mínima", UOL, 4 dez. 2019).

27. Rubens Valente, "Escola nova e pedido de 32 imóveis: Militares ampliam domínios em Brasília", UOL, 12 jul. 2020.

28. "Cloroquina ajudou a recuperar militares, diz comandante do Exército", UOL, YouTube, 23 jul. 2020. Disponível em: <https://www.youtube.com/watch?v=fxXkDYqf8Gc>.

29. Clara Araújo, "Exército já produziu 3 milhões de comprimidos de cloroquina", UOL, 23 jul. 2020.

30. Guilherme Amado, "Exército diz ao TCU que comprou cloroquina para levar 'esperança' à população, *Época*, São Paulo, 21 dez. 2020.

31. Matheus Schuch, "Governo retira militares da Amazônia e restringe força-tarefa a 11 municípios de 4 estados", *Valor Econômico*, 10 fev. 2021.

32. Alex Rodrigues, "Fernando Azevedo e Silva anuncia que vai deixar o Ministério da Defesa", Agência Brasil, Brasília, 29 mar. 2021.

33. "Generais promovidos. 'Sem cotovelo e soquinho!'", *Sociedade Militar*, 10 abr. 2021.

34. Vale lembrar, entretanto, que a conta inclui as mais de duzentas fases da Operação Furacão durante a intervenção federal no Rio de Janeiro como se fossem apenas uma.

35. Daniel Gullino, "Bolsonaro reduz número de operações militares de Garantia da Lei e da Ordem", *O Globo*, Rio de Janeiro, 1º fev. 2021.

36. Guilherme Mazui, "Bolsonaro anuncia envio ao Congresso de projeto que isenta militar de punição em operações", *G1*, 21 nov. 2019.

37. Ana Clara Costa, "Defesa quer que militares com cargos no governo possam ganhar mais que o teto", *Época*, São Paulo, 11 maio 2020. Disponível em: <https://epoca.globo.com/defesa-quer-que-militares-com-cargo-no-governo-possam-ganhar-mais-que-teto-1-24421797>.

38. "AGU defende convivência com 'interpretações divergentes' sobre a ditadura", Poder360, 19 maio 2020.

39. O documento "Cenário de Defesa 2020-2039 Sumário Executivo", publicado pelo Ministério da Defesa do governo Bolsonaro, lista entre os possíveis empregos das Forças Armadas o combate ao tráfico, a instabilidade política, a proteção do meio ambiente e a manutenção da lei e da ordem. Apud José Murilo de Carvalho, *Forças Armadas e política no Brasil*, São Paulo: Todavia, 2019.

## EPÍLOGO (pp. 287-301)

1. O termo vem de "*embedded*", em inglês.

2. É muito eloquente um texto publicado pelo general Etchegoyen em um grupo de WhatsApp em defesa do general Luiz Eduardo Rocha Paiva, sob ataque dos filhos de Bolsonaro. O general, que teria enviado a mensagem a outro militar, diz que "aquele que tenha se dedicado ao longo dos últimos dez anos a estudar e pesquisar com critérios e rigor acadêmicos a história da revolução e de seus adversários e detratores; aquele que tenha se exposto sistematicamente publicando artigos na grande mídia para defender a Revolução; quem tenha se disposto a comparecer a incontáveis entrevistas no rádio e na TV para contrapor-se à versão dos vencidos; que teve a coragem de defender o cel. Ustra e questionar os relatos de tortura da Dilma, então presidente, em entrevista com Miriam Leitão; que tenha publicamente investido contra os trabalhos da Comissão da Verdade; e que tenha feito tudo isso às suas próprias expensas, por amor às nossas instituições e em homenagem aos bravos que salvaram o Brasil e nossas gerações. Bem, quem tenha feito isso tudo tem todo o direito de duvidar e criticar o Rocha Paiva, a mais pura expressão de patriotismo, coerência e honradez que poderíamos ter". Disponível em: <https://entrequatropoderes.blogosfera.uol.com.br/2019/07/23/gsi-sergio-etchegoyen--jair-bolsonaro-melancia-rocha-paiva/>. Acesso em: 20 fev. 2021.

3. Implantada com o pretexto de que a inflação tinha chegado a 80%, os militares saíram do governo deixando para trás uma inflação de 300% ao ano. Dados de Miriam Leitão, disponíveis em: <http://glo.bo/1gKFyNb>.

4. "Ordem do dia alusiva ao 31 de março de 1964". Ministério da Defesa. Brasília, 31 mar. 2020. Disponível em: <https://www.gov.br/defesa/pt-br/assuntos/noticias/ultimas-noticias/ordem-do-dia-alusiva-ao-31-de-marco-de-1965>. Acesso em: 20 fev. 2021.

5. Matheus Teixeira, "Doença infantil do lavajatismo pode acabar, mas não a Lava Jato, diz Fachin", *Folha de S.Paulo*, São Paulo, 9 fev. 2021.

6. Luis Kawaguti, "Comandante do Exército diz que insegurança jurídica pode inibir ação de tropas no Rio", UOL, 2 out. 2017.

# Índice remissivo

11 de setembro de 2001, atentados de, 169
1988: Segredos da Constituinte (Maklouf), 275
1ª Auditoria da Justiça Militar, 84
1ª Divisão de Exército, (Deodoro, RJ), 12
1º Batalhão de Infantaria Motorizado (Deodoro, RJ), 11, 13, 23

Abin, 189, 194; internacionalização da, 197
Abrahão, William, 254-5
Abramovay, Pedro, 36-7, 49, 51, 168, 170, 186
Academia Militar das Agulhas Negras (Aman), 79, 178-9
Advocacia-Geral da União (AGU), 65, 69, 151, 169, 255, 276, 284
Aeronáutica, 38, 49, 73, 115, 170, 275, 282
Agência Pública de Jornalismo Investigativo, 17, 44, 150, 289, 300
agente perturbador da ordem pública (Apop), 17, 24-5, 47, 113, 155, 204, 247, 253, 260-3, 288
Albuquerque, Vanderlei, 304
Almeida Alves, Christian, 306
Almeida, Silvio, 232
Alto Comando do Exército, 183
Alves Motta, Diogo, 306
Alves, Amanda, 240
Amarildo, 137
Amigos dos Amigos (ADA), 120
Amorim, Celso, 275; como ministro da defesa, 56, 100, 113-6; GLO da Maré e, 119, 121; investigação sobre a tortura durante a ditadura, 117, 176; missão no Haiti e, 39, 41, 43; sobre as GLOs, 250
Angola, 40
Anistia Internacional, 37
Apop ver agente perturbador da ordem pública
Aquino, Mariana, 73, 85, 259, 265-6
Araújo, Luiz Antonio, 300

Araújo, Maria, 206
Araújo, Sérgio, 11, 13, 26, 28, 31, 270
Argentina, ditadura militar na, 183
Aristide, Jean-Bertrand, 40
Arquivo Nacional, Rio de Janeiro, 175
Assembleia Nacional Constituinte (1988), 97, 98-104
Associação Brasileira de Estudos de Defesa, 110
Aylla Vitória, 16, 82-3
Azevedo e Silva, Fernando, 32, 46, 115, 125, 277, 279, 282, 293
Azevedo Ribeiro, Brendon, 304
Azulay Neto, Messod, 68, 71

Baile do Campo do Ordem, 234
Barbosa da Silva, Bruno, 304
Barbosa Junior, Ilques, 282
Barbosa, Rui, 103
Barbosa, Vivaldo, 102
Barros Araújo, Juliana Benevides de, 87
Barros Lins, Gabriel de, 261
Barros, Antônio, 242, 245, 254
Barroso Filho, José, 80
Bartoly, Marcelo Monte, 30, 31
Bastos, Márcio Thomaz, 35
Batalha dos Guararapes (1649), 292
Batista, Joesley, 198
BBC Brasil, 81
Bel Air (favela no Haiti), 41, 43
Beltrame, José Mariano, 37, 118-9, 122
Bermudez, Antonio Carlos, 282
Berzoini, Ricardo, 190
Bezerra, Adriano da Silva, 139, 141-2, 144, 147-8
Bittencourt, Marilena, 148, 151, 239, 240
Blumm, Andréa, 73, 85, 253, 264-6

bolivarianismo, 190
Bolsonaro, Carlos, 178, 272, 274
Bolsonaro, Eduardo, 297
Bolsonaro, Flávio, 175, 221
Bolsonaro, governo: GLOs, 283; núcleo militar do, 280; operações GLO na Amazônia, 281; presença de militares no, 280
Bolsonaro, Jair, 32, 308; aliança com o Centrão, 278; ameaça de golpe, 277; ameaças antidemocráticas, 272; amizade com Luiz Eduardo Ramos, 278; apologia à tortura e ao golpe de Estado, 297; como deputado, 179; como presidente, 19, 28, 194; contato com Villas Bôas antes da eleição, 195; crise com Pujol, 282; desacordo com as Forças Armadas, 276; diplomado na ESAO, 279; eleição para presidente, 221; eleito pelo conservadorismo, 295; "gabinete do ódio", 272; julgado no STM, 177; manifestações antidemocráticas, 272; militares no governo de, 46, 68, 109, 115, 177, 209; no voto a favor do impeachment de Dilma, 185-6; núcleo militar, 298; pedidos de impeachment de, 279; posse de, 245; pressão sobre Moro no ministério, 274; proibido de frequentar dependências do exército, 178; reunião ministerial (abril, 2020), 273; sobre a Comissão Nacional da Verdade, 178; sobre a covid-19, 271; sobre o ataque a Evaldo Rosa, 32; sobre o excludente de ilicitude, 283-4, 298; tensões com o STF, 271-2, 274-8
Bope, 50

Borges, Vitor, 24, 27, 262, 264
Braga Netto, Walter, 209-13, 245, 277, 282
Brandão, Fernanda, 306
Bravo, Otávio, 148, 149, 150
Brilhante Ustra, Carlos Alberto, 174, 179, 182, 186, 294
Buenos Aires, 183

Cabral, Bernardo, 102
Cabral, Sérgio, 49-52, 106, 118, 122, 209
Caetano, Valdinho, 111
Câmara dos Deputados, 69; processo de impeachment contra Dilma Rousseff, 185
Camargo Costa, Hudson, 59
Campos Paiva, Paulo, 102
Campos, João Camilo, 156
Canal de Suez, 40
Cardoso, Fernando Henrique, 102-3, 105-6, 170, 176, 194
Carmo, Araguaci do, 304
Carvalho Cruz, Luiz Carlos de, 111
Casa Civil, 169; Braga Neto na, 209, 245, 277; Dilma Rousseff na, 35, 37, 78, 110; Luiz Eduardo Ramos na, 282
Casa da Morte (Petrópolis, RJ), 67, 181
Casa Pública (Rio de Janeiro), 83
Castelo Branco, Humberto, 168
Castro, Celso, 188
Castro, Vinícius de, 215, 217-8
Centro de Comunicação Social do Exército, 102-3, 245, 289
Centro de Coordenação de Defesa de Área (CCDA), 114
Centro de Informações do Exército (CIE), 67

Centro de Instrução de Operações de Garantia da Lei e da Ordem (CIOPGLO), 153
Centro de Operações do Exército (Complexo da Maré), 122
Centro de Preparação de Oficiais da Reserva (CPOR), 134, 142
Cerqueira, Nilton, 66, 175
chacina do Pan, 37
chacina do Salgueiro, 225-6, 228-30, 233, 288
Chagas, Floriano Aguilar, 183
Chagas, Paulo, 183, 294
Chaves, Alan, 157, 159, 162, 233
Chávez, Hugo, 190
Chile, ditadura militar no, 183
Cidade da Polícia, Rio de Janeiro, 238
Cinelli, Carlos, 233
Circuito de Favelas por Direitos, 230
Cité Soleil (favela no Haiti), 41-2, 44
Clemenceau, Georges, 18
cloroquina, 281
Comando da 1ª Divisão de Exército, 31
Comando da Base de Apoio Logístico do Exército, Deodoro, RJ, 12-3
Comando de Comunicação (CCOMSEX), 195
Comando de Operações Terrestres (Coter), 178, 247
Comando Militar do Leste (CML), 17, 29, 31, 33-4, 48, 66, 118, 123, 125, 135, 168, 210, 226, 230, 240, 249, 288
Comando Militar do Sudeste, 279
Comando Vermelho (CV), 120, 226, 233
Comissão de Direitos Humanos da Assembleia Legislativa (RJ), 146

Comissão Especial sobre Mortos e Desaparecidos Políticos, 170
Comissão Geral de Investigações do Ministério da Justiça (CGI), 171
Comissão Nacional da Verdade (CNV), 66, 171-87, 190; como projeto de Dilma Rousseff, 172; como proposta do governo Lula, 108; desvio de função das bases militares, 117; inquéritos abertos nas Forças Armadas para apuração de tortura, 176-7; instalação da, 116; relatório da, 181, 188; visita à Vila Militar, 235
Comitê Olímpico Brasileiro (COB), 115
Comlurb, 123
Complexo da Maré: domínio das organizações criminosas, 120-1; GLO no, 119-26, 288; opinião dos soldados sobre a pacificação, 126; resultado da pacificação, 125
Complexo da Penha, 59, 71; GLO no, 34, 50, 52-3, 123, 163, 234; *ver também* Operação Arcanjo
Complexo do Alemão, 37, 39, 49-50, 129, 233; GLO no, 34, 50, 52-3, 123, 163, 175; Teleférico do, 52; *ver também* Operação Arcanjo
Complexo do Salgueiro, operação militar no, 305
Complexo Penitenciário de Gericinó, 234, 239
Conceição, Marlon, 260
conflitos entre Justiça civil e militar, 137
Congresso americano, invadido no final da gestão Trump, 297
Conselho de Segurança Nacional (CSN), 171
Conselho Nacional da Amazônia Legal (CNAL), 281
Conselho Permanente de Justiça, 64, 151
Constituição (1988): artigo 142 sobre o emprego das Forças Armadas na manutenção da lei e da ordem, 142, 192-3, 271, 275; elaboração da, 101; GLO na, 100-1, 103
Controladoria-Geral da União (CGU), 172, 288
Convenção nº 169 da Organização Internacional do Trabalho (OIT), 194
*Conversas com o comandante* (Celso Castro), 195
Copa das Confederações (2013), segurança na, 112
Copa do Mundo (2014): atuação das Forças Armadas, 114; segurança na, 111, 114
Core, força especial da Polícia Civil, 225
Coronel *ver* Loureiro, Bruno da Silva
Corrêa, Luiz Fernando, 37
Correios, 280
Costa Vieira, Marco Aurélio, 249-50
Costa, Antônio Carlos, 90-1
Costa, Leonardo Delfino, 31
Coutinho, Roberto, 85
Covas, Mário, 104
covid-19, pandemia de, 268, 281
criminalidade urbana, coletivização da autoria, 92
Crivella, Marcelo, 210
Cúpula do Mercosul (1996/98), 34
Curió, major, 284
Curso de Formação de Cabos, 160

Dallari, Pedro, 174, 175, 180, 181
danos colaterais, 43, 48, 57, 63, 70, 81, 221, 233, 298-9; na Maré, 124; na Penha, 60
Datafolha, 222
De Nardi, José Carlos, 112, 114, 116
Declaração Universal dos Direitos Humanos, 181
Defensoria Pública da União (DPU), 216
Defensoria Pública do Estado, 230
DefeZap, aplicativo, 226
Delegacia de Polícia Judiciária Militar, 73
Deodoro, RJ, 11
Departamento de Ensino e Pesquisa e da Direção de Assuntos Culturais do Exército, 168
Dias Toffoli, José Antonio, 46, 272, 276
Dieguez, Consuelo, 109, 300
direitos humanos, 172, 182
Diretas Já, campanha, 100
ditadura militar (1964-85), 80; centros de tortura, 180; presidentes, 168, visão das Forças Armadas sobre, 293-4
DOI-Codi, 173-4, 186
Dona Marta, morro, 49
Duarte de Lima, Diogo, 127, 129

Éboli, Carlos, 62
"Efeito colateral" (série de reportagens), 17
Embratel, 52
Escola de Aperfeiçoamento de Oficiais (ESAO), 12, 177
Escola de Comando e Estado-Maior do Exército (Eceme), 290
Escola Naval da Marinha, 79

Escola Superior de Guerra (ESG), 281, 290
*escolha, A* (Rosenfield), 191
Escritório do Crime, milícia, 219
Espírito Santo, Carlos Henrique do, 304
*Estado de S. Paulo, O*, 47, 81, 173, 219, 288
Estado-Maior da Defesa, 112
Estado-Maior do Exército, 188, 258
Estados Unidos, 43, 169
Estratégia Nacional de Defesa (2008), 107
Etchegoyen, Ciro, 181
Etchegoyen, Leo, 181
Etchegoyen, Sérgio, 45, 56, 181-4, 187-99, 207-12, 221, 294, 296; reservas quanto a Bolsonaro, 297
excludente de ilicitude, 27, 63, 148, 203, 216, 273, 283
Exército, 16-8, 23-34, 36, 38-9, 43, 46-7, 49-50, 55-6, 60-3, 73, 79, 93, 106, 111, 115, 121, 125-6, 137, 161, 168, 170, 190, 192-3, 196, 199, 203, 205-6, 218, 222, 225-7, 229-30, 234-5, 241, 246, 248-9, 256, 272, 275, 279,282, 285, 289, 291-2, 294-6, 299; "PMização" do, 299
*Extra*, 227, 229, 233, 235, 240

FAB, 79
Fábio (nome fictício), 223, 225
Fachin, Edson, 297
fantasmas, elite operacional do Exército, 227-8
Ferreira Nobre, Cláudia, 132
Ferreira Nobre, Marco Aurélio, 132, 134, 303
Ferreira, Diego, 215, 299, 305

Ferreira, José Coêlho, 80
Ferreira, Oswaldo, 278
*Folha de S.Paulo*, 34, 101-2, 173-4, 179
*Folha Militar*, 191
Folly, Thiago da Silva (TH), 155-6
Fontes, André, 67, 69
Força de Pacificação, 61, 118, 123-4, 127, 139, 153-6, 159, 233; *ver também* Garantia da Lei e da Ordem, Operações de
Força Nacional de Segurança, 36-7
Forças Armadas, participação na política nacional, 196
Franco, Itamar, 105, 293
Franco, Marielle, 137, 146, 218
Frota, Silvio, 182, 294
Fuccille, Alexandre, 110, 113, 199, 221, 292
Fux, Luiz, 275

Gabinete de Segurança Institucional (GSI), 46, 189, 193-4, 196, 198, 274, 277, 298
Gabriel, soldado, 264
Gandra Martins, Ives, 275
Garantia da Lei e da Ordem, Operações de (GLOs), 24, 34, 36, 39, 43, 45, 47, 54-5, 60, 70-1, 73, 97, 111, 198, 221, 247; da Amazônia, 281; centro de treinamento para, 56; do Complexo do Alemão, 111, 113, 175; do Complexo da Maré, 111, 119-26, 288; do Complexo da Penha, 234; da Copa das Confederações, 111; da Copa do Mundo (2014), 111, 114; no governo Temer, 191; dos Jogos Olímpicos (2016), 111, 114; da visita do papa Francisco, 111

Garotinho, Rosinha, 36
Gaspari, Elio, 300
Genoino, José, 100-4
Genro, Tarso, 37
Globo, Grupo, 210, 240
*Globo, O*, 52, 89, 112, 228, 241
*Globo* (TV), 29, 51
GLOs *ver* Garantia da Lei e da Ordem, Operações de
Godoy, Marcelo, 219, 288, 300
Gomes de Freitas, Tarcísio, 46
Gomes, Anderson, 218
Gomes, Eduardo, 182
Gonçalo, João Lucas, 260, 262, 264
Gouveia, Maria de Lourdes, 229
Grillo, Carolina C., 92
GSI *ver* Gabinete de Segurança Institucional
Guararapes, PE, 293
Guerrilha do Araguaia, 66, 100, 175, 284
Gugliano, Monica, 277, 300
Guimarães, Ulysses, 99

Haddad, Fernando, 295
Haiti, 18, 308; fracasso da missão de paz no, 292; missão de paz no, 37-48, 105, 109, 115, 123, 152, 159, 162-3, 290-1, 298; "ideologia do", 291; protestos contra a ONU no, 291
Harig, Christoph, 40, 45, 52, 126
Heleno, Augusto, 41, 43, 45-7, 109, 115, 176, 179, 182, 193-4, 197, 274-5, 277-9, 294
Herzog, Vladimir, 173
Hoffmann, Gleisi, 111
Horrara, Dayana, 15-6, 31, 82-93, 232, 260

índice de homicídios, queda durante a pacificação da Maré, 124
Inquérito dos 80 tiros, 256
Inquérito Policial Militar (IPM), 61, 63-4, 74, 142, 155, 203-4, 216-7, 241, 262
Instituto de Criminalística Carlos Éboli, 29
Instituto Pandiá Calógeras de Estratégia Internacional, 290
intervenção militar, Rio de Janeiro, governo Temer, 209-22, 305; apoio popular, 213; desvio de verbas, 213
Itaipu, 280
Itamaraty, 41, 169, 172

Jacarandá, Valter da Costa, 174
JBS, 198
Jobim, Nelson, 45, 50, 100, 102-3, 105-11, 113, 168, 170-2, 179, 275
Jogos Olímpicos (2016), segurança nos, 114
Jogos Pan-Americanos (2007), 35-7
*Jornal Nacional*, 19, 173, 210
Jucá, Romero, 192
Jungmann, Raul, 193, 207, 210-2, 275
Justiça civil, 63, 70, 135, 137-8, 147, 207-8, 218
Justiça Militar, 18, 72, 74-5, 77, 79-80, 139, 148-50; "legítima defesa imaginária", 140; mulheres e, 79; questão da orientação sexual, 78

Kicis, Bia, 272

Laerte, 150
Lamarca, Carlos, 32, 66, 175
Lava Jato, operação policial, 185, 192, 212

Leal, Malbatan, 61
Legião Estrangeira, 162
Lei da Anistia, 67, 170, 184
Lei de Acesso à Informação (LAI), 172, 257-8, 287
Lei de Segurança Nacional (1983), 169
Leite Neves, Michele da Silva, 11, 13
Lessa, Ronnie, 219
Levi, José, 277
Light, 123
Lima Santos, Vital, 66
Lima, Gusttavo, 113
Lima, Haroldo, 102
Lopes da Silva, Wellington, 61
Loureiro, Bruno da Silva (Coronel), 25, 246-9, 251, 256, 264
Loureiro, Flávio da Rosa, 62
Lozoya, Daniel, 214, 220, 226, 255, 256
Lucena, Humberto, 99
Lucena, Zenildo, 293
Luciano, Douglas Moreira, 59, 60
Lula da Silva, Luiz Inácio, 35-7, 39, 51, 55, 107-8, 110, 171, 195, 287, 290
Lundgren, Ronaldo, 122-3, 126, 129

Mac Dowell, Alice, 261, 265, 269
Macedo, Aparecida, 87, 89-90
Macedo, Edir, 210
Macedo, Luciano, 14-6, 18, 25-6, 28, 31, 82-93, 138, 232, 242, 250, 252, 254-5, 260-2, 264, 270, 283, 288, 306
Macedo, Lucimara, 89
Machado, Sérgio, 192
Magalhães, Valéria Caldi, 65
Magno Filho, Cláudio Barroso, 47, 49
Maklouf Carvalho, Luiz, 103, 300
Malini, Franco Quedevez, 205

Mangabeira Unger, Roberto, 107
Marcelino, Vera Lúcia, 216
Marconi, Jefferson, 234, 236
Marechal Hermes, RJ, 12
Maria do Rosário, 115
Marinha, 17, 38, 49, 73, 79, 115, 121, 170, 275, 282
Marinho, família, 210
Martins da Silva, Cristiane, 202, 207
Martins da Silva, Matheus, 201-3, 205-6, 208, 288, 305
Martins de Aguiar, Derquis, 248
Martins, Franklin, 172
Martins, Paulo Eduardo, 272
Maximiano, Abraão, 59-71, 175, 288, 303
MDB, 50
Médici, Emílio Garrastazu, 168
Mello, Celso de, 274
Mendonça, André, 277
Menicucci, Eleonora, 115
Mercosul, 39
Mesquita, Átila, 249
Mikami, Michel Augusto, 124, 155, 157-9
Mikami, Michele, 157-9
milícia, no Complexo da Maré, 120
Ministério da Agricultura, 198
Ministério da Defesa, 35, 107, 113, 123, 193, 275
Ministério da Justiça, 37, 51, 168
Ministério da Saúde, militares no, 280
Ministério Público Estadual, 146, 224
Ministério Público Federal (MPF), 61, 65, 240
Ministério Público Militar (MPM), 64-5, 69, 74, 147-8, 151, 155, 205, 216, 230, 239, 241, 253, 265-6, 269

Minustah *ver* Haiti, missão de paz no
Miranda Filho, Otávio Rodrigues de, 254
Miranda, Dinomar, 289
Miranda, Jaime, 254
misoginia, 296
*Missão Haiti* (Castro e Marques), 47
Moçambique, 40
Monteiro, Sandra, 265
Moraes, Alexandre de, 273
Moreira Franco, Wellington, 210
Moro, Sergio, 274
Mourão, Hamilton, 32, 179, 182, 221, 245, 276, 281, 294
Movimento Brasil Livre, 185
Movimento dos Trabalhadores Rurais Sem Terra (MST), 170, 192
Muquiço, favela do, 11-6, 25-6, 83, 91; *ver também* Operação Muquiço

Nascimento, William, 262
Neitzke, Diego, 141, 143
Nepal, 44
Neves, Aécio, 185
Neves, Tancredo, 84, 98-100
Nogueira, Luciana, 11-6, 26, 29, 72, 76, 268, 269
Nova República, 292
Nunes, Ítalo, 24-5, 27, 250-1, 259, 261, 270
Nunes, Richard, 212, 219, 245, 289

"O que pensa o oficial do Exército Brasileiro", pesquisa, 180
Ochsendorf, Jacy, 175
Ochsendorf, Jurandyr, 175
Oliveira Dias, Sérgio de, 145
Oliveira dos Santos, Fabiano, 233

Oliveira Pereira, Carlos Frederico de, 74, 81
Oliveira, Leonardo, 264
ONU, 38; Carta das Nações Unidas, 40; conferência do clima (Madri, 2019), 197; Conselho de Segurança da, 39, 290; protestos no Haiti contra a, 291
Operação Arcanjo, 39, 51-5, 57-8, 60, 288, 303
Operação Bandeirante, 186
Operação Capixaba, 202, 215, 288, 305
Operação Carioca, 305
Operação Furacão, 199
operação militar em favelas do Rio de Janeiro, planejamento, 48
Operação Muquiço, 246-58, 288, 306; AGU na defesa da, 284; julgamento dos militares, 259-70
Operação Rio (1994), 34, 105
Operação Rio II (1995), 34
Operação São Francisco, 303-4
Operações de Garantia da Lei e da Ordem *ver* Garantia da Lei e da Ordem, Operações de
Operações Furacão, 210
Operações Verde Brasil, 281
Organização Mundial da Saúde (OMS), 271
Oyama, Thaís, 300

Paes, Eduardo, 52
Paiva, Rubens, 67
Palma, Najla, 73, 85, 253, 261, 265, 267
Partido Comunista Brasileiro Revolucionário (PCBR), 174
Patrício, Luan, 54
Pazuello, Eduardo, 115, 280-1
PDT, ação direta de inconstitucionalidade (ADI) sobre o artigo 142 da Constituição, 275
Pedrosa, Vera, 41
Peixoto, Floriano, 46, 47
Perdigão, Freddie, 67
Pereira Júnior, Adriano, 51-4, 57, 71, 118, 129
Peri, Enzo Martins, 52, 108-9
Petra de Mello, Marco Aurélio, 241
Petrobras, 212, 280
Pezão, Luiz Fernando, 209
*piauí* (revista), 109-10, 198, 277
Pinheiro, Ajax Porto, 39, 46
Pinheiro, Sérgio (Pinheirão), 160-3
Pinto da Silva, Thyago Moacyr, 204
Pinto de Mello, Paulo Henrique, 33, 73, 85, 252, 261, 263-6, 268
Pires Gonçalves, Leônidas, 98-104, 176, 186, 188, 274-5, 277
Pires, Ednilson, 205
Plano Nacional de Defesa, 108
Polícia Civil, 29, 37, 50, 54, 61-2, 135, 203, 205, 227
Polícia Federal, 37, 50, 61, 111, 146, 227, 273
Polícia Judiciária Militar, 31
Polícia Militar, 37, 49-50, 227
Polícia Rodoviária Federal, 37, 50, 227
Política Nacional de Inteligência (PNI), 196
Ponte Jornalismo (site), 146-7
Porto, Mário, 241
Prestes, Luís Carlos, 78
Procuradoria-Geral da Justiça Militar, 74

Procuradoria-Geral da República (PGR), 198, 272, 274
Programa Nacional de Direitos Humanos, 108
Programa Nacional de Segurança Pública com Cidadania, 37
Próprio Nacional Residencial (PNR), 23, 246; de Guadalupe, 248
PT: Diretório Nacional do, 190; questões identitárias, 295
Pujol, Edson Leal, 46, 276, 281-2

Queiroz, Élcio Vieira de, 219
Queiroz, Vanusa, 180

Rabelo, Eduardo, 134
racismo, 232
Ramagem, Alexandre, 273
Ramos, Luiz Eduardo, 46-7, 277-80, 282
Rebelo, Aldo, 275
Redes da Maré (ONG), 122, 124-5, 136
redes sociais, 272
reforma da Previdência, 280
Rêgo Barros, Otávio do, 46, 63
Richa, José, 103
Rio de Janeiro, sob intervenção federal, 23, 176-88, 260
Rio de Paz (ONG), 82, 90
Rio-92, 36
Riocentro, atentado do, 67
Roca Pires, Rodrigo Henrique, 66-7, 175
Rocha Filho, Pablo Inácio da, 140, 142, 144
Rocha Reis, Fabíola, 135
Rocha Silva, Raimunda, 134-5, 288, 304

Rocha, Elizabeth, 72, 74-9, 81, 130, 253, 300
Rodrigues, Felipe, 237-9
Rodrigues, Luciana da Fonseca, 237
Rodrigues, Maria Joaquina, 131-2, 138
Rodrigues, Michele, 132
Rodrigues, Paulo Ricardo, 131-2, 303
Rosa dos Santos, Luiz Otávio, 224
Rosa, Evaldo, 11-6, 18, 72, 137, 246, 252-5, 260-1, 268, 270, 279, 283, 288, 306
Rosenfield, Denis, 191
Rousseff, Dilma, 32, 35, 37, 39, 52, 55, 63, 65, 68, 78, 100, 109-11, 116, 119, 156, 168, 171-2, 175, 178, 182, 184-6, 188-90, 192, 280, 287; crise com os militares, 115-6; GLO no Complexo da Maré, 121; GLOs, 283, 290; Comissão da Verdade, 290; impeachment de, 187, 296; instalação da Comissão Nacional da Verdade, 117

Saenger, Jeferson, 217
Salgado, Leonardo, 28, 29, 33
Salvatti, Ideli, 111
*Salve Jorge* (novela), 51, 82
Sant'Anna, Matheus, 260, 262
Santa Rosa, Maynard Marques de, 108-10, 176
Santiago, Irone, 138, 143, 146-7, 150-1
Santiago, Vitor, 140-2, 144-5, 147, 150-1
Santos Cruz, Carlos Alberto dos, 42-3, 45-6, 57, 115
Santos Sales, Camila, 134
Santos, Adriana, 64
São Gabriel da Cachoeira, AM, 242
São João de Meriti, RJ, 12

Sarney, José, 98-101, 103, 177
Schreiber, Simone, 68
Secretaria Extraordinária de Segurança para Grandes Eventos (Sesge), 111-2
Secretaria Nacional de Segurança Pública (Senasp), 36-7
serviço militar, rotina de treinamento, 160-1
Serviço Nacional de Informações (SNI), 67, 171
Silva Cruz, Renato da, 304
Silva e Luna, Joaquim, 196, 211
Silva, Allan da, 144
Silva, Carlos Lucas da, 235
Silva, Jefferson da, 303
Silva, João Viktor da, 233
*Sniper Americano* (filme), 157
Soares de Moura Neto, Júlio, 50
Soares e Silva, Fernando José Sant'Ana, 66
Soares, Rafael, 227, 230, 233, 240, 300
Sousa, Rivaldo, 304
Souza Braz, Fabio, 24, 262
Souza, Patrícia Lânes A. de, 56
Sri Lanka, 44
Starling, Heloísa, 174
Stochero, Tahiane, 47
Sul-Sul, parcerias, 39
Superior Tribunal Militar (STM), 64, 72-3, 76, 78, 81, 84, 129, 239-40, 253, 269; Jair Bolsonaro julgado no, 178
Supremo Tribunal Federal (STF), 46, 67, 272; fala de Eduardo Bolsonaro sobre, 297; manifestações pedindo o fechamento do, 272; tensões entre Bolsonaro e o, 271-2, 274-8

Tancredo, João, 137, 145, 147, 269
Tancredo, Maria Isabel, 84
Teixeira, Chico, 290-4, 297, 300
Teixeira, William Carlos, 152-7, 161-2, 180
Temer, Michel, 55, 70, 187, 189, 191-2, 195; criação do Ministério da Segurança, 211; fim do mandato, 245; GLOs, 199, 283; intervenção militar no Rio de Janeiro, 209-10, 221, 287; lei nº 13.491 (apenas Justiça Militar julga crimes de militares), 70, 208, 223; Operação Capixaba, 202; proximidade com Etchegoyen, 198; sobre Etchegoyen, 194; suspeito de corrupção, 198
Terceiro Comando Puro (TCP), 25, 120, 155-6, 247
Terrorismo Nunca Mais (Termuna), 183
terrorismo, combate ao, 111, 113, 169
Tórtima, José Carlos, 174
Transpetro, 192
Tratado de Banimento de Minas Terrestres, 194
Tratado de Não Proliferação Nuclear, 194
Treiger, Thales Arcoverde, 216, 218
Tribunal de Contas da União (TCU), 213, 281
Tribunal Popular da Maré, 138
Tribunal Regional Federal da 2ª Região (TRF-2), 66
Trump, Donald, 297

Unidade de Internação Provisória (Unip), 202
Unidades de Polícia Pacificadora (UPPs), 49, 53, 57, 119

Universidade das Forças Armadas Federais (Hamburgo), 40
Universidade de Brasília (UnB), 173
Universidade Federal da Bahia (UFBA), 173
Universidade Federal do Paraná (UFPR), 173
Universidade Federal Rural do Rio de Janeiro (UFRRJ), 290
UOL, 70, 284

Valente, Rubens, 192, 300
Van Hattem, Marcel, 272
Vanguarda Armada Revolucionária Palmares (VAR-Palmares), 110
Vannucchi, Paulo, 172
Vasconcelos, Beto, 171
*Veja*, 98, 103, 177, 278
Venezuela, 190
Viana Ribeiro, Marcus Vinícius, 233
Victor, Fabio, 198, 300
Viegas Filho, José, 275
Vieira, Felipe, 304
Vieira, Matheus Vinicius Belotti, 61
Vila Cruzeiro, 52, 60
Villas Bôas, Eduardo, 69, 71, 124-5, 178, 183, 187-9, 191-3, 195-6, 210-2, 221, 279, 284, 291, 295, 299
violência militar, 230, 299; ameaça aos familiares das vítimas, 17, 60; busca pela justiça, 136-8; Chacina do Salgueiro, 225-30; contra Abraão Maximiano, 59-71; contra Adriano Bezerra e Vitor Santiago, 140-51; contra Diego Ferreira, 215; contra Evaldo Rosa, 11-6, 18, 23-34, 71-81; contra Luciano Macedo, 82-93; contra Matheus da Silva, 201-8; contra moradores da Maré, 127, 133-8; contra moradores do Alemão, 129; demora no socorro às vítimas, 17, 60; Operação Muquiço, 246-58; racismo e, 232; relatos dos moradores, 231; torturas, 234-41
visita do papa Francisco (2013), segurança na, 112
Vuyk de Aquino, Carlos, 77

Wagner, Jaques, 190, 275
WikiLeaks, 41, 169
Witzel, Wilson, 221

ESTA OBRA FOI COMPOSTA PELA ABREU'S SYSTEM EM INES LIGHT
E IMPRESSA EM OFSETE PELA LIS GRÁFICA SOBRE PAPEL PÓLEN SOFT
DA SUZANO S.A. PARA A EDITORA SCHWARCZ EM JULHO DE 2021

A marca FSC® é a garantia de que a madeira utilizada na fabricação do papel deste livro provém de florestas que foram gerenciadas de maneira ambientalmente correta, socialmente justa e economicamente viável, além de outras fontes de origem controlada.